Querido Rca[?]

Deseamos de todo corazón
que antes de tus segundos
80 podamos festejar
juntos un campeonato
y de poder comentar juntos
este libro

Con todo nuestro
cariño

Spira { Sandro
        Alejo
        Juan Martín } Diego

EL SUEÑO ARGENTINO

TOMÁS ELOY MARTÍNEZ

EL SUEÑO
ARGENTINO

Edición de Carmen Perilli

PLANETA

Diseño de cubierta: Mario Blanco
Diseño de interior: Orestes Pantelides

© 1999, Tomás Eloy Martínez

Derechos exclusivos de edición en castellano
reservados para todo el mundo:
© 1999, Editorial Planeta Argentina S.A.I.C.
Independencia 1668, 1100 Buenos Aires
Grupo Editorial Planeta

ISBN 950-49-0204-9

Hecho el depósito que prevé la ley 11.723
Impreso en la Argentina

A Tomy, a Gonzalo, a Ezequiel,
que vivieron estas historias

ADVERTENCIA

En mayo de 1998 dejé en manos de Carmen Perilli, de la Universidad Nacional de Tucumán, un centenar de textos escritos en los últimos quince años. Todos ellos reflexionan sobre la condición del argentino en estos tiempos aciagos, y sobre las miradas que la condescendencia de los otros deja caer, a veces, sobre nosotros. Como suele suceder con todos los ensayos misceláneos, abundan las ideas que se repiten. Carmen Perilli eliminó casi todos esos pleonasmos y distribuyó los textos en capítulos, lo que confiere al conjunto un cierto orden.

En todos los casos, se indican las fechas en que fueron publicados. A veces, también se indican las circunstancias. Nada ha sido cambiado, ni siquiera en los casos en que ciertas profecías se cumplieron al revés.

Alguna vez pensé que estas ideas dispersas debían llevar un título que pertenece a Balzac, *Las ilusiones perdidas*. El que tiene ahora, *El sueño argentino*, es sin embargo más preciso: alude a todo lo que quisimos ser y nos fue negado, y a todo lo que aún podríamos ser si quisiéramos.

Pensé que, de todos los libros que he escrito, éste iba a ser el menos íntimo. Al releerlo descubrí, sin embargo, que casi todo lo que soy está en sus páginas.

Highland Park, diciembre de 1998

1
El tango
del fin del mundo

MITOS PASADOS Y MITOS POR VENIR

1991

Cada fin de siglo crea las utopías que está necesitando el siglo que vendrá, así como cada fin de milenio sucumbe a la tentación de los suicidios en masa, de los apocalipsis, de los mesías que sustituyen a Dios. En la Argentina, donde hubo tantas utopías ardiendo a contramano de la realidad, ¿cómo imaginar aquéllas a la que se aferrará la gente? ¿Qué pasiones y mitos asomarán con los soles del siglo XXI? ¿Quiénes serán Gardel, Yrigoyen, Borges, Evita?

Este país fue fundado por ficciones. Hasta donde recuerdo, la primera nación que me narraron, antes de que aprendiera a leer, era una sucesión de estampas, en las que abundaban las lluvias y los desiertos. Mi primera nación fue un libro con un cabildo de adobe y tejas, una mañana de lluvia, en 1810. Alrededor del cabildo se veían algunos edificios bajos, con recovas, damas de miriñaque y patriotas de levitas impecables, que exigían la expulsión del Virrey. Los patriotas llevaban paraguas y repartían cintas azules y blancas. La estampa escamoteaba falazmente la realidad. No se veía que la plaza era en verdad un lodazal, no se tomaba en cuenta el hecho de que los paraguas (por entonces costosos y pesados) resultaban una rareza en la aldea de fin de mundo llamada Santísima Trinidad y puerto de Buenos Aires.

En los libros donde por primera vez leí los relatos de la nación (pienso, sobre todo, en las historias de Grosso, de Levene, de Vicente Fidel López, de Mitre), la censura de nuestros orígenes era deliberada y respondía a un proyecto político: el proyecto de convertir a la Argentina en un país de cultura europea, habitado por hombres de raza blanca.

Ya en 1857, la *Galería de celebridades argentinas*, una colección de biografías reunida por Mitre (e inspirada por los *Recuerdos de provincia* de Sarmiento), determinaba quiénes iban a ser los íconos o modelos fundadores del país que estaba construyéndose. Mitre eligió a San Martín, Belgrano, Moreno, Rivadavia, el deán Funes, Lavalle, Brown, Florencio Varela y José Manuel García, omitiendo las alianzas con Rosas que aquejaban a dos de ellos (García y Brown). Para Mitre, el pasado colonial no existía. No había país –dictaminó– "antes de que Mayo [la Revolución de Mayo de 1810] lo hiciera existir por un acto de voluntad". "Los habitantes de la Argentina colonial", dijo, "no se cuentan entre los hijos de nuestro suelo".

Los hombres modifican el pasado para poder reconocerse mejor en el futuro. Forjamos imágenes, esas imágenes son transfiguradas por el tiempo, y al final ya casi no importa si lo que creemos que fue es lo que de veras fue. La tradición no discute si una versión es correcta o no. La acepta o no la acepta. Evita nunca dijo "Volveré y seré millones". El sargento Cabral –si existió– debía de ser un campesino parco, en cuyo magro vocabulario no figuraban tal vez palabras como las que se le adjudican: "Muero contento, hemos batido al enemigo". La tradición ha decretado, sin embargo, que ambas sentencias no sólo son verosímiles sino también verdaderas.

A fines del siglo XIX, imaginar el futuro era un ejercicio concurrido, en el que descollaban los predicadores. Edward Bellamy, que antes de 1888 había descripto en varios borradores cómo debían ser las comunidades ideales, publicó ese año una novela de título elocuente, *El año 2000*, en la que un ciudadano de Boston, que despierta de un sueño mesmérico ciento trece años después, se descubre sumido en una sociedad que ha eliminado el individualismo económico y que encuentra en la igualdad social una fuente de felicidad indestructible.

Más explícito fue Julio Verne, al que deslumbraban las proezas de la técnica. Un año después de Bellamy, Verne dio a conocer en la revista norteamericana *The Forum* una fantasía breve en la que el dinero era, a la vez, héroe y villano. "El diario de un periodista en el 2889" imagina máquinas que corrigen los efectos de las estaciones y multiplican las cosechas, periódicos orales que "hablan" a los lectores mientras se afeitan, robots que lavan la ropa, foto-telegramas de Venus y Mercurio, *brokers* de Wall Street que multiplican su dinero cien veces trasladándose de Nueva York a París en tubos neumáticos que hacen la travesía en dos horas.

Muchos de los vaticinios que Verne reservaba para mil años después tardaron menos de un siglo en cumplirse. Pero tanto en su obra como en la de Bellamy, la conversión del dinero en un mito es algo que todavía reserva sorpresas para el siglo que se aproxima.

Hace cien años, los narradores de la nación trataron de educar a la posteridad a través de héroes ejemplares, que sacrificaban sus vidas por una patria ideal. En las alegorías de Mitre, Belgrano era la Pureza, San Martín el Desinterés, Moreno la Pasión, Florencio Varela el Lirismo, Gregorio Funes la Erudición. Los propios creadores de esos mitos fueron, a su turno, convertidos en símbolos: Mitre es el padre de los Documentos y de la Historiografía, Sarmiento el de la Educación y el del Sacrificio.

Más imaginativo, el siglo XX deja tras sí grandes escritores ciegos que remedan el infortunio de Homero, héroes idealistas caídos en plena juventud (como Evita y el Che), astros de fútbol indisciplinados (como José María Moreno y el reiterado Maradona), cantores de tango que mejoran con la muerte, como Gardel y Goyeneche. Y también dos o tres pesadillas terribles, superiores a las que Sarmiento adjudicó a Rosas: la pesadilla de un cabo de policía con delirios ocultistas que dominó la vida y la muerte del país durante once meses eternos; la de una infinita red de campos de muerte, donde los verdugos obligaban a las víctimas a que les escribieran los discursos y los artículos de propaganda para la prensa antes de enterrarlos en fosas sin nombre o de arrojarlos al mar; y la increíble pesadilla, en fin, del general borracho que planificó una guerra marítima contra una de las mayores potencias navales del mundo y convenció a la población de que la estaba ganando.

El siglo XXI promete ser más concreto. Por ahora, sólo un mito abstracto se perfila con fuerza: el Dinero, valor absoluto que gana elecciones y logra el milagro de convertir en peronistas a los empresarios y a los aristócratas, algo que hubiera desconcertado a Evita y tal vez a Perón.

El Dinero ha encontrado encarnaciones grises pero estridentes, que defienden valores como la Eficiencia, la Estabilidad, el Cierre de los Números, el Darwinismo Social. Son figuras volátiles, que pueden deshacerse al primer fracaso, pero la gente sigue enarbolándolos como bandera porque necesita creer en algo, y cada vez quedan menos cosas en las cuales creer. ¿Habrá que imaginar, entonces, una Argentina del siglo XXI en el que, desaparecidas las industrias nacionales, abandonado el campo, privatizados los cordones de las veredas, sólo nos rijan la Especulación y un Orden en el que los ricos (invirtiendo el célebre apotegma de Perón) serán cada vez más ricos y los pobres cada vez más pobres?

Todo depende de cuáles son, ahora, las ilusiones de la comunidad. Los mitos expresan, al fin de cuentas, el deseo común. Y nada pertenece al porvenir con tanta nitidez como el deseo.

UNA CIVILIZACIÓN DE LA BARBARIE

Agosto, 1986

Exilio es una palabra casi nueva en el lenguaje del sur del continente. Durante mucho tiempo había dejado de oírse hasta que la devolvieron al idioma los derrotados de la Guerra Civil Española. A principios de siglo, al exilio se le llamaba destierro. Un desterrado era un paria privado del único bien que abundaba entonces en estas latitudes, la tierra.

Según el *Diccionario de Autoridades*, exilio significa salto hacia afuera. Las palabras son metáforas y, como tales, expresan la realidad de manera misteriosa. ¿Hacia fuera de qué se salta en el exilio? ¿Del país, de la propia conciencia? ¿Y por qué saltar, verbo que tanto tiene que ver con la fuga precipitada, con el adiós irracional y ciego pero también voluntario? ¿Cuánta voluntad de irse, de saltar hay en un exiliado?

Los argentinos hemos cultivado el hábito del exilio desde nuestros orígenes como nación. Vivimos saltando hacia fuera, yéndonos, lo cual significa que el adentro es inhóspito, hostil, o por lo menos que hay en el adentro algo que nos repele. Una de las pocas señales de identidad que tenemos en común es, precisamente, esa incomodidad ante la patria, el perpetuo regresar y marcharse que nos desordena las vidas.

José de San Martín, por ejemplo, a quien los sectores más dispares reivindican como el ejemplo superlativo de argentinidad, conoció como pocos la hostilidad y el rechazo del adentro. Permaneció en el país natal menos de un cuarto de la vida: dieciséis años sobre setenta y dos; u once años sobre setenta y dos, si se descuentan los que consagró a la campaña libertadora, en Chile y Perú. Juan Bautista Alberdi, que lo visitó en Grand Bourg, conjeturó que San Martín nunca se decidiría a cambiar su apacible retiro francés "por los peligrosos e inquietos goces de su borrascoso país".

No es el único caso, por supuesto. También Moreno, Echeverría, Sarmiento, Rosas y el propio Alberdi, figuras tutelares del siglo XIX, murieron en ese afuera hacia el cual saltaron por compulsiones que no se debían al azar sino a la oscura inclemencia de una patria que los rechazaba. En el siglo XX, los ejemplos son más cantados. Ahí está Borges, que eligió Ginebra como el paisaje de su muerte, lo cual puede entenderse como una recriminación retrospectiva al paisaje de su vida. O está Juan Perón, que durante los dieciocho años de su exilio manifestó una y otra vez la voluntad de "ir a tirar mis huesos en la pampa" y que luego, al regresar, dijo que "no se hallaba", que no sabía dónde poner el cuerpo.

Los exiliados saltan al vacío, los desterrados se quedan sin piso. Entre 1835 y 1850 tuvieron otro nombre: proscriptos. Proscriptos eran los privados de la escritura, los apartados de la palabra, los que tenían vedado el circuito de comunicación con sus lectores naturales. Que se los llamara proscriptos era una manera de subrayar que también eran letrados. Representaban, en efecto, a la burguesía ilustrada del siglo XIX. Eran los propietarios de la palabra, los educadores paternales de la enorme masa analfabeta y bárbara. Todos ellos enarbolaron a la civilización como bandera de lucha contra una barbarie situada lejos de las ciudades: en la naturaleza, en una pampa cuyo lenguaje no querían comprender. Como reacción contra ese ininteligible lenguaje de la intemperie, la generación de los proscriptos quiso, cuando tomó el poder en 1852, que la Argentina se convirtiera en

18

una ciudad interminable. Poblar, educar y cuadricular la pampa era el único modo que concebían estos civilizadores para no sentirse extraños en ella. Desde el punto de vista de los vencidos, expresado por el poema *Martín Fierro* en 1872, este proyecto de civilización era, por el autoritarismo y la violencia de sus procedimientos, un proyecto bárbaro. El país al que se aspiraba debía hablar un solo, educado lenguaje.

Donde quizá mejor se revelan esas contradicciones es en el retrato de mayor barbarie que Domingo Faustino Sarmiento registra en su *Facundo*. Corresponde al personaje del "gaucho malo", descripto allí como *outlaw*, un *squatter*, alguien semejante al trampero de James Fenimore Cooper pero sin la conciencia moral del modelo sajón. El gaucho malo es casi un hombre de las cavernas: nómada, perseguido de la justicia, que vive a la sombra de los cardos y se alimenta de aves montaraces. Sin embargo, este personaje primitivo, este "salvaje de color blanco" como lo llama Sarmiento, tiene una memoria vasta como el universo. Sabe, por ejemplo, que entre los centenares de miles de caballos que galopan por la pampa, ninguno tiene una estrella blanca en la paleta. Lo sabe, porque reconoce las señas particulares de cada animal, del mismo modo que identifica los sutiles cambios de las figuras en el cielo, los infinitos olores y voces de la noche. El gaucho malo es el precursor de Funes el memorioso, personaje de Borges. Y como en un cuento de Borges, ese gaucho imita las características de alguien que nacerá mucho después que él haya muerto. Es un símbolo de la barbarie y no obstante, con el tiempo, será Funes, es decir, uno de los grandes personajes ficticios de la Argentina culta.

He aquí un país sembrado de malos entendidos. A fuerza de clasificar perpetuamente la realidad, de querer dividir el bien y el mal en casilleros bien discriminados, la Argentina ha terminado por confundir esos valores, por interpenetrarlos. El modo como se cuenta la historia entre nosotros es un buen ejemplo de esa pérdida del juicio.

Hay en el siglo XIX partes triunfales de batallas que son en verdad relatos de matanzas atroces. Ciertos degüellos de paisanos dormidos o exterminios de poblaciones indígenas han sido consagrados en los textos oficiales como "páginas eternas de argentina gloria", según el perdurable verso de un mediocre poeta romántico, Juan Chassaing. Y aun en 1985, durante el juicio público a las juntas militares que ejercieron la suma del poder desde 1976, los abogados defensores presentaron el exterminio y el tormento de miles de ciudadanos, incluyendo el asesinato o el secuestro de centenares de niños, como una "victoria del orden civilizado contra la subversión apátrida".

Las lecciones ancestrales de la barbarie y el autoritarismo están enquistadas en la Argentina, disimuladas bajo sutiles eufemismos. No es que el país sea ingobernable o gobernable sólo mediante la fuerza, como viene insistiendo la versión militar desde 1930. Es que rara vez el país ha sido gobernado de otra manera que por la fuerza hasta la instauración de la democracia en 1983.

Siempre hubo una enorme distancia entre lo que proclamaban los textos institucionales de la Argentina y las reales prácticas políticas. En teoría, la Constitución sancionada en 1853 establece que el régimen de gobierno es representativo, republicano y federal. En la práctica, el pueblo no tuvo representatividad alguna hasta la sanción de la ley Sáenz Peña, en 1914, y sólo cuatro presidentes, en los últimos setenta años, fueron elegidos por la voluntad irrestricta de las mayorías: Hipólito Yrigoyen, Marcelo T. de Alvear, Juan Perón y Raúl Alfonsín.

Antes de ellos o entre ellos, muchas de las libretas con que se votaba eran libretas de muertos. En 1872, cuando fue ungido presidente de la República, Sarmiento calculó que de los doscientos mil habitantes de la ciudad de Buenos Aires sólo quinientos habían participado de la elección.

En junio de 1888, el cubano José Martí envió al diario *La*

Nación de Buenos Aires una crónica de las convenciones demócrata y republicana en los Estados Unidos, que proclamaron candidatos a Benjamin Harrison y Grover Cleveland. El énfasis del texto estaba puesto sobre la participación popular y sobre el esfuerzo que hacían los oradores para conquistar la opinión de las mayorías. El director de *La Nación* consideró que esa crónica de sucesos reales debía ser presentada como un texto de ficción. Le puso como título "Narraciones fantásticas" y la publicó con una pequeña nota de aclaración que decía: "Únicamente a José Martí, el escritor original y siempre nuevo, podía ocurrírsele pintar a un pueblo, en los días adelantados que alcanzamos, entregado a las ridículas funciones electorales, de incumbencia exclusiva de los gobiernos en todo país paternalmente organizado".

Que el poder cultive el autoritarismo no es insólito en América latina. Sí lo es, en cambio, la confusión semántica que se establece cuando el poder bárbaro se ve a sí mismo como civilizador e impone lo que entiende como civilización a través de cruzadas de barbarie. El general Ramón J. Camps, jefe de policía de la provincia de Buenos Aires entre 1977 y 1979, se describió a sí mismo como un enviado de Dios al atribuirse orgullosamente la responsabilidad por el exterminio de tres mil prisioneros. Medio siglo antes, en sus *Apuntes de historia militar*, Perón había dictaminado: "Someter al enemigo a nuestra voluntad es el fin político". Someter, imponer, han sido los verbos básicos de la vida argentina.

Los que se erigieron en civilizadores rara vez emplearon otro recurso que el de la barbarie. En nombre de la civilización se hicieron las gigantescas levas de gauchos a mediados del siglo XIX, se asesinó a obreros en los campos de quebrachos de La Forestal y en las estancias laneras de la Patagonia entre 1917 y 1921. Fraude patriótico llamaron los civilizadores al "arreglo" de los resultados en todas las elecciones que hubo en la Argentina entre 1931 y 1943. La civilización fue invocada por los nacionalistas en 1943, cuando el lunfardo fue erradicado de las letras de los tangos y los vocalistas de moda debieron cantar, en vez de sentencias tan expresivas como "Y si vieras la catrera cómo se pone cabrera", estos otros patéticos lamentos: "Y si vieras nuestra cama cuán enojada se pone".

En medio de tantos equívocos, a la comunidad argentina le pareció inesperado pero no ridículo que un general llamado Juan Carlos Onganía, quien se había ungido a sí mismo presidente de una revolución argentina que debía durar cien años, se hiciera conducir en una carroza victoriana, flanqueado por lacayos de librea, a la exposición de toros campeones de la Sociedad Rural, en 1966. La ceremonia sucedió casi al mismo tiempo que la expulsión de los claustros universitarios, a punta de bastonazos, de cientos de profesores que se vieron obligados a elegir el exilio. En una sola noche, el civilizador Onganía logró el milagro de que las investigaciones científicas retrocedieran medio siglo, que la cultura humanística se estancara, y que los toros campeones se vendieran a precios récords.

Aquellos episodios fueron el patético preludio de lo que sucedería una década después, y sin ellos no podría explicarse uno de los enigmas que más inquietan a los sociólogos latinoamericanos: ¿cómo un país con una clase media extensa, cultivada y abierta, con un índice de analfabetismo inferior al cinco por ciento, una próspera infraestructura económica y una cultura intensamente conectada con la cultura europea, pudo aceptar que su presidente vicario, entre 1974 y 1975, fuera un ex cabo de policía llamado José López Rega, astrólogo y practicante de los ritos de Umbanda, quien había introducido el ocultismo en la propia casa de Perón y había hecho de Isabel Perón su discípula fervorosa? ¿Cómo un país presuntamente civilizado pudo aceptar y, por un tiempo, aplaudir, las capturas de adolescentes en plena calle y a la luz del día, el fusilamiento de un prisionero al pie del obelisco de Buenos Aires, las invasiones de domicilios privados por patrullas de irregulares que lo devastaban todo, repitiéndose que por algo será, que alguna culpa oculta tendrán estas víctimas? ¿Cómo la mayoría de la población se negó a admitir lo que cualquier curioso podía saber sin asomo de duda: que en la Argentina había un plan oficial para secuestrar, torturar y asesinar a cualquiera que osase disentir con el autoritarismo de turno?

Si tan siniestra paradoja fue posible, ello se debe a la convicción generalizada de que sólo la clase dirigente imparte el discurso civilizador, y todo lo demás es barbarie. Como suele suceder en las comunidades inseguras, los valores son absolutos y se establecen de una vez para siempre. En 1976, las élites dictaminaron que el gobierno democrático de Isabel Perón era inepto (lo que no se puede discutir, pero era tan inepto como democrático) y que los subversivos, sus ideólogos, sus cómplices reales o imaginarios y quienes se solidarizaran con ellos debían ser erradicados del cuerpo social, exterminados. Tal como había enseñado Perón, el Estado debía oponer a los violentos una violencia mayor. Así se instauró el terrorismo, es decir la barbarie, como doctrina oficial.

Desde el 24 de marzo de 1976, civilizar fue suprimir toda disidencia, exterminar, fomentar el exilio. Las confusiones semánticas se multiplicaron como manchas de aceite: el régimen secuestraba a cientos de personas, las internaba en campos de concentración o las volaba con explosivos, y a esos secuestros los presentaba como "desapariciones", fingiendo ignorancia sobre los destinos de las víctimas. Como en las metáforas orientales, desaparecer era morir. Se llamó guerra a lo que era matanza de civiles desarmados, recuperación a la tortura, seguridad nacional al terrorismo de Estado. Las comparaciones entre la hipocresía del Tercer Reich en 1936 y la hipocresía de los militares argentinos en 1976 han sido frecuentes en los ultimos años. Si se mide la cuantía de ambas violencias, las comparaciones son exageradas. No lo son, sin embargo, cuando se miden la intensidad que asumió el horror y la petulancia con que fue ejecutado.

En 1936, la realizadora nazi Leni Riefenstahl exaltó a los dioses del estadio en un film memorable, que ponderaba los triunfos de la raza aria en los Juegos Olímpicos de Berlín; en 1978, los argentinos celebraron con el locutor radial José María Muñoz la conquista de la Copa Mundial de Fútbol y la declaración de que los argentinos eran derechos y humanos por naturaleza. Cuatro años después, el país vivió su propio *Anchluss* cuando el general Leopoldo Fortunato Galtieri invadió las islas Malvinas y decretó su anexión. Ya se sabe que aquél fue un manotón de ahogado a través del cual la dictadura intentó perpetuarse, y no un acto sensato de reivindicación territorial.

En ambas ocasiones, los argentinos cayeron una vez más en la trampa del populismo, y después prefirieron olvidar que habían caído. Al instaurarse la democracia prosperó la idea de que toda la comunidad era inocente porque, para sobrevivir, no tuvo otro recurso que asentir, callar y, en algunos casos, ser cómplice del régimen. Algunos altos funcionarios de la década pasada afirman hoy, sueltos de cuerpo: "Era mejor que yo trabajara para el gobierno, porque de lo contrario lo habría hecho alguien sin convicciones democráticas, y hubiera sido peor". Ser un Zelig sin otra ideología que la ideología de la supervivencia se reveló como una ocupación próspera y de poco riesgo en la Argentina.

Durante los cinco primeros años de poder, la Junta Militar no toleró ningún equívoco en el lenguaje de los medios de comunicación. Desde el primer día les advirtió que la tibieza era inaceptable. Se estaba con la dictadura o contra ella; se era patriota o apátrida, según la clasificación al uso.

Desde el mismo 24 de marzo de 1976, toda la prensa fue sometida a censura previa. Ningún medio, ni aun los más liberales, protestaron por eso ante la Sociedad Interamericana de Prensa u otros canales establecidos para la protección de los empresarios. La censura debió de parecer un mal menor porque formaba parte de las leyes de la guerra, y nada era más fácil que admitir, aun contra toda evidencia, que había una guerra: la del Estado entero contra pequeñas bandas en retirada que, por otra parte, estaban extenuadas ya por las ofensivas del ejército durante el gobierno de Isabel Perón. La prensa cayó en una terrible trampa al admitir que la Junta Militar, oficialmente constituida para reprimir, le dictara lo que debía o no debía informar a la comunidad civil. Los voceros de la civilización aceptaron desde el principio dictámenes que correspondían a la barbarie.

Cuando estalló el golpe militar yo vivía en Caracas, Venezuela, exiliado por una condena a muerte que me había impuesto la Triple A en abril de 1975. Aquella organización parapolicial, que prosperó al amparo de José López Rega, me acusó, junto a otros quince escritores, periodistas, dramaturgos y actores, de estar comprometido con "una conspiración judeo-marxista".

El exilio me permitió escribir sin censura mis observaciones sobre el golpe y publicarlas, el 26 de marzo de 1976, en el diario *El Nacional* de Caracas. Quiero rescatar sólo un párrafo de aquel texto: "A través de la censura previa y de la prohibición de difundir noticias vinculadas con la actividad terrorista, se ha cerrado el paso a toda libertad informativa. A partir de ahora, ya no se podrá saber cuántas personas mueren en la Argentina por obra de la violencia oficial o de la violencia guerrillera, ni qué sectores obreros se lanzan a la huelga, ni cuál es la reacción de las mayorías a las decisiones económicas de la Junta. Pero a la vez, ¿con qué autoridad podría la prensa quejarse contra la imposición de esas mordazas, cuando buena parte de ella venía reclamando desde hacía meses el acceso al poder de un régimen de fuerza?"

Meses después, en Caracas, Rodolfo Terragno –quien era entonces un periodista sin trabajo– me refirió que, como la censura le parecía indigna, había propuesto a los militares que aceptaran a la revista mensual que él dirigía, *Cuestionario*, como un medio neutral, abierto tanto a las expresiones favorables como a las adversas al régimen. Las críticas, conjeturó Terragno con sensatez, tienen siempre el saludable efecto de conferir más veracidad a la voz de los gobiernos. Pero los militares se negaron. Quien no quiere alinearse con nosotros es nuestro enemigo, respondieron, obligándolo a marcharse del país. En verdad, la dictadura no tuvo necesidad de poner en práctica sus mecanismos de censura porque los propios medios de comunicación se apresuraron a reprimirse a sí mismos.

Una porción considerable de la comunidad intelectual se vio obligada a emigrar, asumiendo el exilio como una derrota. Se exiliaron, en rigor, sólo aquellos que pudieron o que no tenían alternativa: los amenazados de muerte, los que disponían de ahorros para la aventura o los que contaban con alguna hospitalidad en el exterior. Los otros se resignaron a aceptar lo peor. Nadie se sintió seguro, a menos que fuera un cómplice absoluto.

El país se volvió ajeno para todos: para los que fueron obligados a marcharse y para los que se quedaron resistiendo desde adentro. El poder militar quiso imponer la idea de que la cultura estaba dividida irremisiblemente, y no faltaron quienes, por ingenuidad o por servilismo, empezaron a difundir esa consigna: cultura dividida.

Un artículo publicado a mediados de 1980 en el suplemento literario del matutino *Clarín* apoyaba la tesis oficial de que los mejores escritores habían optado por quedarse en el país, en tanto que a los otros les aguardaba la pérdida de su lenguaje y, en consecuencia, la pérdida de su público. Aquel texto interrogaba retóricamente: "¿Qué será ahora, qué está siendo ya de los que se fueron? Separados de la fuente de su arte, cada vez menos protegidos por ideologías omnicomprensivas, enfrentados a un mundo que ofrece pocas esperanzas heroicas, ¿qué harán, cómo escribirán los que no escuchan las voces de su pueblo ni respiran sus penas y alivios? Puede pronosticarse que pasarán de la indignación a la melancolía, de la desesperación a la nostalgia, y que sus libros sufrirán inexorablemente, una vez agotado el tesoro de la memoria, por un alejamiento cada vez menos tolerante."*

Se trataba de negar veracidad, autenticidad, derecho de nacionalidad a lo que se escribiera, se pintara o se filmara fuera, como si las "voces del pueblo" que tan condolidamente invocaba el articulista no estuvieran hablando fuera con mayor claridad y franqueza que dentro. De acuerdo con aquella consigna de la cultura dividida, el exilio era una condena y, para colmo, ilevantable y eterna como el infierno.

Adentro no se podía hablar claro, es verdad, pero eso no impidió que se crearan lenguajes sesgados de resistencia. Me refiero no sólo a las ceremonias desesperadas que las Madres de Plaza de Mayo celebraban todos los jueves frente a la Casa de Gobierno. A ellas quiso neutralizarlas la dictadura con el apelativo de "locas": las Madres eran los personajes marginales de la razón, de la civilización: encarnaban esa forma inasible de la barbarie que es la locura. Como en la Edad Media, la voz de los locos fue también la voz de la verdad.

Aludo más bien al lenguaje de resistencia que se instauró en cuatro áreas precisas: la canción popular, los grupos de estudio de ciencias sociales y, hacia el final del régimen, el teatro y el cine. No pareció advertir la dictadura que, al empujar hacia la marginalidad a toda la comunidad inteligen-

---

* El mismo columnista, Luis Gregorich, escribió en el diario *La Opinión* expropiado por la dictadura un artículo en el que comentaba que la Junta Militar habría sentido quizá la tentación de sentirse plebiscitada por el triunfo argentino en la Copa Mundial de Fútbol. "Cualquier gobierno, en cualquier parte, no habría dejado de utilizarlo en provecho propio", escribió el 27 de junio de 1978. "El nuestro también lo hizo, sin incurrir, afortunadamente, en identificaciones excesivas ni lesionar *la pluralidad de ideas*" (subrayado mío).

te, acabaría convirtiéndola en un contrapoder. La imagen de las Madres actuaba sobre la conciencia culpable de la nación; la imagen de los jóvenes liberaba en cambio los deseos inconscientes: lo que aún faltaba por hacer y no podría ser hecho mientras los represores estuvieran. El lenguaje de las Madres era sospechoso de antemano: estaba contaminado de parcialidad, era el lenguaje de la desesperación. El lenguaje de los jóvenes, en cambio, no podía ser fácilmente acusado. Los jóvenes habían sido educados por la dictadura. De ahí que, cuando los jóvenes articularon un lenguaje que cuestionaba las instituciones militares y las estructuras autoritarias, el régimen tardó en reaccionar.

Los principales representantes de esa forma inesperada de resistencia, Charly García, Spinetta y León Gieco, venían de los festivales de música rock y encarnaban, ellos sí de modo profundo, la voz de la marginalidad. Al principio exaltaron valores muy generales, como la necesidad de sentirse libres, el derecho a mostrar su amor en las calles, a caminar sin documentos: estas mínimas apelaciones tenían un aire inocente y, sin embargo, eran subversivas. Ponían en evidencia, enumerándolas, las represiones del sistema. Más tarde, aludieron a hechos concretos como la Guerra de las Malvinas y los extremos de pobreza en que estaba sumido el país. Estas canciones, que se multiplicaron a partir de 1982, resquebrajaron el discurso monocorde del sistema y establecieron una suerte de tácito desafío.

Ser joven era entonces, casi por definición, ser marginal en la Argentina. Domesticada la generación de los mayores por décadas de autoritarismo y de ilusiones frustradas, desterrada o aniquilada la generación intermedia por el terrorismo de Estado, los jóvenes que tenían entre veinte y treinta años asumieron el papel de transformadores de la comunidad. Se instalaron en el teatro y, con el auxilio de algunos resistentes que se habían quedado en el país sin trabajo, incluidos en las listas negras del régimen, crearon un movimiento que se llamó Teatro Abierto·y que desde 1980 produjo obras realistas, de bajo costo, en las que se trataban los temas del exilio, de la rapiña económica y del terror. Esos movimientos, el de la música y el del teatro, pronto influyeron también sobre el cine.

Los medios de comunicación masiva, en cambio (con la excepción notable de la revista *Humor*) sólo se plegaron al cambio democrático cuando resultó evidente que los nuevos aires contaban con el apoyo de las mayorías. Así, la generación que había crecido sin guías (o, mejor dicho, con guías que no aceptaban disidencias) se convirtió en la única transmisora del lenguaje libre a que aspiraba la comunidad.

La idea de la cultura dividida, que los militares habían tratado de inculcar, no prosperó. Pero es evidente que el exilio y el Proceso dejaron como herencia una cultura que aún está dispersa. Ni la comunidad argentina tiene posibilidad de absorber a la enorme masa de migrantes de la diáspora, aquejados por graves problemas personales (uno, y no el menos importante, es que sus hijos crecieron hablando otras lenguas y educándose en otras culturas, y se resisten ahora al trauma del regreso), ni la legislación argentina permite manejar la situación con flexibilidad. El hecho de que la Argentina sea* uno de los contados países del mundo que no acepta el divorcio ha creado una curiosa situación: las complicaciones del exilio destruyeron la mayoría de las parejas, las dispersaron; a la vez, la legislación argentina no acepta ni legitima a las nuevas familias que se formaron fuera. Reconstruir la familia es a menudo imposible, los hijos repartidos por el mundo no pueden ser reunidos, con lo que el antiguo consuelo de Job no puede tener efecto en la Argentina. Aquí o acá (ya no sé cuál es el adverbio correcto), Job recibe una doble sanción: es condenado a segregarse de

---

* Recuérdese que este ensayo fue escrito en 1986.

su comunidad y sigue estando condenado a no rehacer su familia.

Notable ejemplo de la dispersión de la cultura es lo que ha sucedido con el cine: junto a películas que, como *La historia oficial*, han podido realizarse dentro de las condiciones de producción que ofrece hoy el país, hay muchas otras películas argentinas nacidas en el exterior, de las cuales el país tiene imperfecta o ninguna noticia, como los documentales hechos en Cuba por Fernando Birri, o *El exilio de Gardel* de Fernando Solanas o las obras de Edgardo Cozarinsky en Francia. Así como hubo incontables ficciones que se escribieron y publicaron en el exterior durante todos estos años (las de Osvaldo Soriano, Manuel Puig, Juan José Saer), hubo también al menos una decena de películas nítidamente argentinas que se realizaron fuera.

Para el exiliado, el regreso a la Argentina es también una sorpresa. El país idealizado por la distancia le revela su verdadera cara: durante la última década, las rapiñas del autoritarismo militar sumió a las grandes ciudades en una decrepitud visible, que advierten con más claridad quienes las conocieron en su momento de esplendor y vuelven a verlas al cabo de una década. Reencontrarse con Buenos Aires es conmovedor. La pobreza ha engendrado una profesión nueva, el cuentapropismo, que es el pequeño negocio, los kioscos múltiples que venden de todo. A lo largo de kilómetros y kilómetros, en las avenidas principales, esos minúsculos tarantines compiten con ferocidad. La venta de artículos ínfimos, generalmente inútiles, es la ocupación visible de la ciudad. A nivel de las plantas bajas, a ras del suelo, el centro de Buenos Aires no se diferencia del centro de típicas ciudades latinoamericanas como Caracas, Bogotá o México: hay la misma multiplicación de los pequeños comercios. El subdesarrollo exhibe allí todas sus lacras. Pero a partir del primer piso, el esplendor de los viejos tiempos, algo desteñido, aún está en pie. Es como si una parte de la ciudad se hubiera congelado en el pasado mientras la otra empieza a tomar conciencia de su continente de pertenencia. La ciudad, Buenos Aires, ejemplifica de algún modo lo que ha sucedido con la clase media argentina, que vivió una ilusión de riqueza durante el peronismo, gracias a la mano de obra barata que afluía hacia la ciudad, y que ahora se ve enfrentada a su genuina pobreza.

Otra de las consecuencias de la dictadura es el advenimiento de una conciencia tercermundista en la Argentina. El país situado en el confín austral del planeta, que se imaginaba a sí mismo como una extensión de la cultura francesa y del poderío británico, el país que rechazaba (por atrasadas y provincianas) las herencias de los colonizadores españoles y de los inmigrantes italianos, empieza a descubrir, como quien reconoce sus propias ruinas después de la guerra, que forma parte de América latina, que su identidad está en el propio continente y no al otro lado de los mares y que su destino económico, el abismo de su destino, es similar al de las naciones endeudadas del hemisferio. La deuda externa ya no es una ficción que la dictadura oculta o disimula; ahora es una llaga que se siente en carne propia y que pesa sobre la vida cotidiana.

Uno de los signos más rotundos e inmediatos es la imposibilidad de tener todos los libros al alcance de la mano, como en los años sesenta. La pobreza ha engendrado también una provincianización de la cultura: hace década y media, los argentinos se preciaban de producir su propia información y de tener corresponsales o enviados especiales donde quiera sucediesen los hechos, ya se tratara de un atentado del IRA en Belfast o de una elección en Quebec como de una asamblea del Consejo Mundial de Iglesias en Ginebra. Era inimaginable entonces que la Argentina se resignara a ser informada por las cadenas mexicanas de televisión, cuyo lenguaje y cuyas fórmulas de investigación periodísticas habrían sido rechazadas de plano por los espectadores argentinos de quince años atrás.

31

Al país vencido y empobrecido de hoy sólo le interesa lo que pasa en la Argentina o lo que puede repercutir de manera directa sobre los destinos individuales de los habitantes. Al anestesiar durante décadas la sensibilidad cultural del país, los regímenes militares produjeron también un raro proceso de aislamiento mental. El tema central de las conversaciones es ahora el dinero. El valor de un libro, de una película, de un programa de televisión, se mide por su éxito en el mercado. Hasta la ciencia se ha mercantilizado. Un cirujano de alto nivel es respetado no porque lo es sino, ante todo, porque los medios se ocupan de él masivamente como personaje. La comunidad cultural argentina es un reino donde para ser, para existir, es preciso adquirir primero status de superestrella.

¿Cómo es una superestrella en la Argentina? Ante todo, se establece en un campo de saberes. Lo sabe todo. El saber es su poder. Una superestrella no admite jamás forma alguna de ignorancia. Ese saber que todo lo abarca, instaurado como valor de mercado en la comunidad intelectual (quien no lo sabe todo es nada o nadie) ha cercenado la capacidad de asombro y la voluntad de investigación en la Argentina. En verdad, los argentinos no sabemos gran cosa, porque los regímenes militares redujeron el conocimiento a su propia medida. Pero simulamos un saber absoluto, a la manera de nuestros dictadores. A ellos nada los sorprendía. Tampoco a nosotros. El país se ha congelado en un conocimiento de cuartel y, lo que es peor, se niega a aceptar que no sabe.

Saber de veras, saber en serio, fue algo también confinado a la marginalidad durante la dictadura. En 1976, la Argentina fue –como Perón había querido treinta años antes– una nación en armas, un conjunto de voluntades civiles alineadas férreamente bajo el mando del líder militar de turno. Esa homogeneidad fue quebrada por la aparición, aquí y allá, de grupos de estudios humanísticos, que confluyeron sobre todo en el Centro de Investigaciones Sociales sobre el

Estado y la Administración (CISEA) y en el Centro de Estudios de Estado y Sociedad (CEDES). Las investigaciones y las publicaciones de esos grupos crearon una de las pocas vías de escape a la censura militar. Se podía discutir en privado –y sólo entre amigos– sobre problemas teóricos de la cultura y de la política, con alusiones muy sesgadas, muy indirectas, a los reales dramas del momento: las desapariciones, los secuestros, las matanzas, el exilio. Como resistencia, eso era ínfimo. Alcanzó, sin embargo, para despertar la conciencia de los sectores menos ciegos de la comunidad intelectual.

El primer gobierno democrático reconoció ese aporte y eligió a miembros de aquellos dos centros de estudio como ministros y asesores. Sobre ellos recayó, pues, parte de la difícil reconstrucción cultural. También fueron ellos quienes ocuparon el campo que los exiliados dejaron atrás cuando se marcharon. Un campo ocupado es siempre un campo clausurado cuando la demanda de trabajo es poca y el mercado está en crisis. Así nació el primer conflicto entre los que se fueron y los que se quedaron. Los que se fueron que habían actuado como héroes y esperaban que, al volver, les fuera devuelto su territorio. Pero los que se quedaron también sentían que su resistencia silenciosa había sido heroica.

El que volvía, además, se encontraba con otro país: un país en el que era desconocido, que no tenía noticias de los libros que había publicado o de los trabajos que había hecho durante su ausencia. Y advertía que el peso de su opinión había disminuido o era nulo. Era un país en el cual él mismo se desconocía, en el que "no se hallaba", un país ya imposible de recuperar (porque él, dentro de su imaginación, lo había congelado en el tiempo). Y, sin embargo, el país se había movido, profundamente, en muchas direcciones. Necesitaba recuperar el país a cualquier precio, pero todo lo que hacía por acercarse a él, lo alejaba.

Los que se fueron y los que se quedaron descubrieron, al

33

fin, un lugar de encuentro, de convivencia, de no agresión: el lugar del olvido. Fingieron que las pequeñas traiciones o agachadas ante el Estado terrorista no habían sucedido y que todos habían mantenido una actitud de igual dignidad y rechazo. Los que se fueron olvidaron, o fingieron olvidar, las pequeñas complicidades con el régimen o distracciones ante la realidad en que incurrieron algunos de los que se quedaron; y los que se quedaron olvidaron, o fingieron olvidar, el pasado pro guerrillero, radicalizado, de algunos de los que se fueron. Sólo se condenó a quienes habían estado en los extremos, a los torturadores y a los jefes de la llamada "subversión", como si todas las violencias se pudieran medir con la misma vara.

¿Por qué se habló de los extremos, de la extrema izquierda y de la extrema derecha? Tales categorías semánticas sólo intentaban encubrir, enmascarar y en última instancia proteger a los que se situaron un poco más al centro del espectro, y en especial a la derecha política que primero abogó en favor del golpe del 24 de marzo de 1976 y luego medró con él, a los cruzados que se indignaron contra las denuncias de los exiliados y estigmatizaron –en la prensa y en las embajadas– la llamada "campaña antiargentina", identificando al país con la Junta Militar que lo gobernaba. Para que la inmensa marea de cómplices del terror oficial siguiera ocupando un sitio en la comunidad argentina se inventó la teoría de un Mal que estaba en los márgenes, en los extremos. Curiosa paradoja en una sociedad cuyos resistentes, cuyos auténticos héroes culturales, fueron los que se situaron en los márgenes de la cultura, los que hablaron o cantaron desde ese imposible extremo de los que no tienen cabida ni lugar.

Desde que el Mal fue instalado en los dos extremos del espectro ideológico, todo lo que estaba en el medio –o se situaba en el medio– contó con la absolución y el olvido de la comunidad. Así como en 1976 el vicario castrense decidió que la guerra del Estado contra los sospechosos de subversión era una guerra santa y que tanto los campos de concentración como los tormentos inquisitoriales eran justos, así también el sector dominante de la comunidad (incluyendo el peronismo tradicional, el ala tecnocrática del gobierno e incluyendo, sobre todo, la prensa acomodaticia y los intelectuales ávidos de remuneración estatal y de prestigio) estableció que la hora del olvido y de la convivencia en paz había llegado. Que los cómplices del terror de ayer no tenían por qué desocupar las tribunas en la televisión, las columnas de los diarios o las cátedras universitarias, y que los revoltosos radicalizados de ayer podían también regresar.

La Argentina da la impresión, entonces, de haberse reconciliado. La voz de orden es negar el pasado para que haya futuro. No es así, sin embargo. Lo que se vive es sólo un paréntesis de conciliación, cuyo único valor perdurable es la democracia. Lo demás son ruinas: morales, económicas, políticas, sindicales.

Poco a poco, la Argentina va levantando una cabeza más digna que la de hace medio siglo. En vez de clamar por líderes, el nuevo país clama por dirigentes. En vez de exigir autoritarismo y mano dura, se exige democracia. Debajo de las heridas de la barbarie parece al fin despuntar la civilización. No una civilización impuesta por algún padre tutelar sino una civilización que va siendo construida por todos, lentamente, y que por eso mismo es imperfecta y un poco bárbara.

EL LENGUAJE DE LA INEXISTENCIA

Este ensayo fue leído en la Universidad de Maryland a fines de 1984, como parte de la conferencia "Argentina: represión y reconstrucción de una cultura".

Al cabo de medio siglo de autoritarismos casi ininterrumpidos, atrapados en una red de servidumbres con la que debimos convivir, juzgándonos unos a otros con dogmas creados por nuestras inseguridades (sobre todo, de la inseguridad que las dictaduras habían creado en nosotros), los argentinos terminamos por hacer de la representación nuestro estilo de vida y por imaginarnos dentro de una realidad que no era la Realidad.

Lo hicimos dentro de la Argentina, porque simulábamos indiferencia ante la muerte –peor aún: ante la vastedad que la muerte iba asumiendo ante nuestros ojos–, y lo hicimos fuera de la Argentina, porque debíamos representar a una patria que no teníamos, que nos era negada; porque fingíamos que nuestro dormitorio y nuestra cocina estaban en San Miguel de Tucumán, en San Telmo o en la Patagonia, y que desde allí descendíamos a la autopista del Este en Caracas, a la Rambla de Barcelona o a la Villa Olímpica de México D.F., donde afrontábamos la inevitable condición de nuestra diferencia, de nuestro ser extranjero.

Apegados a los malos entendidos, desaprendiendo la realidad o, más bien (al menos en el caso de los exiliados que mejor conozco, los de Venezuela), tratando de aferrarnos a la realidad ajena como a una tabla de náufrago –de interpretarla y hacerla nuestra para poder sobrevivir en ella–, acabamos por no advertir que éramos sometidos a una brutal operación de inexistencia.

¿Cómo sucedió eso? El desatino de nuestra historia se convirtió en algo sorprendente pero natural, y la fragmentación que nos imponían los dictadores –ser de un lado y estar en otro– hizo de nosotros seres interminados.

Las cosas empezaron con el primer muerto: con esa violencia que nos contagió a todos el sentimiento de la amenaza. En pocas semanas, la exageración de la muerte desvaneció el nombre de aquella primera víctima. Ya no sabríamos decir hoy si fueron el sindicalista Juan Pablo Maestre y su esposa Mirta Misetich,* si fue el ex presidente de facto Pedro Eugenio Aramburu o bien la muerte aluvional e indiscriminada que cundió desde el 24 de marzo de 1976. Aquella exageración permitió que el nombre de cada verdugo fuera perdiéndose entre el de verdugos más viles, enmascarándose dentro de una telaraña de crímenes siempre mayores. El aluvión nos exilió a todos los que disentíamos con el Poder, adentro y afuera: nos confinó a la desaparición, nos obligó a inexistir.

Cómo señalar el itinerario de ese descalabro ontológico, cómo incorporar la experiencia del exilio a nuestra vida y a los instrumentos de nuestra vida (llámense la escritura, la acción política, la investigación científica, la reflexión histórica y social), cómo aceptar que a nosotros nos pasó todo eso, precisamente a nosotros; cómo asumir el drama y a la vez superarlo: tal es el cuestionario para el que busco señales de salida.

Empezaré por referir una historia que no ha cesado de asediarme durante todos estos años.

---

* El 13 de julio de 1971, ambos fueron secuestrados por un comando parapolicial o paramilitar. El cadáver de Maestre fue encontrado al día siguiente. El de su esposa nunca apareció.

Fascinado por el devastador ejercicio del poder absoluto, el primer emperador de la China, Qin Shi Huangdi, abolió el pasado, para que la soledad de su importancia se acrecentara en el futuro y en el presente. Construyó la Gran Muralla y un imperio fúnebre, subterráneo, que reproducía sus concubinas, ejércitos, mares, cielos y también –metafóricamente– la eternidad de su poder. Anuló la realidad y la sustituyó por la representación de la realidad.

Borges y Kafka han extraído conclusiones diversas de esa historia. Para el primero es un signo de la ilusión totalitaria. El holocausto de las bibliotecas y la desaforada muralla son –ha escrito Borges– episodios que se anulan mutuamente. Para Kafka es la historia de una lenta desidentificación colectiva: el Poder niega a un pueblo el derecho a ser alguna vez él mismo.

Es ya sabido que sobre el monte Li, en la provincia de Shanxi, los arqueólogos han desenterrado las galerías que sirven de cerco a la tumba del emperador, rescatando de allí guerreros de arcilla, arqueros, ballestas, armaduras y caballos –ninguno de los cuales es igual al otro– que se ocultaban en la oscuridad de aquella espera, librando un combate interminable. La cámara funeraria de Qin Shi Huangdi no ha sido abierta todavía. Li Ssu, quien sirvió al emperador como Gran Canciller (Ch'en Hsiang), la describió sin embargo con minucia, en un texto ya clásico. Refiere que se abrieron en las entrañas de la tierra zanjas sinuosas, en las que Qin Shi Huangdi ordenó vaciar ríos de mercurio. En esas profundidades sobreviven fortalezas de espejos que se abren bajo un firmamento iluminado con aceite de ballena y huesos fosforescentes. El silencio es absoluto. A intervalos, no obstante, unos artificios mecánicos ponen en movimiento a cortesanos y concubinas que repiten los movimientos de la vida.

Los militares argentinos que asaltaron el poder en 1976 trataron, en la medida de su mediocre imaginación, que la Argentina civil se asemejara a la tumba y a los objetos de arcilla del emperador de la China. Para elaborar ese teatro se valieron de una servidumbre que amasó el barro, modeló las figuras, les confirió en el horno su forma definitiva y se ocupó de barrer los desperdicios. Una vasta red de cómplices les permitió exterminar a los insumisos: chuparlos, desaparecerlos. Para cada verdugo se necesitan decenas de auxiliares más o menos encubiertos, dispuestos a protegerlo cuando llegue el momento de la justicia porque sólo ocultándolo, disfrazándolo –o fingiendo actuar ellos mismos, los cómplices, como demócratas convencidos y convertidos–, podrán también mantenerse impunes.

Hubo un émulo exiguo del emperador de la China que me impresionó por la desfachatez con que exhibió su absolutismo. Me refiero al general de policía Ramón Camps, quien tuvo la paciencia de transcribir en un libro, *Punto final**, sus interrogatorios a unos cuantos presos. En el prólogo a ese volumen, Camps se imagina Dios. Afirma, sucintamente, que "el empleo de la fuerza para doblegar la violencia" sólo pretende "la restauración del amor". Algunas de las personas interrogadas asienten. Serviles, piden a este salvador de la patria argentina un lugarcito en su negocio. Asustados, se purifican delatando, para que otros puedan a su vez ser purificados por la tortura.

El poder absoluto de Qin Shi Huangdi se ejercía mediante el exterminio, la aniquilación, la tierra arrasada; el de los dictadores argentinos, a través de la humillación, del paulatino desprecio de las víctimas por sí mismas. El Mal no se satisfizo esta vez con estropear el cuerpo. Aspiró a podrir las conciencias, violentar la memoria, lograr que el ser humano fuera lo menos humano posible.

Y nosotros estuvimos allí. Fuimos parte de esa experiencia devastadora. Sería grave olvidar que llevamos tatua-

---

* Ramón J. A. Camps: *Caso Timerman. Punto final.* Buenos Aires, editorial Tribuna Abierta, 1982.

da la cicatriz en el cuerpo, suponer que aún somos los mismos de hace diez años y contar la historia desde fuera, como si no estuviéramos mellados, gastados, desgarrados por esa marca.

Quizá valga evocar cómo sentimos, quienes estábamos en el exilio, el principio de nuestra inexistencia. Son episodios a la vez triviales y reveladores. Advertidos de que la correspondencia era violada, empezamos a modificar nuestros nombres en los remitentes de las cartas. También a veces, el destinatario se veía obligado a representar: a ser sólo el pariente que recibiría la carta y que, a su vez, se encargaría de entregarla. Luego abundaron aquellos que ya no respondían, aquellos a quienes esperanzadamente les contábamos una historia personal y no acusaban recibo*. Nos resignamos a eso. Procurábamos apagar cualquier síntoma de autocompasión cuando lo sentíamos aparecer en nosotros. Éramos débiles, pero no queríamos ser enfermos.

Los canales de entendimiento se fueron cortando. Ya no sabíamos qué cordones umbilicales traían y llevaban sangre desde nuestro país hacia nosotros y viceversa, quiénes allá también estaban confinados en el anonimato, la simulación, la vida de topo, y quiénes, simplemente, renunciaban al compromiso de contestarnos una carta. Obviamente, fuimos dejando de ser yo en las llamadas telefónicas, fuimos desapareciendo de la Argentina como criaturas de afecto.

Y sin embargo, persistíamos en nuestra necesidad de saber. Salíamos, recuerdo, a la caza de estropeados ejem-

---

* La historia de las cartas sin respuesta, también vivida por otros dos asistentes a la reunión de Maryland, suscitó ciertos comentarios irónicos sobre la calidad de las amistades que habíamos dejado en la Argentina. Los autores del sarcasmo eran también –por lo que después se supo– personas que no contestaban las cartas enviadas desde el exilio, por desconfianza o por simple miedo.

plares de *Clarín* o *La Nación* en busca de indicios sobre la realidad arrebatada. Éramos coleccionistas desesperados de signos. Como en el allá perdido nadie podía oírnos, nosotros nos esforzábamos por oír, por reaprender cada mañana lo argentino (el lenguaje, los gestos, los tonos, los sabores), temerosos de que a la menor distracción se nos perdiera de vista.

Segregados del país, desaparecidos a la fuerza, chupados de nuestros afectos y del paisaje cotidiano sin el cual nos sentíamos a la deriva; conseguíamos, sin embargo, que el lenguaje nacional se realimentara incesantemente dentro de nosotros a través de nuestras familias, de unos pocos amigos que no temían al poder militar ni mercaban con él, y de los que llamábamos "desaparecidos de adentro": gente que figuraba en las listas negras y vivía exiliada en sus casas, sumida en trabajos que eran también formas de simulación, periodistas metidos a carpinteros, obreros del azúcar que hacían changas de contabilidad.

Unos pocos episodios fortuitos confirmaron mi inexistencia. No me queda otro recurso que referirlos en primera persona. Pero cada vez que digo *yo* quiero decir *muchos*, escamoteando sin duda, con mis triviales infortunios, la gravedad de otras historias que debieron de ser, ellas sí, trágicas e irreparables.

A comienzos de 1979 murió Victoria Ocampo. Algunos meses antes, el semanario *Gente* le consagró un artículo cuyas ideas y balbuceos sintácticos me resultaron familiares. Me pregunté si, por azar, era mío. Descubrí que sí lo era. Yo lo había publicado doce o trece años atrás. Pero ahora lo firmaba otro*.

---

* Mi artículo apareció con el título "Victoria Ocampo: una pasión argentina" en el semanario *Primera Plana*, el 15 de marzo de 1966. El de *Gente* (del que no conservo copia) fue publicado en 1977 y estaba firmado por Andrés Bufali.

En 1980 releí una de mis entrevistas a Perón injertada dentro de un libro ajeno*. El autor omitía mi nombre, pero al menos se había tomado el trabajo de respetar mis erratas. Supe también que, por aquella misma época, un programa de televisión cuya estructura periodística yo había diseñado y dirigido**, evocó a todos los que pasaron por allí alguna vez, evitando las imágenes en las que yo aparecía. ¿Cómo, los que no están, podrían defenderse de esas negaciones? ¿Cómo: Enrique Raab, Haroldo Conti, Paco Urondo, Diana Guerrero, Rodolfo Walsh?

Que algún texto mío fuera rescatado por *La Unión* de Catamarca o *El Liberal* de Santiago del Estero llegó a ser para mí más importante que publicar en *Le Monde* o *The Washington Post*, donde disponía de accesos más fáciles. Me resigné a pensar que jamás podría llegar a tanto, jamás a *El Liberal* o *La Voz del Interior*. La Argentina estaba partida en dos, y la línea divisoria era infranqueable.

De vez en cuando me llegaban noticias sobre las acentuaciones de mi inexistencia. Una acuarela que yo amaba se había enmohecido en un desván ajeno, víctima de la humedad porteña; mis ropas, ya inútiles, fueron regaladas a gente de paso que las necesitaba: "las ropas del muerto"; alguien a quien confié parte de mi biblioteca la quemó, temeroso, en el baño de su casa. Hasta un miembro cercano de mi fami-

---

* Enrique Pavón Pereyra: *Conversaciones con Juan D. Perón*; Buenos Aires, editorial Colihue/Hachette, 1978, páginas 128-134. La supuesta entrevista de Pavón reproduce textualmente, excluyendo mi introducción, la que publiqué en el semanario *Panorama* el 30 de junio de 1970. Pavón trata de eludir la inevitable acusación de plagio fechando ese texto ("Un mundo nuevo se nos viene encima") el 2 de julio de 1970. La grabación original está en mi poder, y en ella no aparece la voz del invisible Pavón.

** Aludo a *Telenoche*, de Canal 13. Seleccioné el equipo periodístico de dicho programa y lo dirigí durante cinco meses. Renuncié en abril de 1966, porque prefería escribir. El equipo periodístico siguió siendo el mismo durante algunos años.

lia, interrogado en Tucumán sobre un libro que publiqué en 1973, *La pasión según Trelew*, declaró ingenuamente que yo no era el autor, con la ilusión de que me protegía. Quien firmaba la obra –dijo– era un usurpador de mi nombre. Sin advertir que esa persona había desistido ya de mi existencia, le escribí una carta, pidiéndole que me devolviera la autoría y que leyera ese libro como lo que de verdad es: la historia de una población alzada contra el terrorismo impune del Estado. Y que oyera el oscuro silencio que estaba manchando a todos en Tucumán, 1978. No recibí respuesta.

A comienzos de 1976, un diario de Caracas, *El Nacional*, me abrió sus páginas. Escribí allí obsesivamente sobre la Argentina, semana tras semana. Imaginen ustedes la irrisión de este diferente, extranjero sin remedio, esforzándose por invocar ante lectores enfrascados en su realidad los fantasmas de otra realidad, remota e indescifrable. Imaginen a este descolgado, cuya única herramienta de trabajo es la escritura, tratando de narrar, por ejemplo, la delirante aventura que nos lanzó a Rodolfo Walsh y a mí, en 1970, a seguir la pista del cadáver de Evita entre París y Bonn; o explicando por qué una novela como *Sophie's Choice* o una película como *Moonlighting* –del polaco Jerzy Skolimovski– me hablaba a mí en un lenguaje que no era el de mis lectores venezolanos.

Una vez más miraba yo por la ventana, en Caracas, y afuera estaba la Avenida de Mayo. Una vez más, desde Buenos Aires o Tucumán, la dictadura o sus servidores me advertían: nadie puede oír tu lenguaje, el espacio del que has sido expulsado es irrecuperable. Quienes trazaban la línea divisoria entre los de allá y los de acá, los autores de esa frontera perversa declaraban, a coro con los militares: el que se va no existe. Y yo pensaba, en 1977 y 1978: ¿qué habrá sido de aquellos que, aun quedándose, se fueron? Pensaba: ¿en qué país andará Tito Cossa, en cuál el Turco Halac, Griselda Gambaro, Pajarito García Lupo, Federico Luppi: todos los que siguen en Buenos Aires y sin embargo se fueron? ¿A qué cursos de literatura recurrirán Enrique Pezzoni y Ricardo Piglia para sobrevivir dignamente en un espacio que el poder militar ha condenado a la sordera y a la ceguera? Cuando pensaba así me sentía suspendido de la nada: sin espacio, en ninguna parte, inexistiendo.

Nadie, por supuesto, sale indemne de esos trastornos ontológicos. Ni los del lado de allá ni los del lado de acá, dondequiera que estén esos lugares. Ninguno de nosotros sobreviviría si se viera obligado a repetir el drama: a representar a la existencia y a soportar la inexistencia. El juego de los intelectuales ha terminado. Los verdugos tienen todas nuestras fichas de identidad. Hemos perdido por completo la inocencia: ya ni siquiera podríamos fingirla. A partir de ahora, mantenerse al margen del drama nos impondrá la marca del culpable. O, lo que tal vez sea peor, de servidores de los culpables.

En mayo de 1984 volví por primera vez a Buenos Aires al cabo de nueve años. Me sorprendió descubrir que mi lugar perdido todavía estaba allí. Esa fue, sí, una curiosa representación. Alguien, tomándome del brazo, me decía, en tono de confidencia: "No sabés cuánto me alegro de que estés vivo". Y yo mismo, al descubrir en un café la cara de un amigo que creía perdido para siempre, repetía también para mis adentros: "Cuánto me alegro de que él esté vivo". Nos habían privado de todo, pero no de la felicidad de reconocernos en la vida. No éramos fantasmas. Ni fuera ni dentro habían podido convertirnos en las figuras de arcilla del emperador Qin Shi Huangdi. Volvíamos más frágiles del exilio, pero también más fuertes. Con el peso de los muertos en el corazón y a la vez sintiendo que habíamos vencido, los de allá y los de acá. Faulkner lo había expresado memorablemente treinta y cinco años antes: "Creo", dijo, "que aun en el último crepúsculo rojizo y agobiante, la mezquina e inextinguible voz humana seguirá hablando y hablando. Creo que el hombre no sólo perdurará. También prevalecerá". Habíamos, pues, prevalecido.

¿Quiénes somos ahora? Quiero decir: ¿en qué nos ha convertido este largo medio siglo de autoritarismos? ¿Acaso estamos de veras oyéndonos los unos a los otros o más bien –respondiendo a un condicionamiento militar– estamos tratando de imponer una opinión sobre las otras, desoyendo todo lo que tratan de decirnos los otros? ¿Seguimos siendo intolerantes –jueces, lapidadores, demoledores de creación, censores, represores– para disimular nuestra inseguridad, para enmascarar nuestras pequeñeces? ¿Hay algún diálogo perdido que estemos dispuestos a restablecer? ¿Alguna vez, me pregunto, nos aceptaremos los unos a los otros?

Y me respondo: puesto que casi lo perdimos todo, ya no tenemos nada que perder. Nos basta con la vida, y eso nos permite sentirnos a salvo de nuevas representaciones. Hay ciertos reflejos del pasado que, sin embargo, no hemos desaprendido. Hay violencias intolerables que ya no nos sorprenden. Oímos con indiferencia, por ejemplo, que un tal presbítero von Wernich oficia misas a Nuestro Señor de los Secuestros y que un tal arzobispo Plaza ha contratado la bendición papal para cierto matón de la ciudad de La Plata. Suponemos, con indiferencia, que la democracia es también eso: la voz del criminal en la televisión o en los altares. La democracia confiere legitimidad a la voz de todos, y en especial a la voz de los enemigos. ¿Pero es legítima la voz de los que ya han sido juzgados como ilegítimos: los Massera, los Camps, los Videla, los Astiz, los jefes de los campos de la muerte?

Nos hemos acostumbrado a convivir con el ser a medias que fuimos durante tantos años, aceptando que nos dividieran entre los que pueden hablar y los que no pueden, los del lado de allá y los de acá, los que no saben nada de lo que pasó porque no estuvieron y los que lo saben todo porque no vieron ni oyeron. Hace algún tiempo ya, en 1979, escribí un cuento corto, *Confín*, cuyas primeras líneas desesperanzadas son el reflejo más cabal de lo que yo sentía en aquellos años:

En mi país nunca terminamos nada. Las casas donde vivimos están revocadas a medias o tienen sólo las armaduras de la fachada o están llenas de cuartos que se construyeron o empezaron a construirse para nadie.
Nacemos ya incompletos. Las parteras no consiguen arrastrarnos hacia el aire libre cuando nos atascamos en el útero ni obligarnos a soltar el primer llanto, porque sentimos desde entonces que en el principio de la vida hay también un fin, no sabemos de qué, y eso nos sobresalta.

Y no hay tal fin. Hemos dejado de vivir a medias. Todos los días, la memoria nos devuelve a los que murieron. Estamos completos, enteros: los de allá y los de acá. O mejor dicho: todos ya estamos allá y acá cuando queremos. Acá está en todas partes. Y ya que conseguimos lo más difícil, la victoria de la vida, ¿por qué negarnos a la victoria de estar juntos?

Luces de la ciudad

1992

Cada vez que empieza un nuevo año vuelven a mí, vaya a saber por qué, las primeras imágenes de mi exilio en Caracas, a mediados de 1975. Para poner fin a esa obsesión he decidido contarla.

Desembarqué en el aeropuerto de Maiquetía una madrugada de junio sin saber cómo era la ciudad que el azar y los vientos favorables de algunos amigos habían elegido para que yo viviera. La imaginaba tórrida, sin veredas, infestada de autopistas y motocicletas. En lo único que me equivocaba era en el clima, porque Caracas está en un valle primaveral, a casi mil metros de altura, al pie de una montaña de color malva.

Yo había salido de Buenos Aires a fines de abril, ahuyentado por las amenazas letales de José López Rega, y un mes más tarde seguía dando vueltas por París, como huésped del embajador mexicano Carlos Fuentes. Me despertaba todas las mañanas diciéndome que era ya hora de marcharme, pero no sabía adónde. Un exiliado novato supone que estará lejos de su país sólo dos o tres meses, y que las ominosas razones que lo indujeron a marcharse desaparecerán pronto. Cuando quiere acordarse han pasado dos o tres años de melancolía, con el cuerpo en un lugar, el alma en otro y la vida

47

en ninguna parte. No me interesaban España (por Franco) ni tampoco París, donde cinco años antes no había sido feliz. Lo que ahora deseaba era respirar los aires de una democracia estable y latinoamericana, pero no quedaban muchas.

Fantaseé durante algún tiempo con México y Costa Rica. Un fastuoso mediodía en el que Fuentes tenía invitados ilustres para el almuerzo (el violinista Henryk Szeryng y los escritores Juan Rulfo y Gabriel García Márquez), Miguel Otero Silva llamó por teléfono desde Caracas. De Otero Silva sólo conocía las tres novelas que había publicado en Losada, y a duras penas me acordaba de una de ellas. No sabía yo que, además de novelista, era senador de la República, propietario del diario más prestigioso de Venezuela, *El Nacional*, y heredero de una fortuna petrolera. García Márquez acudió al teléfono y le habló de mi caso. Al caer la tarde de aquel mismo día, yo tenía ya un trabajo como editor adjunto del "Papel Literario" de *El Nacional*, una visa de turista y cartas de presentación firmadas por todos los que habían estado en el almuerzo, incluido Szeryng, que no entendía nada de lo que estaba pasando.

Tomé un avión de Air France dos días después, creyendo que mis incertidumbres habían terminado. Me sorprendió que nadie me esperara en el aeropuerto, pero no le di importancia al incidente. Sentía una incontable felicidad por haber regresado vivo a América latina (que era entonces un solo país unido por el cordón umbilical de sus desgracias) y porque, al fin de cuentas, yo había reservado un hotel en el centro histórico de la capital y tenía ganas de dormir.

Tardé algunas semanas en darme cuenta de que en Caracas no hay un centro sino veinte o treinta, y que tanto la historia como el poder político tienen su asiento en el menos agraciado de todos. En 1975 era (y en parte todavía es) una especie de zoco árabe alborotado por kioscos de comida y por la algarabía de vendedores ambulantes, campanarios que dan la hora cada diez minutos y bandadas de gente feliz que se pone a bailar salsa en medio de la calle sin otro motivo que la simple alegría. El estrépito y mi propia impaciencia me desvelaron. A eso de las doce llamé por teléfono a Otero Silva para decirle que deseaba comenzar mi trabajo ya mismo. Mis escuálidos ahorros se habían consumido en París y no me quedaban sino trescientos dólares para afrontar el primer mes en una ciudad carísima, cuya unidad monetaria era el petróleo.

Fue entonces cuando sufrí la primera decepción de una larga serie. Otero Silva no estaba. La tarde anterior, obedeciendo a una inspiración repentina, se había retirado a escribir una novela en su castillo de Arezzo, adonde nadie podía molestarlo ni para anunciarle el fin del mundo. ¿No dejó instrucciones?, pregunté con voz temblorosa, dándome a conocer. No, señor, nadie sabe nada. ¿Y cuándo volverá? Tal vez dentro de tres meses, tal vez más, me respondieron. En todo caso, no antes de setiembre. Tampoco tenían la menor noticia en *El Nacional*, adonde llamé con el escaso aliento que me quedaba.

Estaba anclado en Caracas. Para salir necesitaba algún trabajo. Recurrí a Juan Liscano, un poeta notable a quien había conocido fugazmente. Gracias a su auxilio, esa misma tarde me encontré discutiendo un sueldo de dos mil dólares (lo que para Buenos Aires era entonces una enormidad) con Miguel Ángel Capriles, dueño de un imperio periodístico que abarcaba dos diarios, siete revistas y algunas radios. Capriles me necesitaba como jefe de redacción de *Elite*, un semanario que estaba convertido (así me dijo) en "un vertedero de basura", y quería que empezara al día siguiente. Yo también estoy ansioso, le respondí, estrechándole las manos.

Alguien había hecho correr la voz en *El Nacional* de que yo andaba por ahí y esa misma noche me invitaron a comer tres de los escritores venezolanos a los que yo más admiraba: el poeta Luis Alberto Crespo, quien dirigía el "Papel Literario", y los novelistas Adriano González León y Salvador

Garmendia. Me citaron en un restaurante llamado "Il Vecchio Mulino", que figuraba en el libro Guinness de los Récords de 1972 y 1973 como el lugar público donde se había bebido más whisky y ginebra en todo el mundo: un promedio de galón y medio por comensal y por día, lo que da el asombroso resultado de casi seis litros. Tal vez sea inverosímil, pero es verdad.

Jamás había visto beber tanto como vi a mi alrededor aquella noche. Las conversaciones eran sin embargo serenas, discretas y, dentro de lo que se estila en los dominios de la literatura, también sensatas. González León defendió con ardor la narración oral y sostuvo que escribir ya no tenía sentido; Garmendia habló de unos cuentos que había dedicado al cantante de boleros Daniel Santos, y Crespo insistió en que yo debía conocer cuanto antes los paisajes áridos y metafísicos de Carora, en los llanos de Venezuela, de donde brotaban sus poemas secos y ásperos como latigazos.

Era ya muy tarde cuando me preguntaron por mi destino de exiliado. Les referí mi mal entendido con Otero Silva, al que no le dieron importancia, y les dije que al día siguiente comenzaría a trabajar en *Elite*. Eso desató un escándalo. Yo no podía, *bajo ningún concepto*, enlodarme en una revista de la prensa amarilla, que esclavizaba a los empleados y pagaba salarios de hambre. Si lo hacía, mi prestigio no iba a valer ni un céntimo en Venezuela. Les dije que el prestigio tiene poca importancia para alguien que está en la bancarrota. Y ponderé a Capriles, con quien habíamos tenido una conversación civilizada y llena de respeto mutuo.

Terminaron convenciéndome de que, si había empeñado mi palabra con Otero Silva, debía esperar a su regreso. Él no me ha esperado a mí, argumenté. Él te ha esperado, replicaron. La que no quiso esperar fue su novela. Pidieron un teléfono y hablaron con los rectores de tres o cuatro universidades venezolanas, instándolos a contratarme para unos seminarios sobre literatura argentina. Los rectores aceptaron. Doy fe de que eran ellos porque luego los conocí personalmente y les recordé el episodio. Concertamos los honorarios, que equivalían en total a tres meses de trabajo en *Elite*: los tres meses que Otero Silva tardaría en volver. Y les di el teléfono de mi hotel, para que me llamaran a la tarde siguiente. Era un martes. Las clases debían comenzar el viernes, en Maracaibo.

Lo primero que hice al otro día fue presentar mi renuncia a Miguel Ángel Capriles, quien la recibió de pie con un disgusto que ya nada podía remediar. A la tarde aguardé junto al teléfono, pero no hubo llamadas de las universidades ese día ni tampoco el jueves. Con mal disimulada desesperación, me dejé caer por "Il Vecchio Mulino", donde encontré a mis amigos bebiendo como si tal cosa. No recordaban una sola palabra de nuestros diálogos. Llamamos a los rectores por teléfono, pero también a ellos se les había evaporado la memoria. Aunque todos estaban desolados y querían ayudar, era imposible. Estábamos en julio, y hasta setiembre no había clases. Yo me sentía como el vagabundo de Chaplin en *Luces de la ciudad*, cuando despierta junto a su amigo millonario después de una noche de borrachera fraternal y éste no lo reconoce. Venezuela era así, y me llevó años habituarme a ese lenguaje hecho de puro presente.

Nunca pude aprenderlo, porque el exilio es la certeza de que uno está de más en cualquier parte, sin pertenecer a nada y sin que tampoco nada le pertenezca. Así se empieza, sin saber cuándo o cómo se termina. Dos o tres semanas después del fracaso que acabo de narrar fui contratado como redactor por el diario *Al Cierre*, cuyo título vaticinaba su destino. Pero ésa es otra historia, y ya no hay lugar aquí para contarla.

EN ESTADO DE EXILIO

1994

Mientras hago mi travesía ritual por tren desde el suburbio hacia Nueva York, alguien despliega un diario en el asiento de al lado. Sin que yo haya querido verla, sale a mi encuentro una fotografía conmovedora. La imagen descubre a un chico de ocho o nueve años que se despide de su padre en la estación de Sarajevo. La cara del chico es triste pero sin lágrimas, como si ya hubiera sufrido todo lo que debía sufrir o como si todavía esperara la llegada del sufrimiento. Es una de esas caras indecisas de las que el llanto ya se ha ido o, al revés, está llegando, pavoroso, inconsolable.

Detrás del chico hay una mujer borrosa (la madre, seguramente), abrumada por la separación. En la penumbra de la fotografía, la cara de la mujer es la menos nítida, pero su dolor es el más visible: se adelanta al del niño, como una desgarradura en el papel. Esas figuras, sin embargo, no son las más patéticas. Lo terrible es lo que no se ve. Sobre el vidrio del ómnibus de Sarajevo, las manos de un hombre (el padre) tratan desesperadamente de aferrar las del chico, de atravesar la inexpugnable muralla transparente que se ha cerrado ya, quién sabe por cuánto tiempo. El hombre va a quedarse en la ciudad mientras los demás parten, y en esas manos temblorosas está todo: la incertidumbre, la melancolía pre-

52

sentida, la desesperanza, pero también la transformación del ser en otro. El exilio está a punto de dejar su marca sobre esas tres vidas, y la marca nunca habrá de borrarse.

Pareciera que ahora no tiene sentido hablar del exilio en un país donde esos malos vientos han pasado ya y la atención se detiene en asuntos más importantes, como la transferencia de los bienes del Estado al patrimonio privado y la vida de lujo de los funcionarios públicos. Que las personas pierdan sus afectos más entrañables importa poco cuando es una nación entera la que se está convirtiendo en otra cosa. Pero la imagen del ómnibus de Sarajevo no se ha movido de mi imaginación en estos días. Lo que les está sucediendo a unos puede sucedernos a todos –tal era la enseñanza de Bertolt Brecht–, y a nosotros nos ha pasado más de una vez, ya sea porque la dictadura militar nos hizo desterrados, o bien porque las dictaduras ajenas nos enseñaron a hospedar a otros desterrados y otros empobrecidos.

Los vientos miserables del exilio soplan ahora en latitudes distantes: suben desde Turquía y Grecia hacia la inclemente Alemania, desde Argelia y Senegal hacia Francia, desde la Europa del este hacia la del oeste; se los ve avanzar desde Corea hacia San Francisco, desde las fronteras de México hacia Los Ángeles, desde Haití y Santo Domingo hacia Nueva York. Y dondequiera sopla ese viento florecen también las mezquindades del nacionalismo.

No hace mucho, el admirable pensador palestino Edward Said –ahora profesor de literatura comparada en la Universidad de Columbia– escribió que "la desdicha esencial del exilio es algo insuperable. Existen, por supuesto, historias que presentan el exilio como una posibilidad de vivir episodios heroicos, románticos, gloriosos y hasta triunfales. Pero sólo se trata de historias, de esfuerzos para derrotar la desdicha involuntaria del extrañamiento".

Los que nos fuimos en 1975, como los que se fueron al año siguiente o todavía un año más tarde, creíamos que en dos o tres meses podríamos regresar. Llamábamos por teléfono y preguntábamos: ¿Ya se puede? ¿Dentro de una semana tal vez? Y no entendíamos a los que nos aconsejaban esperar. Un consejo como ése nos parecía intolerable y, a la larga, sospechoso. ¿Por qué nosotros debíamos apartarnos de la historia, desgarrarnos de los afectos, permitir que se nos fueran borrando de los sueños los paisajes familiares? ¿Acaso quienes nos decían que aún no era hora no corrían, quedándose, el mismo peligro que nosotros habíamos evitado al partir? ¿Tal vez trataban de negarnos el derecho a regresar o, peor todavía, eran dueños de algún secreto que nos estaba vedado conocer? La distancia nos volvía desconfiados y temerosos. No entendíamos –no podíamos entender– que el simple hecho de habernos ido ya marcaba una diferencia, una línea divisoria, un foso. Irse es ya una forma de transfiguración, una caída en el abismo. El que se va tiene que romper la inercia dos veces, y la segunda –la vez del regreso– es infinitamente más pesada que la primera.

Sin embargo, para ser un exiliado no es necesario el simple acto de irse. Es necesario, sobre todo, que algo le impida volver. A San Martín, por ejemplo, no le permitieron volver cuando se acercó a la rada de Buenos Aires el 6 de febrero de 1829. Váyase a Montevideo y aguarde allí a que se aplaquen los odios nacionales, le dijeron. Pero a los odios de aquellos días se sucedieron otros no menos crueles y la oportunidad de volver jamás llegó. En París alguna gente recuerda todavía que Julio Cortázar, sintiendo que su fin no estaba lejano, se acercó a Buenos Aires en diciembre de 1983 con la intención de que le dijeran: Venga, quédese, acá lo necesitamos, pero la indiferencia oficial lo hizo pensar que nadie lo esperaba, que si había estado lejos tanto tiempo bien podía estar lejos para siempre.

Más que en sobrevivir, el tiempo del exiliado se va en juntar los pedazos dispersos de su ser. Cuando mira por la ventana, lo que ve no son ya las ramblas de Barcelona o el parque de Chapultepec o los raspados color arco iris de Caracas. Ve todo eso teñido por su propia melancolía, por las pizzerías de la calle Corrientes o por un atardecer violeta en la pampa, por las ridículas canciones que aprendió en la escuela (y que de pronto dejan de parecerle ridículas) y por los sabores invencibles de la infancia. Pero más que nada lo ve a través de la historia que se está perdiendo, a través de las cosas entrañables que no podrá recuperar. Es un mundo irreal, que se parece a la ficción por más de un motivo: porque nace, como las ficciones, del descontento con la realidad y de la necesidad por construir "una otra parte" donde todo lo perdido podrá tener cabida.

Siempre me acuerdo del día en que me fui, hace más de quince años, pero mucho más me acuerdo del día en que volví: de la sorpresa con que divisé, desde el aire, las nervaduras temblorosas de los ríos, y del desconsuelo que sentí cuando alguien me preguntó, en la esquina de Santa Fe y Callao, dónde quedaba la calle Arenales, y yo no supe dónde, a pesar de que había vivido allí más de cinco años. En ese instante desolador aprendí que los recuerdos no le pertenecen a uno de una vez para siempre; que de un día para otro pueden esfumarse y ser de otro, o de nadie.

Cuando vi la foto de la despedida en el ómnibus de Sarajevo regresaron a mí todas esas historias y pensé que debía escribirlas para que no se me clavaran como una espina en la garganta. Y aunque lo pensé sin la menor vacilación, más de una vez me sentí incómodo mientras avanzaba por los zigzags de estas palabras. Creo saber por qué. Porque la del exilio, como otras tantas historias argentinas, es una página no resuelta y no discutida en nuestras vidas comunes. Allí reposan, en el mar de los silencios, las desapariciones, los campos de concentración, el militarismo de las guerrillas, la corrupción, la impunidad, el relajo de los funcionarios que se enriquecen de la noche a la mañana como si fueran Cenicientas, pero sin las campanas de las doce de la noche.

Somos una vasta serie de historias a medio abrir. Cada vez que la sociedad decide condenar algo, aparece siempre algún poder que echa todo para atrás, como la piedra de Sísifo. Por eso rara vez llegamos a alguna parte. Empezamos a caminar, y el recuerdo de lo que hemos dejado atrás nos deja atados al mismo sitio, una y otra vez, como en el más infernal de los tormentos. El exilio y la foto de Sarajevo son, de algún modo, metáforas de la Argentina: manos que se despiden de algo o de alguien, pero a través de un vidrio, entre lágrimas que han caído hace mucho o que nunca terminan de caer.

La Argentina de Borges y Perón

1991

> *... alguna vez tuvimos*
> *una patria –¿recuerdas?– y los dos la perdimos.*
>
> Jorge Luis Borges

Oigo decir que Borges es el principal responsable de las desdichas argentinas. ¿Jorge Luis Borges?, pregunto, sorprendido. "Sí, Borges", responde un viejo profesor de literatura. "Toda su obra es una letanía sobre la inexistencia de la realidad. Durante años, Borges repitió que nada existe y que los hombres somos un sueño. Tanto lo hemos oído, que ya no sabemos mirar la realidad de frente."

La historia del último medio siglo en la Argentina es, en el fondo, la historia del duelo a muerte entre Borges y Juan Perón. No sólo fue un duelo abierto, casi físico, entre el escritor que se negaba a nombrar a su enemigo y el dictador que desdeñaba a Borges llamándolo "ese pobre viejito ciego". Era también un duelo más hondo, más secreto, por prevalecer en la imaginación argentina. La frase favorita de Perón era un pleonasmo: "La única verdad es la realidad". Borges, que descreía de la realidad y de las verdades únicas, debió sentir aquella afirmación como un insulto. "El peronismo es una cuestión que ya debía estar enterrada", le dijo a V. S. Naipaul, una tarde de 1972. "Si los periódicos guardaran silencio y se olvidaran del monstruo, hoy no habría peronismo."

En la Argentina siempre hay un culpable para los males infinitos que aquejan a la nación: el culpable, para Borges, era Perón. Para Perón, en cambio, los culpables fueron muchos, e iban mudando de rostro según el humor del momento. En 1945 el culpable era Spruille Braden, embajador de los Estados Unidos en Buenos Aires. Con el lema *Perón o Braden*, Perón conquistó la presidencia en 1946. Después, la culpa de las catástrofes se atribuyó a "los oligarcas", a los disidentes, a los universitarios, y también a Borges, cuya madre y hermana fueron encerradas por la policía del régimen en una cárcel para prostitutas. Más tarde, en 1955, cuando lo derrocaron, Perón declaró que la culpa era de "los militares vendepatria". Luego añadió otros nombres, castas, siglas, ciudades, familias. En un momento dado, sólo unos pocos leales no figuraban en las listas negras de Perón. Borges, en cambio, se mantuvo siempre fiel a lo que había dicho: el único responsable era "el dictador que no podía ser nombrado".

Hasta Gabriel García Márquez tuvo una teoría sobre las calamidades argentinas. En 1967, cuando viajó a Buenos Aires para el lanzamiento de su novela *Cien años de soledad*, solía despertarse ahogado en medio de la noche. "No puedo más", decía. "En este confín del mundo, el atlas me pesa demasiado sobre las espaldas." La fama de García Márquez crecía entonces en Buenos Aires de manera visible, sensorial: se la podía tocar, oler, estaba en el aire. Pero él no parecía feliz. Vagaba por la ciudad, con los hombros hundidos por la melancolía: "Esta ciudad está demasiado lejos. Llegas, y es como si ya no tuvieras mundo adonde escapar". No volvió jamás. En marzo de 1990 viajó a Santiago de Chile, para celebrar el regreso de la democracia. Un amigo lo invitó a cruzar la cordillera de los Andes y pasar un par de días en Buenos Aires, donde había nacido su celebridad. "No, gracias", dijo. "Tolero muy bien México, a pesar de la polución y de la altura. Pero en Buenos Aires, donde el aire es limpio, me asfixio."

*　*　*

La decadencia argentina es uno de los más extravagantes enigmas de este siglo. Nadie entiende qué pudo pasarle a un país que en 1928 era la sexta potencia económica del mundo y que de pronto, en seis décadas, quedó sepultado cerca del quincuagésimo lugar. El enigma es tentador para los sociólogos, y las respuestas abarcan ya varias bibliotecas. Pero nadie parece dar en el blanco, acaso porque la respuesta no es una sola, y porque lo que se busca es un culpable, o muchos, en vez de averiguar primero si hay una culpa.

¿Hay una culpa? El presidente Carlos Menem, discípulo de Perón, cree que hay una Gran Culpa: la memoria, el rencor, la resistencia a olvidar. "Ya el pasado nos ha enseñado todo lo que podía enseñar", dice. "Ahora debemos mirar hacia adelante, con los ojos fijos. Si no aprendemos a olvidar, nos convertiremos en una estatua de sal." Sin embargo, hace ya tiempo que la Argentina ha olvidado. Aparte de las tenaces Madres de la Plaza de Mayo y de las diezmadas organizaciones de derechos humanos, casi nadie habla de los asesinatos alevosos de la última dictadura militar, que se prolongó hasta 1983. Las torturas, los secuestros de niños, la usurpación de bienes de los prisioneros, todos son recuerdos que han pasado de moda. A la televisión han regresado los periodistas que glorificaron el terrorismo del Estado militar y la Guerra de las Malvinas. El triunfador de todas las elecciones de Tucumán –la más pequeña y extraña de las provincias argentinas, situada mil doscientos kilómetros al noroeste de Buenos Aires– es el general Antonio Bussi, que hace trece años fundó los campos de concentración más letales de la dictadura. Los taxistas y los camioneros añoran los "buenos tiempos de la mano fuerte". Dureza, sí, pero por *derecha* –se oye decir, en los corrillos callejeros–: dureza por la vía legal, sin clarines de guerra ni proclamas militares. Los autoritarios de antaño han vuelto, bañados por el agua lustral de la democracia.

La Argentina ha olvidado todo, salvo la grandeza que alguna vez tuvo. El recuerdo de esa grandeza la atormenta, la ciega. Hasta los que se rebelan contra toda forma de nostalgia piensan que la perdida grandeza volverá, tarde o temprano. Si alguna vez fuimos "eso" –dicen–, ¿por qué no podemos ser "eso" otra vez?

La Argentina tardó veinte años en caer, y lleva ya cuarenta sin poder levantarse. En 1946, cuando Perón llegó al poder, pasó una mañana entera caminando entre lingotes de oro, en los pasillos de la Casa de Moneda, sin que le alcanzara la mirada para abarcarlos a todos, porque los lingotes seguían entrando infatigablemente, por una boca de mármol que copiaba la cabeza de una vaca. En 1948, el país aún tenía más teléfonos que Japón e Italia y más automóviles que Francia. Casi en seguida comenzó el declive. "Perón dilapidó aquellas riquezas", dice el ex presidente Raúl Alfonsín. "Las distribuyó con demagogia y ordenó mal las prioridades de inversión. Así desaprovechó la mayor oportunidad que tuvimos de lanzarnos a un proceso definitivo de desarrollo."

Embriagado por la sospecha de que las riquezas nunca terminarían, Perón embarcó al país en un fastuoso programa atómico. Contrató a un ignoto físico alemán, Karl Richter, y le encomendó la construcción de una central nuclear en la Patagonia, entre los lagos de los Andes. En febrero de 1951, Perón anunció al mundo que ya poseía la técnica necesaria para lograr reacciones termonucleares controladas y que, como sus objetivos eran pacíficos, pronto se vendería "la energía líquida en botellas de litro y de medio litro". Estalló una carcajada universal. Borges y los antiperonistas –cuyo número crecía velozmente– se sonrojaron por aquel paso en falso, que pasó a la historia como el *Gran Papelón Argentino*. Perón soñaba con la grandeza, pero la pequeñez ya estaba paseándose por las calles. El número de automóviles, que una década atrás había sido de 27.8 por cada mil habitantes, se redujo aquel año a 18.1. No había trigo en los silos y se comía un pan gris, de ceniza. El salario real de los obreros industriales cayó 20 por ciento en menos de tres años. Evita, la esposa de Perón, murió en ese momento inoportuno de un cáncer de útero. Sin nadie que se ocupara de las dádivas a los pobres, la imagen de Perón se disolvió como una mariposa de verano. Se hubiera desvanecido para siempre si un golpe militar, al que Borges siempre llamó Revolución Libertadora, no lo hubiera apartado providencialmente del poder.

* * *

Condenado al exilio, a la resistencia, a la muerte civil, Perón se convirtió en un mártir. El nuevo gobierno militar hizo lo que Borges predicaba: prohibió el nombre de Perón en los diarios, en las radios, en los libros de Historia, como si jamás hubiera existido. La realidad desapareció, el pasado se volvió sueño. Desde la distancia –Caracas, Santo Domingo, Madrid–, Perón se apoderó del tiempo que nadie reclamaba y lo colmó de ilusiones. Como estaba fuera del poder, nada le parecía irrealizable. Hasta los que habían sido sus enemigos pensaron que podría volver y convertirse, una vez más, en el salvador de la patria.

Tiempo atrás, Borges había escrito que la historia universal es la historia de unas cuantas metáforas. Son también unas cuantas metáforas las que podrían explicar el aciago destino de la Argentina. Una de ellas es el eterno duelo entre Borges y Perón. Las otras, que se remontan al origen mismo del país, se alimentan de necrofilia, intolerancia, espíritu faccioso, desdén por la naturaleza, y de la tenaz pasión por expulsar a los que se ama.

¿Quién en la Argentina no se ha sentido expulsado alguna vez: por la soledad, por la miseria, por las amenazas de muerte, por la perturbación de despertar cada mañana en el confín del mundo? Hacia 1951, el escritor Julio Cortázar sintió que lo expulsaba el peronismo y emigró a París, de donde jamás regresó. En 1955 fue Perón el que partió, expulsado por sus antiguos camaradas de armas. Veinte años después, José López Rega, el adivino delirante que servía como secretario de Perón y de su esposa Isabelita, dictaba órdenes cotidianas de expulsión a diputados, actores, periodistas y cantantes sospechosos de profesar el "judeo-marxismo". El que no se marchaba, *desaparecía*. Los militares que lo sucedieron convirtieron la manía de expulsar en un frenesí y desparramaron a más de trescientos mil argentinos por el mundo.

Borges, que había sobrevivido a todos esos desaires de la suerte, se dejó vencer por un incomprensible movimiento del alma, y meses antes de morir, también él partió. En incontables poemas y cartas había deslizado la misma letanía: "Me enterrarán en Buenos Aires, donde he nacido". Pero cuando sintió en su cuerpo el aguijón de un cáncer irremediable, se fue a Ginebra, sin despedirse de nadie.

Partir es contagioso en la Argentina. Todos los años, desde que comenzó la decadencia, veinte mil a treinta mil jóvenes universitarios abandonan las llanuras enfermas de vacío. ¿Por qué, por qué?, preguntan los desconcertados sociólogos. ¿Es que se ha extinguido la fe o, más bien, es el país lo que se está extinguiendo? Antes del amanecer, los jóvenes montan guardia ante los consulados de Italia, España, Canadá, Australia y los Estados Unidos, a la espera de visas cada vez más esquivas. "Yo me voy por asfixia", dice una investigadora de biología molecular. "Aquí no hay nada que hacer." Su marido, un ingeniero de proteínas, repite, cabizbajo: "Aquí ya no hay lugar para nosotros". La frase estalla como un oxímoron sin sentido: en el desierto interminable y sin ilusiones, ya no hay lugar; la nada está repleta.

Algunos se van porque les falta lugar; otros, porque temen que para ellos no habrá tiempo. "El futuro ha muerto hace ya mucho aquí: se ha desvanecido", se oye decir junto a la puerta de los consulados. Para encontrar el futuro, la mayoría emprende la caza de su pasado. Los nietos de italianos y los hijos de españoles redescubren sus orígenes. Si obtienen una visa, será gracias a los antepasados albañiles y campesinos que llegaron a principios de siglo para "hacer la América". No regresan triunfales a las aldeas del pasado, como en los films de Elia Kazan o en las novelas de Mario Puzo. Parten en estado de fracaso, para cerrar el círculo de la miseria: los abuelos se marcharon con las manos vacías, los nietos vuelven también así, yermos.

Se sienten incómodos con el país, y suponen que esa sensación es nueva, una secuela natural de las dictaduras militares y de la deuda externa. Pero no es nueva. José de San Martín, el guerrero que hace ciento ochenta años acabó con el yugo español y se convirtió en el paradigma de la nacionalidad argentina, también vivió hostigado por las terribles furias del adentro. Murió viejo, a los 72 años, sin haber permanecido más de once o doce en el país natal. Las veces que el libertador intentó volver, lo alejaron con uno u otro pretexto del puerto de Buenos Aires. "No baje usted de su nave", le escribían. "No gaste usted su tiempo en esta tierra de discordia."

La discordia es perpetua. Brotó ya en los tiempos de la Colonia y no ha cesado. Siempre hubo tanta tierra para repartir que nadie se saciaba. Los que se habían apoderado de alguna tierra querían siempre más. Hubo un momento, entre 1977 y 1979, en que un metro cuadrado de tierra valía más en Buenos Aires que en el corazón de Manhattan. Se pagaban fortunas por un lote vacío en el cementerio de la Recoleta. Ahora no. La hoguera de las vanidades está apagándose. Cuando alguien quiere aparentar linaje o bienestar, no compra nada. Alquila los panteones de las familias en decadencia. En la fachada del panteón se coloca un letrero de utilería con el apellido del muerto ajeno, y no bien el cortejo funerario se retira, vuelven a su lugar las leyendas originales.

Nunca, sin embargo, el espíritu de la discordia ha sido más poderoso que ahora. El presidente Carlos Menem, que asumió a mediados de 1989, ha dividido el país en dos: los que están con él y los que prefieren "caminar por la vereda de enfrente". Los periodistas adictos al gobierno martillean día y noche una letanía atroz: los disidentes, los de "la vereda de enfrente", no son argentinos.

En un poema que narra la fundación de Buenos Aires, Borges ha tratado de explicar que en la mitología original de la ciudad no hubo una "vereda de enfrente". El país nació como una playa bucólica, en la que se podía compartir todo, hasta la memoria:

Una cigarrería sahumó como una rosa
el desierto. La tarde se había ahondado en ayeres,
los hombres compartieron un pasado ilusorio.
Sólo faltó una cosa: la vereda de enfrente.

Esa Argentina ya no existe. Ahora, ni siquiera es posible dividirla en dos, porque las facciones son muchas, casi tantas como los individuos. Hasta en la Iglesia y el Ejército, que desde comienzos de siglo se mantuvieron como las únicas corporaciones homogéneas –ambas ciegamente conservadoras, cerradas al más ligero soplo de cambio–, hay bandos de sumisos al gobierno enfrentados a levantiscos que no están conformes con sus privilegios. También los sindicatos, que profesaban una devoción monolítica por el peronismo, se han desgarrado. Que el Presidente conquistara el poder con un programa populista y que al día siguiente de asumir el gobierno se convirtiera en un devoto de la libertad absoluta de los mercados es lo que siembra el desconcierto, aun entre los jefes de su propio partido.

El drama de la Argentina –como el de Perú, Brasil o Venezuela– es que los pueblos delegan el poder en sus mandatarios y una vez que lo delegan, los elegidos pueden hacer con el poder cualquier cosa. Guillermo O'Donnell, un argentino que preside la Asociación Internacional de

Ciencias Sociales, está trabajando desde hace un par de años en esa teoría de las democracias frágiles cuyos gobiernos actúan por delegación, no por representación. "Después de votar, los electores se desentienden", dice O'Donnell, "como si transfirieran al presidente el derecho pleno a imponer su voluntad. Votan al hombre, al albedrío del hombre, y el hombre siente que puede hacer con el poder lo que quiere. Las instituciones republicanas lo estorban, y trata entonces de doblegarlas o acomodarlas a sus designios. Eso convierte al presidente en un monarca absoluto".

El poder es absoluto, ¿pero hasta dónde? Menem tropezó con una Corte Suprema de Justicia en la que no podía confiar. Decidió modificar su composición: aumentó el número de los miembros, de cinco a nueve, después de tejer una laboriosa tela de araña en el Parlamento para conseguir el acuerdo. Las reglas de juego de la democracia imponen límites, hay que ofrecer aunque sea la ilusión del disenso, y en esa batalla entre las ilusiones y la realidad, entre lo que se puede y lo que se debe, los países desangran el escuálido tiempo que les queda.

*　　*　　*

Y luego está el feroz enemigo: el desierto, la tierra infinita, los espacios de oscura nada. Uno de los grandes clásicos de la literatura argentina, *Facundo,* escrito por Domingo F. Sarmiento en 1845, ya planteaba el problema en las primeras líneas: "El mal que aqueja a la República Argentina es la extensión: el desierto la rodea por todas partes y se le insinúa en las entrañas". Habría que invertir la descripción: la Argentina *es* el desierto; los glaciares, la selva, las montañas, el océano, las cataratas turbulentas, todo eso está en el horizonte. Pero nadie lo ve. Los hombres viven de espaldas a la naturaleza, en el hervor de las ciudades. Nada los distrae del espectáculo de sus rencillas. Condenados a no ver el mundo, los hombres se observan eternamente a sí mismos. Como en *Huis-clos*, el drama de Jean-Paul Sartre, "el infierno son los otros".

A la gente ya nada le importa fuera de su propia suerte. Los diarios anuncian en titulares más bien modestos la matanza de Tien-anmen, la caída del Muro de Berlín, el alzamiento popular contra Ceaucescu, y nadie se sobresalta. Los mismos hombres que no se despegan del televisor cuando los diputados discuten el alza de las tarifas telefónicas o cuando estalla una reyerta entre dos funcionarios menores del gobierno, miran con indiferencia las hogueras de Beijing y el estremecedor fusilamiento del dictador rumano. Es una sensación extraña: como si un velo cubriera la historia del mundo y la luz cayera sólo sobre la Argentina, donde todo es noche.

*   *   *

En el ombligo del país desierto está la ciudad de Tucumán, donde los argentinos declararon en 1816 su independencia del poder español. Hace poco más de un siglo, algunas refinadas familias francesas se afincaron allí, se aliaron con la aristocracia provincial y erigieron un imperio de azúcar. A la vera de los ingenios brotaron mansiones que copiaban la geometría de Versalles, con techos de pizarra en pronunciado declive, para facilitar la caída de la nieve. Las mansiones eran sofocantes y no servían para vivir, porque la temperatura media de Tucumán, de setiembre a marzo, es de 35 grados. Los sábados por la noche las grandes familias daban allí sus fiestas, pero durante la semana sólo los sirvientes iban y venían por los cuartos inútiles, donde los muebles dormían bajo pesados lienzos. En torno de los palacios, los cortadores de la caña de azúcar se morían de hambre. Llegaban a Tucumán en carros desvencijados, desde aldeas prehistóricas que agonizaban en las selvas de Paraguay y de Bolivia, y luego de limpiar la maleza de las varas de caña regresaban a sus muladares, con algunos pesos de más y algunos hijos de menos. Por desdén o por compasión se les llamaba "los golondrinas".

En 1966, la artificial riqueza de los ingenios se volvió astillas, y el dictador militar de la época ordenó a casi todos que cerraran sus puertas. Los "golondrinas" llegaron, como siempre, pero la caña se pudría en los campos y los caminos estaban silenciosos y vacíos como en el primer día del mundo. Cierta mañana, en agosto la temperatura subió a 47 grados, y al sur de la ciudad cayó una lluvia de pájaros insolados. Los "golondrinas", que habían atravesado más de cien leguas para tropezar con aquel desierto sin trabajo, condujeron sus carros de mulas hasta la plaza principal de Tucumán, faenaron las mulas y encendieron fogatas para asarlas. En torno de la plaza se alzaban las mansiones urbanas de las grandes familias. Incómodas tanto por el humo de las fogatas como por la exhibición de miseria de los forasteros, las matronas de la aristocracia suplicaron al gobernador militar que pusiera orden. Una brigada especial de la policía y veinte carros de bomberos limpiaron la plaza con frenéticos chorros de agua y mandobles a la cabeza. Quedó un tendal de "golondrinas" heridos; dos chiquillos que aún no caminaban murieron pisoteados. El jefe de la brigada era un oficial apodado El Malevo.

Los lujos de antaño se han esfumado hace tiempo de Tucumán. Los jardines laberínticos y las mansiones versallescas sucumbieron a la humedad y a las ebulliciones tropicales de la naturaleza. El último de los palacios fue comprado por una madama de burdel, que administra a medio centenar de pupilas indias, todas teñidas de rubio. La madama se ufana de conocer mejor que nadie los secretos de la provincia. "Yo desde aquí arreglo matrimonios, quito y pongo diputados, consigo préstamos de los bancos y decido el nombre de los recién nacidos. La gente confía en mí, porque mi discreción es legendaria", dice la madama, acariciando los brazos de un trono estilo Luis XV que sobrevivió a los tiempos dorados. "Este sillón ha sido siempre un confesonario."

El Malevo se deja caer todas las noches por el burdel. Echa unos párrafos con la madama, recibe las caricias oxigenadas de las pupilas y se pierde en la oscuridad. Con el tiempo se ha convertido en el personaje más popular de Tucumán después del general Bussi, a quien El Malevo obedece sin el menor traspié de la conciencia.

A comienzos de 1990, la policía de Tucumán se sublevó en demanda de mejores sueldos y en apoyo de veinte agentes que habían sido excluidos por corrupción. Los rebeldes capturaron un arsenal y se parapetaron en la Brigada de Investigaciones. Tropas del ejército y gendarmes de élite, enviados desde Buenos Aires, los sitiaron y les bloquearon la entrada de víveres. El Malevo llamó por teléfono al gobernador de entonces –un agrónomo casi octogenario– y le dijo: "Si usted me autoriza, voy a entrar en la Brigada y a convencer a los muchachos de que se rindan". El gobernador se declaró conmovido por esa ostentación de coraje.

La rebelión llevaba casi setenta horas cuando El Malevo fue a disiparla. Los amotinados no disponían de luz eléctrica ni de agua. Era el amanecer. Como siempre, el aire estaba calcinado. Afuera, en la penumbra, cientos de periodistas aguardaban, con sus micrófonos en ristre. No bien El Malevo entró en la fortaleza, partió desde las ventanas una ráfaga de trompetas y un redoble de bombos. Casi en seguida, El Malevo se dirigió a los sitiadores con un megáfono: "¡Retírense de aquí! He decidido sumarme a la rebelión. Ahora soy el jefe. ¡Victoria o muerte!".

Incomprensiblemente, conquistó la victoria. Los quinientos soldados de Buenos Aires, que descontaban ya la rendición de los cien sediciosos, fueron obligados a retirarse. El Malevo salió de su guarida, desfiló por la ciudad bajo una lluvia de flores, y anunció en una conferencia de prensa que el gobierno había cedido a todas sus peticiones.

Quien inclinó la suerte en su favor fue –así dicen– el presidente Menem. *"Más vale equivocarse a favor de un caudillo amado por el pueblo que a favor de leyes vetustas en las que el pueblo ya no confía"*, sentenció el Presidente. Lo mismo hizo Perón en 1974, tres meses antes de morir. Un jefe de policía se alzó contra el gobernador de la provincia, de Córdoba, le puso una pistola en el pecho y lo obligó a renunciar. El gobernador pidió urgente auxilio a Buenos Aires. Perón –que entonces era presidente– despidió al gobernador y mantuvo al jefe de policía en su puesto. Lo irracional, lo inesperado, suele ser el lenguaje del peronismo. Allí reside su fuerza, pero su fuerza es también la debilidad de la Argentina.

*   *   *

Nadie sabe qué es el peronismo. Y porque nadie sabe qué es, el peronismo expresa el país a la perfección. Cuando un peronismo cae, por corrupción, por fracaso o por mero desgaste, otro peronismo se levanta y dice: "Aquello era una impostura. Este que viene ahora es el peronismo verdadero". La esperanza del peronismo verdadero que vendrá se mantiene viva en la Argentina desde hace décadas. Es como un imposible Mesías o, para decirlo en el lenguaje popular, como un burro que corre eternamente tras la inalcanzable zanahoria.

Mientras Perón vivía, esas proezas camaleónicas parecían imposibles porque cada palabra de Perón *era* la doctrina peronista. Sin embargo, algunas proezas ocurrieron. En 1974, José López Rega, el adivino y *alter ego* de Perón se tornó impopular. De un día para otro ascendió quince grados en la jerarquía policial –era cabo y se hizo nombrar comisario en jefe–, y fundó una organización de terror, la Triple A, que exterminó con rapidez a cientos de enemigos. Nunca se supo si Perón aprobaba o no esas hazañas, aunque sin duda las consentía. Los otros peronistas, muchos de los cuales eran víctimas del adivino o estaban a punto de serlo, no podían aceptar que Perón tuviera la más leve culpa. Si la tenía, el edificio entero de sus creencias podía derrumbarse. Convirtieron entonces a Perón en un personaje de Borges. El adivino –dijeron– había tejido un cerco maligno que le impedía al caudillo conocer la realidad. Los crímenes sucedían, pero el cerco no dejaba que Perón viera la sangre ni oyera el llanto de los moribundos.

El presidente Menem fue también impopular durante algunos meses de 1990, cuando triplicó el precio de los servicios públicos y subió a cincuenta centavos el litro de nafta mientras el salario mensual promedio de los obreros industriales y de los maestros se estancaba en ochenta. Ocho jóvenes diputados peronistas se alzaron contra él y declararon que Menem había traicionado la doctrina. "Ahora, el peronismo somos nosotros", dijeron. Durante algunas semanas cundió la duda. ¿En cuál orilla de la realidad estaba la verdad? El Presidente admitió entonces que sólo muy pocas veces la realidad había coincidido con la verdad. Ni siquiera Perón –debilitado por la muerte de Evita en 1952– había mostrado las cosas tal como eran. "Nadie se atrevió a tomar el toro por las astas", dijo Menem. "Nosotros lo haremos. El peronismo es ahora un socialismo liberal."

Mudar de piel a tiempo es lo que ha salvado al peronismo de la extinción. La *doctrina* consistió primero en tres simples apotegmas –a Perón le encantaba la palabra "apotegma"–: justicia social, soberanía política e independencia económica. En los 60, defendió la insurrección armada y se confundió –o casi– con los credos de la Revolución Cubana. En los 70 se inclinó por la justicia distributiva: la mitad de las riquezas para el patrón, la mitad para los obreros. Luego, la doctrina se tornó conservadora, pero sin desvestirse de cierto estrépito populista. Menem ha logrado el milagro de que ese magma de sentencias y máximas contradictorias, que hasta 1990 era patrimonio de idealistas y los menesterosos de la sociedad, se haya convertido ahora en el estandarte de la clase alta y eñ el arco iris donde se abrazan los divos de la televisión, los terratenientes y los malabaristas financieros; es decir, todos los que no están en "la vereda de enfrente".

Quien mejor ha definido el punto de confluencia entre el peronismo sudoroso de antaño y el casi aristocrático peronismo de hoy es el sociólogo Guido Di Tella, embajador de la Argentina en Washington. "La naturaleza del peronismo es pragmática", dice Di Tella. "Somos lo que los tiempos exigen que seamos."

Tal vez no sólo el peronismo sino toda la sociedad argentina se ha vuelto pragmática. En los primeros años de la nueva democracia, la frívola clase alta de Buenos Aires hubiera expresado escándalo o vergüenza ante un Presidente de origen musulmán, que pierde horas discutiendo con cuáles jugadores se presentará la Argentina a la Copa Mundial de Fútbol, usa trajes refulgentes, y lleva una vida conyugal estrepitosa, por decir lo menos. Ahora no: Menem está de moda.

Las caudalosas patillas del Presidente solían suscitar el desdén y hasta la burla de los políticos respetables. Su tardía conversión al catolicismo lo tornaba sospechoso para la jerarquía de la Iglesia; su populismo irritaba a los militares, que lo torturaron y lo confinaron en diversas prisiones desde 1976 hasta 1981. La realidad se ha dado vuelta: todos ellos consideran a Menem ahora como un hijo de sus propias legiones.

Es una historia extraña, sudamericana. Lo sudamericano es siempre extraño en la Argentina, donde la gente es –o cree ser– europea. Al restituirle su realidad geográfica, Menem ha permitido que el país se encuentre al fin con su naturaleza profunda. El Presidente alcanzó el poder sin revelar programa alguno de gobierno y sin que tuviera casi necesidad de hablar. Uno de los jefes de su campaña electoral le aconsejó: "No te calentés por los contenidos de los discursos. Vos ponete el poncho, besá a los chicos y tocá los ojos de los ciegos. Después saludá y andate". Y el candidato, vestido de blanco y bendiciendo a diestra y siniestra, paseaba por las grandes ciudades con una sonrisa de beatitud siempre puesta, ofreciendo el mero milagro de su presencia. Ganó en el primer turno de votaciones, por un margen amplio.

Menem llevaba casi dos décadas preparándose para conseguir lo que ahora tiene. Desde que Raúl Alfonsín sustituyó a los dictadores militares de la Argentina, en diciembre de 1983, el aspirante a sucesor se mantuvo a su lado e inició un paciente trabajo de aprendizaje. Aunque pertenecía al partido adversario del Presidente, Menem secundó en todo al Presidente, sin dejar de subrayar que él era un "sapo de otro pozo". Cuando Alfonsín afrontó su primer motín militar, en abril de 1987, Menem lo apoyó con firmeza. Ante la enorme concentración popular que se reunió en la Plaza de Mayo de Buenos Aires para repudiar el *putsch*, exigió que se aplicara la ley: "Estos sediciosos y traidores a la patria", dijo, "tienen que ser juzgados con severidad para terminar con una situación que mantiene a la comunidad nacional en vilo".

Al día siguiente, desde La Rioja –su provincia natal–, evocó los horrores de la década anterior: "Si olvidamos ese pasado y no defendemos este presente", dijo, "es muy posible que nuestro futuro no sea nada halagador. No podemos olvidar. Los pueblos que olvidan su historia repiten la historia".

Conquistar el poder lo hizo cambiar de idea. Al cumplir cuatro meses de gobierno indultó a los responsables de todos los crímenes aberrantes de la dictadura y de los golpes militares a la democracia, con exclusión de los seis cabecillas. En 1990, el perdón alcanzó a todos. "No puedo ver entre rejas ni aun a los pajaritos", ha declarado el Presidente, con fingida ingenuidad.

La actitud argentina consiste siempre en suprimir e ignorar la realidad. Ese es uno de los pocos hábitos que aún se mantiene en pie. Borges jamás pronunció las palabras *Perón* o *Evita*. Los llamaba *el dictador* y *esa mujer*. Cierta vez le dije que conocer a Evita hubiera sido para mí una experiencia histórica invalorable: alguna oscura esencia de la Argentina debía respirar en ella. Borges se ofendió y se negó a hablar conmigo por muchos meses.

Los fraudes electorales, la magia, los crímenes del Estado, la desaparición de las personas: todo lo que el Poder no admitía como verdadero era ocultado. Si no podía existir la verdad, tampoco existía la realidad. Ahora que la clase media está evaporándose velozmente, y que los mendigos cantan a coro con los millonarios en la Plaza de Mayo, el presidente Menem ha encontrado una frase que concilia verdad y realidad a la perfección: "Estamos mal pero vamos bien". Eso quiere decir tantas cosas que no quiere decir ninguna.

* * *

En los comienzos de su carrera literaria, Borges definió el carácter argentino como una exageración del pudor. No le satisfacía el proverbio popular según el cual un argentino es alguien que se comporta y se alimenta como un italiano, habla como un español, está educado a la francesa y copia los modales de un inglés. Ahora el pudor ha desaparecido, y sólo queda la exageración. Los extremos son ya tantos que han encontrado formas –también extremas– de convivir en armonía.

Buenos Aires está en ruinas, pero los viajeros se sorprenden de no ver las ruinas por ninguna parte. Es fácil de comprender: para los argentinos, Buenos Aires no es la decaída urbe de hoy, sino la capital dorada que no quiere desvanecerse de la memoria. Los viajeros, en cambio, la ven como lo que es: una enorme ciudad latinoamericana. En los aledaños de la Recoleta, junto al cementerio donde yacen los próceres, las casas de alta costura siguen exhibiendo vestidos para princesas. El aire huele a visones y a perfume francés. En los escaparates, sin embargo, aparecen tímidos letreros que ofrecen pagar las compras en tres o cinco cuotas. Muchos paseantes de aire altivo llevan raídos abrigos de lana tejidos en casa. Aún están en pie los mármoles y los bronces de los años dorados, pero junto a las entradas fastuosas abundan los kioscos de baratijas.

A mediados de 1989, durante las últimas semanas de la administración de Raúl Alfonsín, las reservas argentinas de divisas oscilaban entre 300 y 400 millones de dólares, apenas para pagar los gastos del día. Con Menem se quintuplicaron. En cambio, los índices de desocupación plena o encubierta siguen subiendo. Hay ahora más de cuatro millones de personas sin trabajo (14 por ciento de la población total), y otros cinco millones viven en condiciones de miseria. Los teléfonos no funcionan, a la espera de que el Estado los privatice. Casi nadie paga impuestos a la riqueza, o los paga en ínfima medida, para disimular. La corrupción de los funcionarios es un secreto público. Quienes más predican contra la corrupción suelen ser los que más se han indigestado practicándola.

En un país donde hacia 1940 no había casi analfabetos y la población universitaria relativa era una de la más altas del mundo, la cultura es un lujo que pocos se permiten ya, y que a pocos interesa. Las rumorosas librerías de la calle Corrientes, que solían permanecer abiertas hasta el amanecer, ahora cierran a las once de la noche. En los primeros cien días de 1990 –los más prósperos de la democracia, según el gobierno– vendieron diez veces menos libros que en igual período de 1989, el peor de la administración Alfonsín. En 1988, el cine argentino produjo treinta películas y obtuvo otros tantos premios en festivales internacionales. En 1990 el número de títulos descendió a cuatro, y el Instituto Nacional de Cine, del cual depende la economía de los productores, se ha declarado en estado de extinción.

"La cultura es lo de menos", me dice un académico. "Lo

terrible es el hambre." ¿Hay hambre?, se asombran los turistas. Los mendigos zumban como una letanía de moscas, pero son casi folklóricos. Buenos Aires aún finge que es una ciudad próspera.

Tardé algunos meses en ver el hambre. A comienzos del otoño iba yo en automóvil por la autopista del acceso Oeste, a unos treinta kilómetros de la capital. El mediodía era calmo, bucólico. A orillas de la carretera se desperezaban los vastos campos de ganado cuyas alambradas hienden el infinito. Las vacas se movían de un confín a otro en busca de sombra, como si fueran sentimientos perdidos. A lo lejos, divisé un tumulto: cien o acaso ciento cincuenta personas que obstruían el camino, aglomeradas junto a un bulto oscuro. Había muy pocos vehículos. El tránsito, con lentitud, seguía fluyendo. Me acerqué. Algunos niños y mujeres se apartaban del enjambre con la cadencia de las mareas. Tenían las ropas manchadas de sangre. Pensé: Acaba de suceder un accidente atroz. Y me detuve a ofrecer auxilio. Olí la sangre, vi moscas navegando en el aire transparente, me sorprendió la lumbre de algunos cuchillos. Los hombres habían atrapado una vaca y la estaban desollando a la intemperie, en pleno día.

Aunque uno haya oído hablar del hambre muchas veces, el escándalo de ver al fin su cuerpo –el vasto, intolerable cuerpo del hambre humano– pesa sobre la conciencia como un agujero negro. Uno cierra los ojos y allí está él, con su gran dedo incandescente. Lo he visto al amanecer, junto a la puerta de los mercados y de los restaurantes, en el McDonald's de la calle Florida y en el Jumbo que está junto al camino hacia el aeropuerto de Ezeiza. El hambre llega con su recua de niños y de ancianos, armado de palos y de cucharas, destripa las bolsas de residuos, y en ese mismo punto de la calle crepuscular aspira las migas y las briznas de ketchup, selecciona las cáscaras grises de los tubérculos y las entrañas aplastadas de los tomates para las sopas de otro día, esconde en sus harapos las pieles de las salchichas y la costra carbonizada de las hamburguesas para apaciguar el hambre de los que no pudieron venir, el hambre de los inválidos y de las parturientas.

¿La Argentina, el granero del mundo? Eso fue hace medio siglo. Ahora el país danza un tango patético en el confín del globo terráqueo: avanza un paso, retrocede dos, y luego gira sin ton ni son. Está en perpetuo movimiento, los hechos van y vienen como rayos –las crisis, las rencillas, las reconciliaciones–, pero al fin todo queda como estaba. Y el tango vuelve a comenzar.

* * *

Hubo un episodio de necrofilia delirante cuando la ciudad de Buenos Aires fue poblada por primera vez, en 1536. El fundador yacía en una carabela a media milla de la costa, ardiendo de sífilis. En el horizonte no había sino pajonales yermos, sin aves ni bestias que saciaran el hambre de los expedicionarios. Uno de los hombres, desesperado, devoró el caballo del fundador. Lo mandaron ahorcar y expusieron su cadáver en la plaza de la ciudad. Por la noche, tres soldados descolgaron al ahorcado y lo asaron, campo adentro. El fundador ordenó que los culpables fueran encerrados en su nave y que los desangraran lentamente. Todas las tardes le llevaban cataplasmas de sangre fresca y se las untaban sobre las llagas de la sífilis.

El primer nombre que se impuso a un río argentino fue "La Matanza"; el título de la primera narración nacional –un espléndido texto romántico, escrito por Esteban Echeverría– es "El Matadero". Los escolares aprenden el alfabeto deletreando las últimas palabras de los héroes. Las grandes figuras de la historia patria son conmemoradas en el aniversario de sus muertes, no de sus nacimientos. Hay una pequeña aldea al norte de Tucumán donde las calles llevan el nombre de las batallas perdidas por la Argentina en las guerras del siglo XIX. El polen de la necrofilia tiñe de melancolía el aire, pero

76

no lo fecunda. "Necrofilia significa autodestrucción", sentencian los psicoanalistas de Buenos Aires. "En esas pulsiones de muerte que van y vienen por la historia argentina como un estribillo, puede leerse la voluntad de no ser: no ser persona, no ser país, no abandonarse a la felicidad. Mucha gente ha sucumbido a la apatía. Quiere que la dejen en paz, como si se sintiera fuera del tiempo, en los prados de la muerte."

Durante más de dos años, Perón conservó el cadáver momificado de Evita en el altillo de su casa española. Una o dos veces por semana, la tercera esposa de Perón –Isabel– entraba en el altillo, peinaba la cabellera yerta y frotaba el cuerpo de Evita con un pañuelo impregnado de agua de colonia. López Rega, el adivino de Perón, intentó transferir el alma de Evita al cuerpo de Isabel, a través de algunos artificios mágicos del *candomblé* brasileño. Fracasó estruendosamente, y la Argentina pagó las consecuencias cuando Perón murió e Isabel lo sucedió en el poder.

Parte de esa fascinación por el más allá atrapó también al presidente Menem, hacia octubre de 1989. Así como el adivino de Perón, había soñado quince años antes con reconciliar a los muertos enemigos en un faraónico "Altar de la Patria", Menem decidió que los espíritus nacionales sólo quedarían pacificados cuando volvieran los cadáveres que yacían lejos. La primera fase del plan preveía la repatriación de Rosas, del ex presidente Cámpora y de Jorge Luis Borges.

Empezó con Rosas. Durante cuatro generaciones, los escolares argentinos habían aprendido que el gobierno de Rosas fue el más sangriento de la historia nacional. Los manuales enseñaban que en un solo mes, octubre de 1840, Rosas mandó degollar a más de quinientos ciudadanos ilustrados de Buenos Aires, y que casi todos los hombres lúcidos vivían fugitivos de su poder, en Uruguay o en Chile. Menem ordenó que los despojos de Rosas fueran sustraídos de su largo exilio en Southampton, Inglaterra, y los expuso al homenaje del Ejército y de las escuelas primarias.

La pasión necrofílica volvió a florecer entonces en la Argentina como una fuerza de la naturaleza. En menos de una semana, el Parlamento estuvo inundado de proyectos para trasladar las tumbas de los próceres de una ciudad a otra. *El Malevo* encabezó en Tucumán una cruzada patriótica para encontrar la perdida cabeza de Marco Avellaneda y exponerla otra vez en la plaza de Tucumán, ya no sobre una lanza sino en una urna de cristal coronada por rayos de oro. Sólo la repatriación de Rosas pudo consumarse. Los demás cadáveres continúan en sus tumbas inciertas, a la espera de sosiego.

*   *   *

Si algún mérito concederá la historia a Menem es el de haber devuelto a la Argentina su noción de realidad. El aguijón de los desiertos que nadie puebla, la cotidiana derrota de la cultura en manos del aislamiento, la resignada evaporación de la clase media, el carro de la modernidad que se aleja, son signos de un destino sudamericano que la Argentina, hasta ahora, se había negado a ver. El sueño de ser Europa todavía sigue en pie, pero cada vez se parece más a un espejismo.

A través de Menem –el discípulo–, Perón está derrotando a Borges en el duelo que ya lleva medio siglo. La Argentina *real* se impone a la Argentina *ideal*. Sin embargo, la ilusión de que el país es todavía grande y áureo destella en todas partes. A la entrada de Buenos Aires, dos kilómetros más allá del aeropuerto de Ezeiza, se yergue un enorme letrero que afirma, desatinado: "Las Malvinas son argentinas". Hay cientos de letreros como ése regados en las ciudades y a la vera del desierto. Fueron clavados en 1982, semanas después de la victoria británica en el Atlántico Sur, y todavía siguen allí, como una prueba de que la realidad no es la única verdad.

Papá cumple cien años

Setiembre, 1995

John William Cooke escribió, hacia 1957, que el peronismo era "el hecho maldito del país burgués". Quería decir, tal vez, que era lo inaceptable, el aliento de las profundidades, la transformación de los cimientos. Vaya a saber en qué se ha convertido el peronismo, pero hace ya tiempo que ha dejado de ser un "hecho maldito". Se lee, ahora, como otra de esas escrituras sacramentales de la historia sobre las que hay muchas interpretaciones y casi ninguna discusión.

Falta poco más de un mes para el centenario del nacimiento de Perón y cuarenta días para que se cumpla medio siglo del 17 de octubre mitológico. Es tiempo ya, quizá, de que los orígenes vuelvan a ser narrados. Más de una vez me quejé de que los biógrafos escribieran sobre Perón como si no tuviera pasado y hubiera nacido, en verdad, ese 17 de octubre de hace cincuenta años. Los años de formación, el Colegio Militar, la vida con la abuela, el primer matrimonio, las travesías a Chile y a Italia en vísperas de la Segunda Guerra: todos ésos eran episodios que los biógrafos –sobre todo los adictos– despachaban en pocas páginas. El propio Perón esquivaba esas historias remotas. Hablaba con dispendio de sus obras de gobernante, pero cuando se le preguntaba –es un ejemplo– por su primera mujer, respondía con parquedad filosa: "Era una buena chica, concertista de guitarra. La llamaban Potota".

Conocí a Perón la aciaga noche del derrocamiento de Arturo Illia, en 1966. Hablé con él durante tres largas horas, pero de ese diálogo se publicó sólo una página, menos de trescientas palabras, en la edición especial que el semanario *Primera Plana* dedicó al golpe militar. Después, cada vez que yo pasaba por Madrid (un par de veces por año), llamaba al General por teléfono para preguntarle por su salud y por sus planes. Dejábamos caer un par de frases triviales y eso era todo. En aquellos años, Perón era algo así como un enfermo contagioso para el periodismo argentino. Lo frecuentaban poquísimos amigos: Jorge Antonio, el cantante Carlos Acuña, el boxeador Gregorio Peralta. El dictador Francisco Franco no le contestaba las cartas. Recuerdo que hacia 1965 lo visitó Cacho Fontana –cuya fama era entonces infinitamente mayor a la que hoy tendrían, juntos, Repetto y Tinelli–, y se le armó un escándalo que casi le cuesta el retiro de los avisadores.

El ostracismo del General no se había atenuado en 1969, cuando la editorial Abril me mandó a París para que sirviera como corresponsal europeo. Su importancia política era tan tenue que no se me hubiera ocurrido entrevistarlo si Norberto Firpo, entonces director de *Panorama,* no me lo hubiera sugerido.

Una mañana de febrero de 1970 llamé a la quinta *17 de Octubre,* en Puerta de Hierro, con la vaga intención de pedir una cita. Para mi sorpresa, el propio General atendió el teléfono. "Quisiera hacerle una entrevista", le dije, con una torpeza que no consigo olvidar.

"Hasta fines de marzo no va a ser posible", me contestó. "Tengo que ir a Barcelona para que el doctor Puigvert me saque unos cálculos de la vejiga. Déjeme ver." Lo sentí barajar sus propios tiempos al otro lado de la línea. "Venga el 26, a las ocho de la mañana." El General solía imponer a sus visitantes esas horas de tormento.

"Ahí voy a estar", le dije.

"Espérese", me atajó. "¿Qué me va a preguntar?"

Por un segundo interminable quedé con la mente en blanco. No tenía la menor idea de un cuestionario que le interesara a él y a los lectores. Los montoneros y las FAR no habían aparecido aún en el horizonte, esgrimiendo su nombre como bandera.

"Me gustaría que me cuente su vida, desde el principio", le respondí, por instinto. "Tal vez ya es hora."

Sentí su silencio al otro lado: las lentas plumas del pasado cayendo sobre su cabeza.

"Tiene razón", dijo. "Ya es hora."

Desde el 26 de marzo hasta el domingo 29 –cuatro días–, grabé las memorias que el General había dictado a su secretario/mayordomo de aquellos tiempos, el cabo retirado José López Rega. A veces, Perón incorporaba digresiones al relato e iba llenando los vacíos. Otras veces, López corregía los recuerdos de Perón o los aderezaba con comentarios insólitos. La historia que me llevé de Madrid, la noche del 30, era plana, convencional, limpia de emociones. Tardé casi una semana en ensamblar los pedazos y componer una versión con la que Perón estuviera de acuerdo. Más de una vez me había pedido que detuviera el grabador o que no tomara en cuenta alguna de las frases involuntarias sobre su madre o su prima María Amelia, que se le habían caído de la lengua en momentos de cansancio. Respeté todas esas decisiones, una por una.

El 6 de abril le envié a Madrid un primer borrador, que él me devolvió al día siguiente con siete u ocho páginas suprimidas, en las que se aludía –recuerdo– a Evita y a Vandor. Esas memorias aprobadas por el General aparecieron en la revista *Panorama* a mediados de aquel mes. Otras declaraciones –sobre la muerte de Vandor y sobre "la liberación de los pueblos"– se publicaron como entrevistas en los dos números siguientes. A comienzos de mayo, llamé a Perón por teléfono para preguntarle si estaba conforme.

"Completamente", me dijo. "Estoy diciéndole a los muchachos que ésas son mis memorias canónicas."

Yo no estaba satisfecho, en cambio. Me parecía que el texto tenía demasiadas lagunas y que, en algunos puntos, difería de los documentos invocados en la conversación. Cuando volví a la Argentina, a comienzos de 1971, entrevisté a dos amigos de la infancia del General –uno de ellos era su prima hermana–, a ex compañeros de promoción en el Colegio Militar, a una de sus ex cuñadas –María Tizón– y a decenas de testigos de otros episodios de su pasado. A la vez, como los datos que el propio Perón me dio sobre el noviazgo de sus padres eran imprecisos y contradictorios, conseguí en el Registro Nacional de las Personas una copia de la partida del matrimonio de Mario Tomás Perón con Juana Sosa. Supe entonces que el General era hijo ilegítimo, lo que a comienzos de siglo hubiera podido arruinar su carrera militar, pero que, al casarse en 1901, los padres lo habían reconocido a él y a su hermano Mario Avelino, cuatro años mayor.

En aquella época yo tenía una fe tan ciega como ingenua en las verdades históricas y me parecía que, si el General había falseado muchos datos de su biografía, era por inadvertencia o por desconocimiento y no porque quisiera convertir su vida en lo que López Rega llamaba "un monumento inmaculado".

Entre agosto y setiembre de 1971 le envié copia de todos esos certificados y relatos, y le pedí permiso para incorporarlos a una versión anotada de las memorias. Tres meses después no me había contestado. El aire de Madrid hervía entonces de mensajeros y de presagios. Perón tenía el cadáver de Evita en el jardín de invierno de su casa, estaba trenzado con Lanusse en una feroz pulseada por el poder, y no pasaba semana sin que recibiera a uno u otro representante de "la juventud maravillosa", ante los que predicaba las virtudes de la violencia.

Dos o tres veces le mandé cartas con algún emisario encareciéndole que me contestara hasta que por fin, en marzo de 1972, Diego Muñiz Barreto regresó con la noticia de que "el General quería dejar sus memorias tal como estaban", sin tocar una coma. "El Viejo está podrido de todo eso. No hay que joderlo más", me dijo Diego.

Sólo ahora, dos décadas después, cuando volví a leer esos papeles amarillos, comencé a entender por qué Perón quería que su vida comenzara sólo a los cincuenta años.

VEINTE AÑOS Y UNA NOCHE

1996

A las once de la mañana del viernes 15 de marzo, los ocho propietarios y editores de los periódicos más importantes de Colombia se reunieron a puertas cerradas, en el octavo piso del club *El Nogal*, para clausurar un seminario sobre los conflictos de crecimiento y estancamiento que suelen afectar a la prensa en todas partes del mundo. Como era yo quien dirigía ese seminario desde el martes 12, más de una vez me vi envuelto, en los intervalos del almuerzo o en las interminables sobremesas de la noche, en discusiones afiladas sobre la política argentina contemporánea y sobre las pesadillas de la última dictadura militar, cuyo vigésimo aniversario –que se cumple hoy, abrumadoramente– no cesábamos de recordar.

Estábamos ya despidiéndonos y yo me aprestaba a salir para el aeropuerto, cuando se sumó al grupo Gabriel García Márquez. Me traía una copia del manuscrito de su última gran crónica, *Noticia de un secuestro*, dedicada "a todos los colombianos, culpables e inocentes, para que nunca más este libro vuelva a sucedernos". La irrupción del novelista bastó para que nos sumergiéramos en un segundo seminario inesperado, cuyo desorden voy a tratar de reconstruir en esta columna.

García Márquez recordó a los editores colombianos algo que yo mismo había olvidado: el artículo sobre el golpe de Videla, Massera & Cía. que escribí para *El Nacional* de Caracas al día siguiente de esa desventura. Gracias a los prodigios del internet y de los bancos de datos, a los pocos minutos apareció una copia sobre la mesa. En el relámpago de un instante interminable, el pasado resucitó entero ante mí: el exilio en aquella ciudad sin veredas, y la tarde en que compuse el artículo, en una mesa renga cubierta de télex y de recortes. Ya no sé si fui yo o algún otro quien le puso el título –"Argentina: una larga marcha entre los escombros"–; me reconozco, sin embargo, en los vaticinios apocalípticos del final, escritos contra la corriente de los redactores venezolanos, a quienes les habían dicho que Videla era un general moderado, capaz de frenar los arrestos bárbaros de esos caballos salvajes que se llamaban Menéndez y Suárez Mason.

He traído hasta mi refugio de Highland Park una copia de ese largo texto, que llena toda una página sábana de *El Nacional* y está ilustrado por dos fotos inocentes: la del primer regreso de Perón, en noviembre de 1972, con Rucci protegiendo al General de la imprudente lluvia, y la de Isabelita viuda acariciando la frente de su marido en el ataúd, mientras el inevitable López Rega desafiaba las cámaras con su mirada de bulldog.

En el mediodía de *El Nogal*, los editores colombianos tuvieron la paciencia de leer aquel artículo completo. No voy a fatigar a los lectores infligiéndoles ese incómodo ejercicio. Sólo voy a reproducir aquí uno de sus párrafos –tal vez el más tibio–, porque tuvo la virtud de desatar la discusión que nos hizo perder a todos el avión y nos entretuvo hasta que se hizo de noche.

"En el plan de nueve puntos presentado por la junta de comandantes", decía mi artículo, publicado el viernes 26 de marzo del 76, "aparecen algunos síntomas dignos de alarma. El proceso militar argentino anuncia que se erradicará no sólo la subversión sino también 'las causas que favorecen su existencia'. No explica cuáles son esas causas. Tan solo advierte que no se tolerará ninguna expresión de disidencia. A partir de ahora, ya no se podrá saber cuántas personas mueren en la Argentina por obra de la violencia del Estado, cuántos inocentes son atormentados o encarcelados sin posibilidad de defensa, qué gremios se lanzan a la huelga, si es que pueden hacerlo. Tampoco la prensa podrá levantarse contra esa feroz mordaza, porque buena parte de ella viene reclamando desde hace meses el acceso al poder de un régimen de fuerza".

Traté de explicarles a los editores colombianos que la prensa argentina había sangrado durante mucho tiempo por culpa de ese ciego error y que ahora, veinte años después, las batallas libradas por las generaciones últimas de periodistas contra la corrupción y el autoritarismo estaban al fin reivindicándonos de ese pasado. Les hablé de los malos humores del presidente Menem, que culpaba a los diarios por los traspiés de su gobierno; de la bomba en la planta editora de la revista *Noticias*; de los fallos contra profesionales decentes por parte de jueces que parecían demasiado permeables a las órdenes del poder político.

Pero ellos ya habían leído esas historias y estaban interesados ahora en otra cosa. Querían que García Márquez y yo opináramos si la prensa colombiana estaba actuando con dignidad y combatividad ante las últimas revelaciones del fiscal Valdivieso. Son las revelaciones que el lector argentino ya conoce: aquéllas que culpan al presidente Ernesto Samper y a por lo menos cuatro miembros de su gabinete de haber recibido dinero del narcotráfico para la campaña presidencial.

García Márquez habló con elocuencia sobre el probable fin de la clase política en Colombia y sobre cómo los implacables vientos de la crisis iban a devorar a dos o tres brillantes promesas del partido Liberal. Mencionó al canciller –uno de los mejores que ha tenido ese país, según parece–, que pagó inadvertidamente algunas órdenes de publicidad con dinero sucio y que ahora debe expiar las culpas de su imprudencia.

Yo me fui por un lado que a lo mejor no les gustó. Les dije que los diarios estaban cumpliendo con su deber, aunque a veces exageraban. Y les señalé que también el presidente Samper –culpable o no: yo no soy quién para juzgarlo– tenía con la prensa una actitud de tolerancia que a mí, argentino, me producía envidia. Todos los días –recordé– aparecen en los diarios colombianos artículos sangrientos, que claman por la renuncia inmediata del jefe de Estado, escarnecen a su madre o a miembros de su familia, lo declaran traidor a la patria y funcionario inepto, sin que jamás el poder político haya deslizado una sola amenaza de clausura o censura, ninguna acusación de amarillismo, ni haya perdido la paciencia, aunque no debieron faltarle las ganas.

Tal vez Samper haya sido un candidato ávido de llegar al gobierno a toda costa; no lo sé. Pero, como presidente, ha entendido que la administración del Estado no es un privilegio sino una carga y que la prensa tiene derecho a juzgarlo todos los días. Ya quisiera yo –dije– que por casa se entendieran la libertad y el poder en esos mismos términos.

Por enredarme en los laberintos de la política ajena (y por tratar de entender cuáles son los puntos de contacto con la política propia) perdí el avión que debía dejarme en el aeropuerto Kennedy a las diez de la noche y a duras penas alcancé otro que llegó a las nueve de la mañana siguiente. Durante la noche de espera leí las seiscientas páginas de *Noticia de un secuestro*, sobre las que no puedo hablar. Sólo quisiera contar que llegué a la última frase cuando se divisaban las luces de Long Island y que me dieron unas ganas enormes de no haber leído el libro para poder empezarlo de nuevo.

Nunca hemos sufrido tanto como en estos veinte años, pensé cuando aterrizábamos; nunca, tampoco, hemos aprendido tanto: infiernos, purgatorios y paraísos que ni siquiera imaginábamos.

LUGAR: ARGENTINA

Octubre, 1993

¿Dónde está la Argentina? ¿En qué confín del mundo, centro del atlas, techo del universo? ¿La Argentina es una potencia o una impotencia, un destino o un desatino, el cuello del Tercer Mundo o el rabo del primero? ¿Hay un lugar para la Argentina, una orilla, un rinconcito donde acomodarla sin que a cada rato estén moviéndola el humor de sus gobernantes y la imaginación de sus legisladores? ¿O la Argentina está en ningún lugar y entonces los argentinos pertenecemos a nada, somos los únicos hijos legítimos de la utopía?

Siempre se creyó que la Argentina estaba en un sitio distinto del que le habían adjudicado la geografía, el azar o la historia. Pero nunca hubo un tal divorcio entre la realidad y los deseos como en estos últimos seis años. Ya en 1810 nos obsesionaba la grandeza. Lo que ahora nos obsesiona es el miedo a precipitarnos en la pequeñez. Para evitar ese derrumbe, nos repetimos una y otra vez: Somos grandes, estamos entre los grandes. La única lástima es que los grandes no se dan cuenta.

Hacia enero de 1811 Moreno completó su "Plan de Operaciones"; en agosto de 1812 Vicente López y Planes escribió la canción patriótica que se convertiría en el Himno Nacional. Ambos textos canónicos dictaminan que la Argentina o las Provincias Unidas del Sur (como nos llamábamos entonces) tiene la misión de civilizar a los países hermanos, el destino de libertarlos y guiarlos, la obligación de protegerlos y servirles de ejemplo. Se empezaba así a forjar la idea de que en América había dos grandes naciones líderes, con riquezas equivalentes y futuros igualmente gloriosos: los Estados Unidos al norte y la Argentina en el sur.

"Estamos llamados a iniciar una nueva era", escribía Alberdi en 1838. Y después Sarmiento, Mitre, Martí, Roca, Darío: todos se sumaron al coro, todos esperaban que nuestra grandeza se manifestara de un momento a otro. ¿Dónde estábamos entonces, en qué lugar? "¡Argentina, tu día ha llegado!", cantaba Darío en el Centenario. Éramos un inagotable cuerno de la abundancia: los ganados y las mieses se nos derramaban por los costados.

Hacia 1920, las estadísticas señalaban que la Argentina era superior a Francia en número de automóviles y a Japón en líneas de teléfonos. Dos décadas más tarde, un periodista norteamericano vaticinaba que, al entrar en la posguerra, el poderío industrial argentino sería el cuarto del mundo.

Algo estaba andando mal desde mucho antes, sin embargo. A fines de 1924, en un discurso que celebraba el centenario de la batalla de Ayacucho, Lugones exigió a nuestros "últimos aristócratas" (créase o no, hablaba de los jefes militares) que, espada en mano, ejercieran su "derecho de mejores", con la ley o sin ella, y emprendieran otra vez cruzadas purificadoras en pro del "orden nuevo". La Argentina debía ponerse a la vanguardia de esas huestes implacables.

Un cuarto de siglo más tarde, Perón descubrió que no hacía falta arriesgarse tanto. Inventó "la tercera posición" y propuso que, desde ese sin lugar, fuéramos el fiel de la balanza entre el capitalismo y el comunismo. Nadie nos hizo caso, tal vez porque las apariencias no nos ayudaban. Aquéllos eran los tiempos en que comíamos un pan gris, de ceniza, y en que, luego de pregonar a los cuatro vientos que podíamos exportar energía atómica en botellas de litro y medio litro, tuvimos que agachar la cabeza y admitir que nuestra energía atómica era un engaño del sabio Richter.

Creíamos habernos olvidado del papelón cuando, a mediados de los 60, al general Onganía se le dio por convertir a la Argentina en un modesto Reich de cien años. Se veía a sí mismo cabalgando en la montura de ese Reich, con el sable en alto. Por aquella misma época, algunos generales "azules" publicaban lujosos galimatías que profetizaban –de nuevo– la inminencia de una tercera guerra en la que asumiríamos el liderazgo de América latina. No hubo tercera guerra, como se sabe, y al liderazgo lo malgastamos en inservibles presupuestos militares.

Una década más tarde, López Rega quiso construir la Argentina Potencia con las emboscadas asesinas de la Triple A. Luego, los comandantes de la dictadura se empeñaron en ganar la misma inexistente guerra mundial robando niños y asaltando casas. El mal que aquejaba a la Argentina no era ya la extensión, como se dice en el primer capítulo del *Facundo*. Era el delirio de grandeza. Galtieri embriagó al país entero con la ilusión de que estábamos derrotando a las mayores fuerzas navales del planeta. Alfonsín soñó con erigir una Nueva Jerusalén en Viedma. Más inefable aún, Menem se ofreció para mediar en las guerras del Cercano Oriente y nos convirtió en socios carnales, hermanos de sangre, gemelos y pares del Primer Mundo, lugar donde todavía estamos. ¿O dónde estamos?

Pertenecer a lugares a los que sólo nosotros creemos pertenecer; imaginarnos en posiciones equivocadas de poder; suponernos árbitros, mediadores, falsos influyentes en pleitos a los que no hemos sido invitados, es la antigua maldición argentina, el signo inequívoco de un destino descolocado. Si uno se pone a pensar cuáles son los rasgos distintivos de los países del Primer Mundo, descubre que –a grandes rasgos– en todos ellos hay seguros de desempleo, escasa mendicidad y trenes. Sobre todo trenes. Los trenes (más que cualquier otro medio de transporte) son el termómetro de cuándo un país anda bien y cuándo no. Vaya a saber por qué, pero la modernidad se mide a través de vagones puntuales, frecuentes y limpios, como lo descubrieron los alemanes del este cuando se cayó el Muro y pudieron viajar, deslumbrados, en la segunda clase del expreso Frankfurt-Hamburgo. Mientras los trenes se perfeccionan en Alemania, Japón, Francia y los Estados Unidos, en la Argentina se desvanecen. En el país infinito ya no hay lugar para los trenes. Tal vez, tampoco, haya lugar para el país.

Mucha de la infelicidad argentina nace de una lección que la realidad siempre contradice. Se nos enseña que somos grandes y a cada rato tropezamos con la pequeñez. La civilización que hemos predicado está marcada por golpes de barbarie. Al país que debía ser líder de Sudamérica no lo benefician las estadísticas. Nuestro ingreso per cápita es inferior a los de México, Brasil, Barbados, Guyana, Martinica, Uruguay y Venezuela, y al paso que vamos pronto va a ser superado también por el de Chile. Se nos dice que estamos a la cabeza pero a duras penas arañamos la mitad del pelotón.

¿Cuál es nuestro lugar, entonces? Nunca le será fácil alcanzar la dicha a un país que siempre cree tener menos de lo que merece y que desde hace décadas viene imaginando que es más de lo que es. "¿Cómo se vive allá, en América latina?", me preguntaba un amigo cuando volví del exilio. Pocas veces sentí, como en ese momento, que estábamos en ninguna parte: ni en el continente al que pertenecíamos por afinidad geográfica ni en la Europa a la que creíamos pertenecer por razones de destino. Estábamos, como quien dice, en el aire. En los últimos seis años no nos hemos movido de allí, pero lo peor es que cuando tengamos que bajar, ya no sabremos a dónde.

EL PAÍS IMAGINARIO

1996

El hombre crece rodeado de mapas y, sin embargo, rara vez piensa en ellos. Desde que, a fines del siglo XIX, la geografía y los exploradores agotaron (o eso se cree) el conocimiento de la superficie terrestre, los mapas se han convertido en simples instrumentos para desplazarse de un lugar a otro. Son el viaje, la ilusión de la llegada. Entre un extremo y otro del itinerario hay aeropuertos, muelles, desvíos de ruta, estaciones de trenes; es decir, certidumbres. No reproducen el mundo pero lo explican.

En los mapas del presente ya no hay figuras humanas. Las había en la Edad Media, cuando los geógrafos y los teólogos trataban de establecer el punto exacto del paraíso terrenal, pero esa utopía se ha desvanecido y, con ella, las imágenes de Adán y Eva que solían ilustrarla. El hombre sigue estando en el centro de toda ilusión geográfica, pero es una figura excluida. Hay edificios, mesetas, bosques, aduanas, no personas. Se supone que los seres humanos no son accidentes en la travesía sino la travesía misma.

Pero así como los mapas construyen (y no sólo reflejan) los espacios, también construyen la historia. Una fiebre de mapas ha encendido, desde hace por lo menos dos años, la imaginación de los Estados Unidos. Los mapas son ahora la respuesta (o un atisbo de respuesta) a las grandes preguntas de este fin de siglo: ¿En cuántos oscuros fragmentos se ha roto la Unión Soviética? ¿Cómo se mueven, día tras día, las fronteras de Bosnia-Herzegovina, Croacia y Eslovenia por un lado, o las de Gaza y Jericó por otro? Los cartógrafos no dan abasto para llegar a las librerías con la última novedad cuando ya el mapa ha desplazado sus líneas y se ha transformado en un dibujo nuevo.

En cualquier ciudad norteamericana de más de cien mil habitantes hay por lo menos un negocio que se dedica exclusivamente a la venta de mapas, y toda estación de servicio, aunque esté en la desolación de los desiertos, tiene, junto a las latas de cerveza Budweiser, una colección de planos editados por Rand McNally en los que se especifican los horarios de los ómnibus y de los trenes del área. Los norteamericanos medios pueden ignorar durante la vida entera dónde quedan Mendoza o Corrientes, pero conceden enorme atención a lo que afecta sus intereses. En estas semanas de bloqueo a la dictadura haitiana, por ejemplo, han aparecido dos nuevos mapas de la ruta que se está terminando de construir entre Puerto Príncipe y Barahona, en la República Dominicana, por donde los militares de Haití esperan transportar armas, mercancías y las trescientas toneladas anuales de cocaína que se desvían hacia los Estados Unidos. No se espera que ningún turista viaje por allí. Está prohibido. Pero la curiosidad viaja más que los hombres.

La euforia cartográfica ha permitido asomarse también a dos diferentes balcones de la inteligencia argentina. En uno de los casos, el parentesco es inesperado: tiene que ver con la exhibición de mapas raros, anteriores al siglo XVIII, que ha organizado un museo de Princeton. La Argentina no está allí, pero está Borges: de un modo alusivo, sesgado, como el que conviene a su literatura. Quien se asome al ala sur del museo, separada de la principal por un jardín francés, encontrará un salón completamente ocupado por un mapa en el que "quizá" (la información del catálogo subraya el adverbio, *perhaps*), se inspiró Borges para su breve texto *Del rigor en la ciencia*, atribuido falsamente a un tal Suárez Miranda.

Todos recuerdan ese texto, sin duda: es el que alude al "Mapa del Imperio que tenía el tamaño del Imperio y coincidía puntualmente con él". Pues bien: allí se lo ve, no tan descomunal pero con idéntica vocación de infinito. Lo diseñó el cartógrafo y acuarelista Shi Zhong (1438-1517) y es un plano de los parajes meridionales de Shanxi durante las cuatro estaciones. Los dibujos, hechos sobre un papel delicadísimo, permiten avanzar entre aldeas inundadas, llanuras yermas, desfiladeros de barro, palacios de señores feudales, sin que jamás se vea la sombra de una figura humana. La escala es de un metro por 92 mil y, por lo tanto, aunque cubre las paredes y el techo de la sala, el espacio geográfico que abarca es pequeño. Lo asombroso es que Shi Zhong pretende que su mapa refleje también los desconciertos del otoño, el paso de los vientos, la humareda de las cocinas, y así añade al cuento de Borges otra dimensión: la del tiempo.

Más asombrosa es, sin embargo, la colección de mapas de la Argentina que se exhibe en una librería cartográfica de la calle 46, en Nueva York. La muestra es casual, escasa, y tal vez carece de importancia para quien no esté buscando allí cuánto de lo que realmente somos sobrevive en las intrincadas telarañas de rutas, fronteras provinciales, tramos de ferrocarril y ciudades de nomenclatura errática. La pieza más antigua de la colección, editada por el Touring Club Italiano en 1932, incorpora una ruina histórica: el extinto territorio nacional de Los Andes, que hace medio siglo fue repartido entre Jujuy, Salta y Catamarca. Unas franjas en diagonal, rojas y azules, colorean las islas Malvinas, que allí son mencionadas como Falkland y que se consignan como dominio británico. Al pie del mapa, la foto ampliada de un artículo del *Times* de Londres (enero 2, 1984) informa que la Argentina trató de comprar las islas en 1953, cuando el almirante Alberto Teisaire asistió a la coronación de Isabel II. Las negociaciones duraron menos de una hora y los funcionarios ingleses describieron a Teisaire en términos lamentables: "Nos citó en su hotel, el Park Lane", dice la minuta, escrita por sir Roderick Barclay. "Nos impresionó mal de entrada, porque se presentó sin uniforme ni condecoraciones. Cuando lord Reading, vocero del Foreign Office, le dijo que su propuesta era inaceptable porque los isleños eran británicos y, en caso de referéndum, elegirían seguir siéndolo por unanimidad, el almirante le dio la razón y no se habló más del tema."

Los dos mapas siguientes son argentinos de pura cepa. Uno, de 1957, informa que el territorio nacional tiene 4.025.669 km^2, y advierte que esa extensión incluye el archipiélago de las Malvinas y las islas del Beagle, Orcadas, Sandwich, Georgias, más un huso del continente antártico, entre los meridianos 25 y 74: es decir, los mismos hielos infinitos e inexplorados cuyos límites se fijaron por decreto, en setiembre de 1946, y cuya soberanía seguimos atribuyéndonos, a pesar de todos los reveses. El otro mapa, de 1975, adjudica a esos páramos algunos nombres argentinos: isla Belgrano, isla Decepción, base Esperanza.

Entre uno y otro, se exhibe la última edición del admirable *Hammond Atlas of the World,* según el cual las Orcadas son parcialmente nuestras, pero no las Georgias, las Sandwich ni la mayor parte del territorio antártico. Al atlas Hammond no se lo puede culpar de parcialidad; lo que resulta perturbador es su realismo. Cuando incluye las Malvinas, lo hace con precaución: las inscribe con su toponimia inglesa, aunque subraya entre paréntesis su nombre latinoamericano; explica que son dominio británico, pero aclara que la Argentina las reclama como propias. Los mapas que suelen publicarse en el hemisferio norte (incluidos los españoles) rara vez despliegan tanta gentileza.

Esa misma actitud de respeto es la que nos pone incómodos cuando observamos el atlas Hammond de la Antártida flanqueado por nuestros propios mapas de 1957 y 1975 (sucedería lo mismo con cualquier otro de fecha más reciente). Los hielos que suponemos argentinos están sembrados de bases inglesas, chilenas, polacas, rusas, brasileñas, alemanas, zonas en litigio, posesiones provisionales. Entre tantos signos de advertencia, nuestros mapas resultan patéticos: son como el dibujo de un espejismo. Confunden el deseo con la realidad, convierten los decretos en derechos. Tienen algo del texto de Borges, donde el Mapa del Imperio, desgarrado por los vientos, terminaba sirviendo de refugio a los mendigos. Los argentinos hemos sido educados en esas ilusiones, y tal vez por ellas vivimos con la sospecha (o la frustración) de que nunca seremos lo que creemos ser.

2
Réquiem por el siglo

EL DOLOR DE YA NO SER

1992

El éxito de la Argentina como nación era un fenómeno que los europeos y los norteamericanos estudiaban, hace medio siglo, con una cierta curiosidad. ¿Ese país situado en el confín del mundo estaría, en verdad, predestinado a la grandeza? En 1942, el economista Colin Clark vaticinó que la economía argentina sería la cuarta del mundo antes de que pasaran veinte años. Los adolescentes que iban a escribir las grandes novelas y poemas latinoamericanos de los años siguientes aguardaban con avidez las entregas mensuales de revistas como *Sur* y *Leoplán* –en las que se descubría la nueva cultura del siglo XX y se exhumaba a los maestros del XIX–, colmaban sus bibliotecas con los libros de Losada, Emecé y Sudamericana, y se extasiaban en el secreto de los cines con las películas de Luis Saslavsky, Mario Soffici y Francisco Mugica. La cultura argentina impregnaba el continente y despertaba, a la vez, una genuina gratitud.

Aunque las esperanzas imperiales se derrumbaron después de la Segunda Guerra, los argentinos siguieron creyendo que su grandeza seguía intacta. La brecha abierta entre la pobre realidad del país y las ilusiones majestuosas de sus habitantes tornó antipáticos a los viajeros nacionales que se aventuraron por España, Venezuela o México a partir de los años 60. La leyenda del argentino fanfarrón, arrogante y ostentoso se instaló entonces en el imaginario latino con una intensidad difícil de modificar.

En 1965, Buenos Aires estaba representada para muchos por un Homero erudito y ciego que urdía fábulas con espejos y laberintos en una biblioteca infinita, o por un novelista de dos metros que escribía, desde París, en un lunfardo universal: "Apenas él le amalaba el noema, a ella se le agolpaba el clémiso". Esas imágenes fueron prontamente sustituidas por la de Carlos Monzón exhibiendo cortes de manga en los rings y, más tarde, por la de Diego Maradona respondiendo a las provocaciones del público italiano con insultos y gestos de calibre grueso.

¿Cómo se construyó la ilusión de superioridad e, inversamente, cómo se vinieron abajo las esperanzas de grandeza? En un excelente ensayo publicado en 1990, Carlos Escudé supone que la "educación patriótica" impuesta desde 1908 en las escuelas primarias por José María Ramos Mejía fue una de las simientes del autoritarismo, el militarismo y el nacionalismo enfermizo que se abatieron sobre la Argentina en las décadas siguientes.

Pueden –sin embargo– encontrarse signos anteriores de soberbia racial en *Conflicto y armonía de las razas en América*, de Sarmiento; en algunas *Causeries*, de Lucio V. Mansilla, y en las paternalistas páginas de *En viaje*, de Miguel Cané. Poco antes de partir a Colombia y Venezuela como ministro residente, en 1881, Cané escribía, exaltado: "Desde los extremos de la Patagonia a los límites con Bolivia, desde las márgenes del Plata al pie de los Andes, no se oye sino el ruido alentador de la industria humana [...] Las ciudades se transforman ante los ojos de sus propios hijos que miran absortos el fenómeno; las rentas públicas se duplican; el oro europeo acude a raudales, para convertirse en obras de progreso [...] Tenemos motivos de pura satisfacción. [...] El Uruguay, en cambio, no ha salido aún de la época difícil [...] El día que los orientales pidan, por la voz de un congreso, volver a ocupar su puesto en el seno de la gran familia, serán recibidos con los brazos abiertos y tendrán un sitio de honor en la marcha del progreso".

Antes y después del Centenario, algunos extranjeros ilustres desembarcaron en Buenos Aires para estudiar qué pasaría con la prosperidad argentina. La mayoría celebró las ilusiones de grandeza. Recuérdense las entusiastas rimas de Darío: "¡Hay en la tierra una Argentina!/ He aquí la región del Dorado,/ he aquí el paraíso terrestre,/ he aquí la ventura esperada,/ he aquí el Vellocino de Oro, he aquí Canaán la preñada".

Pero algunos políticos, como el astuto Georges Clemenceau, supusieron que los argentinos estaban aquejados ya de cierta embriaguez. En sus apuntes de viaje, Clemenceau advirtió que, si bien la palabra "futuro" estaba en todas las bocas, había un exceso de confianza en que nunca se acabaría tanta riqueza. "El éxito suele perder a las naciones inmaduras", dictaminó.

Poco después, en la séptima serie de *El Espectador* (1930), Ortega y Gasset fue aún más implacable que Clemenceau: "Acaso lo esencial de la vida argentina es ser promesa", escribió. "... cada cual vive desde sus ilusiones como si ellas fuesen ya la realidad. [...] En el argentino predomina, como en ningún otro tipo de hombre, esa sensación de una vida evaporada sin que se advierta."

El estadista francés y el filósofo español expresaban, así, una misma imagen: los argentinos eran incapaces de *sentir* el presente. Se aferraban a los sueños del pasado o a las utopías del futuro. El presente se les escurría implacablemente de la vida, como un espejismo de mercurio, y cada vez que trataban de llegar a él, el presente ya estaba lejos. La gloria de cien años que prometió Juan Carlos Onganía, la "Argentina potencia" predicada por López Rega, el país "derecho y humano" del funesto Videla y las ofertas de llegar a las puertas del Primer Mundo enunciadas por Menem son metáforas de un país que se niega a verse tal como es y, por lo tanto, no entiende por qué le llueven los infortunios.

La irrisoria derrota de las Malvinas o las atroces estadísticas funerarias de la dictadura no mellaron el orgullo nacional. La razón de la desdicha estaba siempre en otros, o en otra parte. En su *Patología del nacionalismo*, Carlos Escudé expone las conclusiones de una encuesta hecha entre 1981 y 1984 para un proyecto llamado RISC. La sorprendente síntesis es ésta: "Una mayoría de la población argentina cree que: 1) el mundo tiene mucho que aprender de la Argentina; 2) la Argentina no tiene nada que aprender del mundo; 3) la Argentina es el país más importante de América latina; 4) en ningún país se vive tan bien como en la Argentina; 5) la Argentina merece un lugar importante en el mundo; y 6) los científicos y profesionales argentinos son los mejores del mundo".

Los investigadores que trabajaron en el proyecto RISC apuntan que esas ilusiones de grandeza se traducen en intolerancia, veneración del orden y búsqueda de jefes fuertes y autoritarios tanto en el gobierno como en el trabajo y la estructura familiar. Los *chauvinistas* argentinos "bajan líneas" y no se interesan en saber cómo piensan o qué quieren los demás. "Primero yo y los demás que se arreglen como puedan", sería la frase que define su comportamiento cotidiano. El Yo es tan excluyente que no hay lugar para el Otro.

Los momentos de mayor riesgo son los de alteración social: a fines de mayo de 1989, cuando la inflación se descontroló y algunos supermercados fueron asaltados en Rosario y el Gran Buenos Aires, las nostalgias autoritarias recuperaron el nivel que habían alcanzado a fines de 1975. A veces, en lo peor de la realidad, una voz que viene "de arriba" promete que "llegaremos a la grandeza" por predestinación, por fatalismo, por un mero ímpetu de la voluntad.

En los últimos dos años, los argentinos empezaron a mirarse a sí mismos con ojos más escépticos. El antiguo esplendor de Buenos Aires se caía a pedazos. Las caravanas de familias escarbando en las bolsas de basura o disputándose los desechos de los mercados eran espectáculos que nadie podía soslayar. Una y otra vez, sin embargo, el Presidente afirmó que nos faltaba poco para figurar entre los veinte países más poderosos del mundo, tal vez sin advertir que para cumplir con el vaticinio la Argentina debe multiplicar por cinco su producto bruto anual durante diez años y esperar que países como Dinamarca, Holanda o Bélgica suspendan su crecimiento en ese mismo lapso. Es como pensar que faltando cinco fechas para terminar el campeonato de fútbol, un equipo con quince puntos puede superar a otro que lleva treinta. Por ese camino, la ilusión siempre derrota a la realidad.

Mientras casi un 60 por ciento de la población adulta sigue creyendo que "somos el país más importante de América latina", para Europa y los Estados Unidos la Argentina significa lo mismo –o casi lo mismo– que Sudán, Bolivia o Mongolia: un país de territorio gigantesco situado en el patio trasero de otro país mayor; *down there*, allá abajo, como solía decir Ronald Reagan.

Los libros y las revistas argentinas se leen ahora sólo por casualidad en Caracas o San Juan de Puerto Rico, a la inversa de lo que sucedía medio siglo atrás; la admiración de antaño ha sido sustituida por la desconfianza, cuando no por la repulsa. Si Dios quisiera ser argentino, ya no lo dejarían.

COMPLEJOS DE INFERIORIDAD

1995

Una de las flaquezas de las que adolecemos los argentinos es suponer que el mundo está pendiente de todo lo que nos pasa. Cuando Borges regresó de su primer viaje al Japón, un periodista le preguntó en el aeropuerto: "¿Qué piensan allá de nosotros?". "Nada", respondió Borges con naturalidad. "Me parece que no piensan nada. Tal vez ni siquiera saben que existimos." "Son unos ignorantes, entonces", replicó el periodista, contrariado. "No", dijo Borges con irónica cortesía. "Sólo son distraídos."

Que el presidente Menem haya estado inquieto por el apoyo que su ex ministro Domingo Cavallo podía suscitar en los Estados Unidos forma parte –si la inquietud fue verdadera– de esa exageración legendaria. El ministro –así como el Presidente y casi todos los argentinos– despiertan muy pocas opiniones en los Estados Unidos. Ese país está demasiado enfrascado en sus propios intereses como para prestar atención a un aliado que no los estorba sino que, al contrario, los adula.

En su viaje de la semana pasada, Menem debió de abrumar a Clinton porque le ofreció más cosas de las que le pidieron a cambio de casi nada. Los diarios de Buenos Aires informaron que en Washington entusiasmó la idea de establecer una alianza militar parecida a la de la OTAN, que permitiría a las Fuerzas Armadas argentinas ofrendar tareas de inteligencia externa, apoyo logístico y control aéreo en la lucha contra el narcotráfico y el terrorismo. Esa oferta multiplica otros afanes anteriores del gobierno nacional por colaborar con los militares norteamericanos en la Guerra del Golfo (1991) y en las misiones de paz a Bosnia y Oriente Medio. "La alianza con los Estados Unidos es absoluta e inconmovible", declaró Menem, como si nadie lo supiera.

El celo del gobierno por agradar a Washington evoca el que algunos políticos advenedizos tenían por agradar a Perón en 1971 y 1972, cuando se vislumbraba que podía regresar del exilio y reconquistar el poder. En Puerta de Hierro fui testigo de un incidente memorable. Un ingeniero se apersonó con varios planos de un puente fastuoso –entonces utópico– tendido sobre el Río de la Plata, entre Buenos Aires y Colonia, que se prolongaba en una autopista de ocho carriles a Montevideo. El puente iba a llamarse "Presidente Perón" y el ingeniero ofrecía gestionar la construcción sin pedir nada a cambio: sólo el apoyo verbal del anciano exiliado. "La idea es muy buena", concedió Perón. "Usted métale nomás y ojalá tenga suerte." Casi en seguida, despidió al visitante con algunas palmadas en la espalda.

Creí que Perón estaba enterado de cómo se financiaría el costoso proyecto y le pregunté, cauteloso, si había empresas uruguayas y argentinas ya comprometidas. "Vaya a saber", respondió el General. "Usted oyó lo mismo que yo." Desconcertado, le dije: "No, no entiendo entonces por qué le dio su apoyo al ingeniero. Mire si todo es al final un papelón".

"Cada semana vienen a verme diez o quince personas con grandes ideas", me explicó Perón, "y a todas les digo que sigan adelante. ¿Para qué desilusionarlas oponiéndome? Si les va mal, yo no tengo nada que ver. Y si les va bien, ya me han asociado a su hazaña. Como usted se dará cuenta, para mí es pura ganancia".

La Argentina no parece haber aprendido aún la lección que Europa conoce de memoria. Esa lección enseña que los Estados Unidos sólo se preocupan por otros países cuando afectan su armonía interna o amenazan su sistema de valores. Hasta hace diez años, México era un aliado imprevisible –y por lo tanto respetable–, sobre todo por su política de solidaridad con Cuba. Después del NAFTA y del socorro abrumador que Clinton debió enviar para que se atenuaran los efectos de la catastrófica devaluación del peso, México se ha convertido en un país domesticado. Su única amenaza tiene que ver con el descontrol migratorio que está cambiando, a paso rápido, la cara de California, Texas y Arizona.

Más complejo es el problema con Colombia, declarado "país de alto riesgo" para los turistas norteamericanos. Los Estados Unidos lo han puesto en la lista negra no sólo por la enloquecida marea de secuestros que aflige a los que viven allí o están de paso, sino también porque el presidente Ernesto Samper llegó al poder –se insiste– gracias a una campaña financiada por el narcotráfico. Los colombianos –incluyendo a los adversarios de Samper– replican que es difícil combatir la producción de drogas mientras los Estados Unidos no desmantelen las mafias de consumidores. Nadie quiere ceder un tranco en ese tira y afloja.

Quienes padecen las consecuencias del conflicto son los colombianos que se aventuran a viajar a los Estados Unidos. A fines de octubre, Mercedes Barcha –la esposa de Gabriel García Márquez– vivió un serio incidente en el aeropuerto de Newark, Nueva Jersey. Un oficial de la Aduana la declaró en situación de sospecha porque tenía "demasiados sellos en el pasaporte". Mercedes le aclaró que si viajaba tanto era por acompañar a su marido, "un escritor famoso que tal vez usted haya oído nombrar". El oficial decidió agravarla. "El Presidente de su país es más famoso", dijo, "y cuando vino a Nueva York tenía diez libras de cocaína escondidas en el avión". Aludía al extraño incidente que había vivido Samper en setiembre, cuando antes de salir de Bogotá rumbo a la conferencia de las Naciones Unidas se descubrió que le habían plantado drogas en los paneles interiores del avión presidencial.

Si el terrorismo y el narcotráfico hacen sonar todas las alarmas del gobierno norteamericano, esas alarmas son también altamente sensibles a los síntomas de corrupción. La corrupción afecta la transparencia en los negocios y, potencialmente, los intereses de los Estados Unidos, como Menem debió aprenderlo en carne propia durante el episodio conocido como Swiftgate. Por ahora, la Argentina no está en la primera línea de fuego. Problemas como la aduana paralela, los drenajes de dinero en el PAMI o el incidente IBM-Banco Nación son pálidos en comparación con los permisos mineros en Venezuela (que están destruyendo todo el sistema ecológico de la cuenca del Orinoco) o con el tráfico de influencias en México.

Suponer que las quejas contra la corrupción se apaciguan con retóricas declaraciones de guerra o con oficinas de ética es entender sólo a medias las reglas de este "matrimonio carnal" en el que nos hemos metido. Si la corrupción se acentúa o si salpica a las cabezas del Estado –como sucedió en Brasil con Collor de Melo– no servirán de nada las adulaciones ni las tropas en Bosnia o los barcos enviados a la guerra del Golfo. Para los Estados Unidos, no hay alianzas ni apoyos logísticos que estén por encima de los intereses de los Estados Unidos.

La Argentina debiera, quizás, aprender esa lección. En vez de preguntar qué piensan de nosotros allá afuera sería preferible mejorar las imágenes de adentro. Hay una generación entera de jóvenes desocupados que no sabe ahora qué hacer con el país, mientras el país tampoco sabe qué hacer con ellos.

MODAS ARGENTINAS

Agosto, 1993

Aprendí el lenguaje de las diferencias hace más de quince años, en Venezuela, donde algunos funcionarios del gobierno aparecían en la noche de los restaurantes vestidos con camisas violetas, pantalones amarillos y sacos de color guayaba. Los cafés y las calles abrumadoras del centro de Caracas me parecían entonces un muestrario único e irrepetible de la variedad humana: matronas destellando en la tarde de los sábados con un arsenal de ruleros en la cabeza, negros de patillas sanmartinianas y graves señores con bigotes de manubrio, damas con el pecho descubierto hasta el crepúsculo de los pezones pero tocadas con velos de monja, adolescentes con uñas de mandarín y zapatos de taco aguja pintadas como un actor de kabuki. El mundo se abría en un abanico luminoso y a nadie parecía importarle.

Para alguien que, como yo, venía de una civilización autoritaria y desconfiada, las libertades venezolanas me parecían historias de otro mundo. Pero muy pronto caí en la cuenta de que la gente andaba como se le daba la gana –o como podía– en todas partes menos en la Argentina, y que la diversidad era la norma, no la rareza.

Por mucho que el argentino haya viajado, tarda en descubrir que su inclinación a la uniformidad es un defecto nacional. O tal vez lo advierte desde el principio, pero supone que los hábitos libres, que son naturales en los demás, en él serían una extravagancia.

¿La Argentina es monótona? Quién sabe. Los argentinos, en cambio, sí lo somos. Un argentino se esfuerza por seguir los balidos del rebaño con un ahínco que no se advierte en ningún otro lugar de la tierra. Ciertas palabras se ponen de moda durante algún tiempo y todos las usan con fruición. Pero de la mañana a la noche esas palabras desaparecen y se convierten en una mera curiosidad para los arqueólogos del lenguaje. Es como si el país entero las dejara caer al mismo tiempo, en un acto de tácita confabulación. ¿Quién podría descifrar ahora el significado preciso de vocablos como "guille" o "escorchón", que eran parte de la jerga corriente en los albores del primer peronismo, o de expresiones como "llamále hache" y "flor de ceibo", que son de la misma época? A Julio Cortázar le sorprendía que, a la vuelta de cada uno de sus viajes a Buenos Aires, la mitad del vocabulario que había aprendido en el viaje anterior ya estuviera en desuso y que en el mismo lugar florecieran otras palabras, de sentido e intención idénticos. El lenguaje no se mueve en la Argentina por imperio de la necesidad sino de la moda.

Lo mismo pasa con la ropa. Quien se detenga a observar en las películas documentales de los años 70 advertirá en hombres y mujeres, calcados, el mismo jean que se ensanchaba en los tobillos y camisas o sweaters de diseño idéntico. El vestuario era similar –con variantes– tanto en los invitados a los desfiles de modas como en las colas de agua de las villas miseria. La voluntad de ser igual a los demás, de no desentonar, de no diferenciarse, no tiene que ver con la clase sino tal vez con algo más subterráneo, más visceral. Un diferente es alguien que también está al margen, que no pertenece a ninguna parte. Y aunque el argentino admira al marginal y hasta lo sacraliza (como acaba de suceder con

Tanguito y, antes, con Luca Prodan), no quiere exponerse a las consecuencias.

Todos nos vestimos de la misma manera, al mismo tiempo. En el extranjero, se reconoce a una familia argentina desde lejos: los mocasines marrones del papá, el pelo incendiado de rubio de la madre, el plañido de los hijos, la gesticulación: todo nos delata. Por temporadas, repetimos las mismas muletillas verbales ("tarado" en los 50, "mató mil" en los 80, "boludo" y "me recopa" en esta orilla última del siglo). Todos somos fieles a los vaivenes de una misma rutina. Esa falta de diversidad es, tal vez, la verdadera cifra de nuestra naturaleza.

Hubo un tiempo –hace seis a siete décadas– en que nos preguntábamos obsesivamente cómo éramos. Una de nuestras pasiones más diestras (si es que hay destreza en la pasión) consistía en arrancar a los visitantes de afuera opiniones más o menos ingeniosas sobre las idas y vueltas de la naturaleza argentina. Nuestra inseguridad se iba afianzando, por lo general, gracias a una red de respuestas desalentadoras, como las que aún se leen en las crónicas de viaje de Georges Clemenceau y Jules Huret, en las *Meditaciones suramericanas* del conde Hermann Keyserling y en los despiadados capítulos de *El Espectador* que nos dedicó Ortega y Gasset. Tanto Martínez Estrada como Arlt insistieron en que nuestra insignificancia no tenía remedio, y fue preciso que apareciera Eduardo Mallea en el horizonte para aportar el consuelo de que bajo la escoria visible aleteaba una espiritualidad secreta.

La desdicha nacional es que, mientras *Radiografía de la pampa* y las *Aguafuertes porteñas* se siguen leyendo como si alguien las hubiera escrito esta mañana, la *Historia de una pasión* malleana es un intransitable páramo de ripios. Así nos fuimos quedando sólo con los vituperios y olvidándonos de nuestras riquezas invisibles.

La resignación nos indujo a identificarnos con Bonavena –en cuyo sepelio hubo más dolientes que en el de Gardel–, con Monzón, con Maradona, y últimamente con Gatica; a consentir que nos gobernaran López Rega, Isabelita, el solapado Videla, el báquico Galtieri y todo lo que siguió. No sólo los aceptamos. Nos vimos tan insignificantes que hasta llegamos a creer en lo que nos decían. La Argentina "granero del mundo" acabó entonces por tener la estatura intelectual de sus gobernantes, no la de sus hijos dilectos. Alguien –o algo– nos convenció de que perder al procaz Olmedo era muchísimo peor que perder a Borges, y que el humor del gordo Porcel superaba en lucidez a los de Catita o Quino. El afán de populismo o los complejos de inferioridad nos indujeron a confundir los tantos.

Hace ya tiempo que hemos dejado de preguntarnos cómo somos, bien sea porque nos han acobardado las respuestas o porque hemos alcanzado un grado de uniformidad tan superlativo que la opinión ajena ha dejado de interesarnos. Ortega escribió en 1929 que "el argentino vive absorto en la atención de su propia imagen. Se mira, se mira sin descanso". En aquella época nos inquietaba lo que podían decirnos los espejos. Ya no. Ahora, además de mirarnos, sólo nos oímos a nosotros mismos.

Cada vez que se intenta definir lo argentino se ensayan casi todas las conjeturas: en sus *Estudios económicos*, Alberdi aludió a la herencia hispana para caracterizar a las élites en las que "cada cual quiere ser un señor y vivir como un noble sin trabajar"; Sarmiento y Martínez Estrada encontraron en el aislamiento y el desierto la explicación de nuestros códigos de conducta; Ortega y Gasset puso énfasis en el narcisismo; Borges subrayó la importancia del pudor; los cronistas contemporáneos quizás adviertan –al menos en las esferas de poder– cierta tendencia a la frivolidad y cierta debilidad ante la corrupción. Un ministro del Interior acaba de caer por hablar de eso en voz alta. Pero todavía no se ha mencionado, creo, nuestra inclinación a la uniformidad, el temor a salirnos de cauce y a comportarnos como nadie más. Sólo el cine, la narrativa, el teatro, el rock y el humor político nos hacen otros; sólo en esos lenguajes nos jugamos y somos libres.

Hace unos días, en una de las avenidas rápidas de Caracas, un hombre de saco y corbata decidió instalarse a comer en el centro de la calzada. Tomó asiento sobre una de las rayas blancas que dividen en dos el pavimento, abrió una de esas cajas para viandas que llevan los chicos al colegio (allá se llaman "loncheras") y se puso a masticar alegremente, entre los rayos de las motocicletas y los mugidos de los camiones. A nadie le sorprendió ese rapto de delirio suicida –tal vez no fuera eso: tal vez se tratara de un incidente normal; porque, ¿quién sabe dónde está la normalidad?–; nadie, tampoco, osó detenerlo ni salvarlo ni agredirlo ni gritarle algún improperio. El hombre fue dejado allí, librado a su suerte o a su muerte. Advertí en ese instante que un episodio como ése era posible en cualquier parte del mundo, salvo en las grandes ciudades de la Argentina. Tanta libertad (aun esa clase de libertad sin sentido) resultaría aquí ofensiva e intolerable.

La Argentina fue pensada así hace poco más de un siglo: como un reflejo de Europa, sin indios y sin negros. A ese país utópico, las sucesivas dictaduras fueron convirtiéndolo en una repetición infinita de sí mismo, en una línea recta donde cada uno de nosotros, para saberse argentino, siente que debe actuar como los demás. Esa repetición es, quizá, lo único que nos hace diferentes.

EL SECRETO

1994

Cada vez que vuelvo a la Argentina después de una larga ausencia descubro que, bajo el país de las apariencias, hay otro país que antes no estaba. La Argentina de ahora es la del Secreto. La atmósfera parece estar regida por un enorme secreto que sólo un puñado de personas conoce pero que nadie revela, porque del silencio depende su fuerza, como la *omertà* siciliana. Quienes disponen del Secreto ejercen un ascendiente oscuro sobre el Poder. Se les abren con facilidad puertas ante las que los demás no saben muy bien qué hacer: puertas de juzgados, de aduanas, de trámites migratorios.

Nadie dice de qué secreto se trata. Tal vez no sea un solo secreto sino muchos, un follaje con infinitas nervaduras de secretos. Lo único claro es que, si el secreto no existiera, no pasarían tantas cosas incomprensibles. A la inversa de lo que suele decir el Poder, lo incomprensible –tan natural en la Argentina– es infrecuente en otras partes. Fuera de aquí todo tiene alguna lógica histórica, todo ha sucedido antes de manera parecida –hasta los horrores–, y, por lo tanto, no es tan difícil de comprender. En la Argentina, no: el Secreto hace que la realidad sea original, única.

Por ejemplo: si cierta jueza no fuera depositaria de algún

enorme secreto, ¿lograría que una Cámara de Apelaciones decida, en un fulminante fin de semana, dar a su fama y honor más importancia que al artículo 14 de la Constitución Nacional? ¿Cuánto tiene que saber una jueza para saltar indemne las vallas de los juicios políticos, encogerse de hombros ante las sospechas que desata su nombre y negarse a renunciar, pese a que su permanencia en el cargo agobia con un severo costo político al gobierno? ¿De qué tamaño es el secreto para que el gobierno, tan implacable en otros casos, sea tan benigno en éste?

¿Cuáles secretos pudo ir trenzando Amira Yoma, la ex jefa de audiencias y ex cuñada del Presidente de la República, para que al mero conjuro de su nombre lluevan historias de pasaportes falsos, sirios argentinizados en menos de dos semanas, valijas con millones de dólares lavados y fiestas con señores feudales de la droga y el tráfico de armas como Monzer al-Kassar? ¿Qué secretos pudieron enredar en el mismo ovillo al hermano Munir Menem, ex embajador en Siria, y al fugitivo Al-Kassar?

En cualquier otro país del Primer Mundo, la noticia de que un funcionario del Estado anda en compañías sospechosas o se ha beneficiado de su posición para algún negocio personal, determina la renuncia de ese funcionario en menos de veinticuatro horas y el fin de su carrera política. La legislación de los Estados Unidos exige a los hombres públicos demostrar de inmediato que son inocentes de toda acusación lanzada contra ellos, pero si la Justicia prueba que esa acusación es maliciosa, no tienen derecho a exigir compensaciones económicas, porque para esos mentores carnales que tenemos en el norte, todo cargo es una carga y no un privilegio.

En la Argentina, el Presidente percibe, en cambio, que las malas noticias sobre sus amigos o familiares son un tiro por elevación contra su investidura. Y es una desgracia o "una casualidad permanente" (como él ha dicho) que casi todas las malas noticias tengan que ver con la gente que lo rodea. Tanto azar explica su mal humor pero no su descontrol. Cuando el Presidente reacciona, nunca duda. Su primer gesto es defender la integridad de los acusados poniendo las manos en el fuego por ellos, aunque la experiencia está demostrándole que casi siempre las manos se le llenan de cicatrices y quemaduras de tercer grado.

Si las manos del Presidente no se quemaran tanto, episodios que deberían interesar a la prensa por una semana y no más, terminan alargándose meses y meses: los malvados reaparecen de golpe como en los teleteatros, con algún nuevo actor de reparto a la zaga (Al-Kassar, por ejemplo). Pero, por obra y gracia de "las casualidades permanentes", en el elenco estable siempre figura alguno por el cual Menem entregó sus manos al fuego, y las cosas vuelven a complicarse.

De la consternación se pasa entonces a la suspicacia: ¿es realmente tan extremo el valor que el Presidente concede a la amistad o a los lazos de familia como para poner esos lazos por encima de las informaciones que le aportan los medios? ¿Es verosímil que alguien con el afinadísimo instinto político de Carlos Menem ponga en juego la credibilidad de su discurso y hasta el peso de su investidura para proteger a los buenos muchachos que juegan con él al truco en *Fechoría* o lo acompañan en sus noches blancas? ¿O acaso esos hombres son poseedores de enormes secretos que pondrían en peligro la salud de las instituciones y el Presidente los aparta de la sospecha pública para que las instituciones no sean afectadas?

La imagen del Secreto es tan intensa, tan vasta, que por momentos pareciera que todos saben algo de todos. Si se siguiera la cadena podría decirse, en tren de conjeturas, que ciertos jueces saben cosas indecibles de Amira Yoma, ésta del ex secretario Miguel Ángel Vicco, Vicco del ministro José Luis Manzano, el ministro de ciertos jueces, y así sucesivamente. ¿Acaso la ex Primera Dama no dijo en tono amenazante, más de una vez, en alguna de las crisis domésticas que la afectaron: ¡Ah, si yo hablara! ¿Y acaso no comenzó a hablar el jueves por la noche, en el programa de Mariano Grondona? Ahora habrá que prestar atención no sólo a lo que ella habla, sino también a lo que calla.

Los manipuladores de secretos son los que mayor beneficio suelen sacar de estos ríos revueltos. Uno de ellos, Guillermo Patricio Kelly, que comenzó su relación con el Presidente acusándolo de tener "vínculos con el narcotráfico", es ahora uno de los voceros notorios del canal oficial de televisión. ¿Cómo entenderlo? A fines de 1957, Kelly esgrimió ante la policía venezolana uno o dos terribles secretos para que lo dejaran tranquilo cuando Interpol estaba buscándolo por todo el mundo, tras su fuga de Chile. Solía sentarse a la intemperie en un café de Sabana Grande, y se mantenía impávido ante la marejada de policías que peinaban el lugar. Sabía tantas cosas que nadie se atrevía a acercársele. ¿Qué sabe ahora para disponer todos los lunes de un feroz micrófono? O, dicho de otro modo, ¿qué sordos ruidos podrían salir a la superficie si Kelly calla?

Norman Maczenzie, uno de los más notables teóricos del arte del secreto, sostiene que los hombres nacidos o educados en ambientes pequeños (pueblos aislados, liceos militares, seminarios, prostíbulos) tienden a valorar los secretos en exceso porque sienten que, sin la protección de ese secreto, su personalidad se desintegraría. Las respiraciones destructoras de los secretos y el temor que imponen aparecen en casi todas las novelas del posnaturalismo argentino. Una de ellas, *La maestra normal*, de Manuel Gálvez, sucede en La Rioja.

En *Masa y poder*, Elías Canetti observó que en torno del secreto siempre hay un personaje con poder. Si no tuviese algún poder, ¿qué importancia tendrían sus secretos? Quienes están alrededor de él hablan, antes que nada, de su cuerpo. El cuerpo, el hecho físico de un cuerpo que existe, acaba con-

116

virtiéndose en un tejido de murmuraciones, en un lugar del que los otros van extrayendo su poder. Según Canetti, todo el que sabe, todo poseedor de un secreto es a su vez vigilado. El protagonista del secreto quiere saber cuánto saben los que saben algo de él para poder protegerse y, al mismo tiempo, necesita saber todo del otro para poder hacerlo callar cuando haga falta. Se arma entonces una red de secretos y contrasecretos que se expanden cada vez más y que pareciera que nunca terminan: una red tan extensa, tan imposible de recordar como los amigos de Amira Yoma (o los que dicen que son amigos de Amira Yoma).

Cuando alguien que está en posición de conocer un secreto decide callar, los demás suponen que conoce a la perfección lo que está callando. Puede que lo que calle sea insignificante, pero el mero hecho de callar lo transforma en enorme. Cada vez que Zulema Yoma solía decir: ¡Ah, si yo hablara!, la gente pensaba que lo que podía decir era terrible y demoledor. Tal vez no fuera algo muy decisivo –como no fue lo del jueves en *Hora Clave*–, pero su silencio pesaba sobre el imaginario colectivo más que todas las palabras.

Ciertos profesionales del secreto podrían hablar mañana contra el que los protegió ayer, si eso les conviene. Los profesionales del secreto son imprevisibles porque lo que saben es un arma, y la gracia de esa arma es que pueden usarla en cualquier momento. Según Canetti, el secreto los incomoda y sienten como un ardor interno. Tarde o temprano, se librarán de ese peso. O hablan o desfallecen.

Y esas electricidades se advierten en la Argentina. La atmósfera está saturada. Es como si el Gran Secreto anduviera flotando por el aire, listo para estallar de un momento a otro. Si de veras existe, ya no hay manera de borrarlo.

PERÓN Y MENEM ENTRAN EN EL PARAÍSO

Setiembre, 1991

Peronismo fue siempre una palabra maldita en los Estados Unidos. Evocaba las escenografías del fascismo, los delirios de grandeza de Napoleón III, las calamidades del autoritarismo y de la·demagogia. Hay por lo menos dos libros que equiparan a Perón con el gobernador Huey Long, un caudillo populista de Luisiana que a mediados de los años 30 trató de competir con Franklin D. Roosevelt.

Los teóricos norteamericanos de las ciencias políticas, que durante décadas se quemaron las pestañas descifrando las escrituras del Conductor y de Evita, con la ilusión –vana– de vislumbrar en ellas un sistema lógico de pensamiento, o aunque sólo fuera el esqueleto de una doctrina, abandonaron hace ya tiempo la tarea y emitieron un dictamen desconsolador: el peronismo es algo que se siente y no algo que se piensa.

Ahora que la Argentina está de moda –aunque los diarios de los Estados Unidos todavía no se hayan enterado–, los teóricos han descubierto una clave para convertir al peronismo en el más luminoso complemento de las ideas de Reagan y Bush. Se han dado cuenta, gracias al presidente Menem, de que Perón nunca quiso decir lo que dijo, sino todo lo contrario. Expliquémoslo con más claridad: todas las frases de Perón deben leerse al revés, como una foto en negativo.

118

Los ejemplos abundan. En algunos actos oficiales, la marcha peronista se sigue cantando como en los tiempos de Rodolfo Sciamarella y Hugo del Carril, con los mismos incómodos estribillos del pasado. El error consistió siempre en tomar al pie de la letra frases como "combatiendo al capital". En un suplemento de ocho páginas sobre la Argentina que *The New York Times* publicó el martes 24 en su sección "Business Day", un especialista patrio explica que el combate contra el capital es en verdad "una revolución capitalista". Se trataría, entonces, de la primera revolución que consigue mejorar el humor de los hombres de negocios.

En 1947, cuando Evita viajó a España, se desvivió por explicarle al generalísimo Franco que el peronismo consistía en lograr "que hubiera menos ricos y menos pobres". Perón repitió varias veces la frase en su exilio de Puerta de Hierro, y hasta intentó llevarla a la práctica cuando ordenó a su ministro José Gelbard, en 1973, que los beneficios empresarios fueran distribuidos por partes iguales entre patrones y obreros. El pragmatismo de los años 90 ha descubierto, sin embargo, que es inevitable un mundo en el que los ricos sean más ricos, y los pobres, más pobres. La doctrina peronista –"pragmática por naturaleza", según el canciller Guido Di Tella– ha puesto en práctica el axioma con entusiasmo.

Fue también Evita quien, en 1949, bregó para que los llamados Derechos de la Ancianidad se incorporaran al cuerpo de la doctrina. En un discurso del 16 de diciembre de 1949 dijo: "No puede haber país grande donde no se respete la ancianidad y no puede haber país grande, tampoco, donde no se tiene en cuenta a aquellos que, habiéndolo dado todo en su juventud, en el ocaso de la vida no encuentran al Estado y a sus compañeros dispuestos a tenderles la mano de igual a igual". Cuarenta años después, se mantiene un respeto sacrosanto por lo que predicaba Evita, pero al revés. Una encuesta de Gallup concluida el 7 de agosto revela que casi el 80 por ciento de los jubilados gana menos de un millón y medio de australes. Si los nuevos mercados exigen argentinos en condiciones de competir, ¿qué se puede hacer con los ancianos, que ni siquiera tienen fuerzas ni para correr?

Pero el mejor descubrimiento de los teóricos es el de la tercera posición. Llevaban décadas devanándose los sesos con el tema. ¿Qué significaba eso? ¿Equidistancia de los dos bloques? ¿Cómo entender la idea en los años 90, cuando el descalabro de los países socialistas ha dejado sólo uno de los bloques en pie? El propio Perón sembró la confusión. El 11 de agosto de 1946, en una entrevista con un corresponsal de la United Press, declaró, suelto de cuerpo: "La Argentina es una parte del continente americano e inevitablemente se agrupará junto a los Estados Unidos y las demás naciones americanas en todo conflicto futuro". Los nacionalistas pusieron el grito en el cielo. ¿Y la soberanía?, dijeron. En los artículos que poco más tarde iba a publicar en *Democracia* con el seudónimo Descartes, Perón los apaciguó. La Argentina no olvidaba, dijo, que subordinarse por completo a los Estados Unidos era un peligro: "El día de mañana podemos opinar de manera diferente a la de ellos en un conflicto internacional y entonces, ¿cómo podríamos justificarnos si ya hemos aceptado nuestra dependencia? Ellos se mostrarían implacables y nos mandarían a los *marines*".

Veinte años después, en el exilio, el ex Presidente solía repetir esta última frase para demostrar que había sido un visionario: "Ahí tienen ustedes lo que les pasó a los cubanos en Bahía de Cochinos", solía decir. "Y a la Guatemala de Arbenz en 1954, y a los pobres dominicanos en 1966." Error. El Perón de 1946, que apostaba a un modesto liderazgo argentino en el sur del continente, era mucho más lúcido como estratega que el insolente Perón de 1951. La tercera posición, ahora se sabe, significaba algo muy simple: no estar de pie ni acostado sino de cualquier otra manera. Sentado a veces, a la espera; o con las rodillas gachas, en actitud de súplica.

Develado el secreto, los teóricos suspiran con alivio, como si hubieran resuelto la cuadratura del círculo.

La Argentina se puso por fin en sintonía con su destino cuando decidió apartarse del Movimiento de Países No Alineados –una variante anticuada de la tercera posición – porque, como bien dijo el presidente Menem, "sus miembros no respetan la libertad ni los derechos humanos ni el pluralismo ideológico". La admonición habrá caído penosamente sobre la conciencia de países que sí se han quedado en el Movimiento, como la India, Venezuela, Jamaica o Senegal, cuyos gobernantes carecen de la imaginación necesaria como para indultar a genocidas y postular al mismo tiempo la pena de muerte, lo cual es como el desiderátum de los derechos humanos.

Los enigmas del peronismo sucumbieron por completo el lunes 23, cuando el presidente George Bush y el canciller Guido Di Tella coincidieron en condenar "la tenaz tiranía" de Cuba ante la Asamblea General de las Naciones Unidas. No resultó demasiado alentador descubrir, a la mañana siguiente, que *The New York Times* publicaba el discurso completo de Bush –como era obvio– y desplegaba en dos columnas el del presidente brasileño Collor de Melo, sin dedicar ni una miserable línea a la valerosa arenga del canciller argentino.

Sin embargo, la edición de aquel mismo día trajo el consuelo de ocho páginas –aunque pagadas, ay–, en las que una pléyade ilustre de argentinos ponderaba las ventajas de invertir ahora en un país como el nuestro: estable, previsible, que había echado por la borda la abominable justicia distributiva sustituyéndola por el paraíso del sistema capitalista.

Mi orgullo patrio se atenuó cuando pasé por la esquina de la calle 42 y 6ª avenida, en Nueva York, donde un letrero luminoso informa, a la velocidad del relámpago, cuál es la deuda interna de los Estados Unidos y cuánto de esa deuda le corresponde a cada familia. A las tres de la tarde, la cifra era escalofriante: 3 billones y medio de dólares en total, lo que equivale a más de 55 mil dólares por cabeza. Advertí entonces que la semilla de ocho páginas lanzada en *The New York Times* tal vez no había caído en el mejor momento.

Pero, por fortuna, el peronismo ha ganado ante los ojos del Gran Padre del Norte el prestigio que nunca tuvo. Los expertos en ciencias políticas respiran aliviados al reconocer, por fin, que las famosas Veinte Verdades debían leerse al revés. Y, sobre un horizonte de rascacielos, resplandece la imagen de Carlos Menem.

Conceder todo el mérito a Menem me parece injusto con Perón. ¿No fue nuestro Conductor, al fin y al cabo, quien enseñó antes que nadie cómo debía leerse la doctrina? ¿No fue acaso él quien, leyendo los tratados estratégicos del conde Schlieffen, pensó en aplicarlos a la política? Schlieffen enseñaba que antes de una batalla debía diseñarse un plan perfecto, pero que al empezar la lucha era preciso hacer las cosas al revés: si el derecho es perfecto, ¿por qué el revés no habría también de serlo?

Se ha tardado muchos años en entender una verdad tan simple, pero valió la pena. Argentina vive, por fin, su hora más gloriosa.

La unánime noche

Diciembre, 1993

Una de las fascinaciones de la Argentina era, hasta hace muy poco tiempo, su estado de continua mudanza. El aire del país cambiaba de mes a mes o de semana a semana con tanta intensidad que los viajeros creían estar llegando siempre a un lugar distinto. Unos pocos ejemplos pueden servir tal vez para explicar esas rarezas.

A comienzos de noviembre, el ex presidente Raúl Alfonsín se había enzarzado en una batalla sin cuartel contra el proyecto de reelección de Carlos Menem. Como todos saben, el gobierno convocó a un plebiscito para el 21 de ese mes y lo anuló seis días antes. El 23 de noviembre, Alfonsín dio un giro de ciento ochenta grados y comenzó a recorrer el país en una virtual campaña para reelegir a su reciente adversario. Tanto en Nueva York como en el suburbio donde vivo parte del año se publica poco y nada sobre la Argentina, de modo que cuando llegué a Buenos Aires el 17 de noviembre, ignorando esa fenomenal cabriola política, el artículo sobre el plebiscito que había empezado a escribir ya no servía para nada. No era la primera vez que sucedía, y me temo que no será la última.

Al día siguiente de aterrizar, mientras caminaba por la calle Corrientes, vi en un kiosco la portada de la revista *Ca-*

ras y el asombro me hizo caer la mandíbula. O bien la Argentina que reflejaba esa portada no era ya la misma de tres meses atrás, o los tres meses habían sido más largos que de costumbre. La foto estelar de *Caras* describía una de esas radiantes fiestas menemistas que, junto con el peso fuerte de Cavallo, se han convertido en símbolo de la estabilidad nacional. Al fondo, hacia la izquierda, se divisaba la efigie sonriente del diputado Varela Cid, eclipsada por un turbión de llamativas modelos; en primera fila, el Presidente exhibía su magnífica salud junto a un elenco del que sobresalían Dolores Blaquier (aliviada ya de su mal rato mercantil), la escueta Elsa Serrano y las piernas de Katja Aleman. Otras imágenes de la misma foto me sobresaltaron, pero seguí de largo porque pensé (o prefiero pensar) que estaban trucadas. Lo único que recuerdo ahora es la impresión de que casi todos los políticos estaban lanzándose de cabeza a la fiesta menemista, como si creyeran que sólo dentro de ella servían al país. Los puros y los rebeldes de antes: todos estaban ya navegando en la espuma del mismo champagne.

La portada de *Caras* y la poca televisión que vi durante los días siguientes me hicieron sentir, por primera vez en la vida, que la oposición estaba disolviéndose en la Argentina y que el país entero se iba entregando mansamente a la voluntad política y a los códigos de vida impuestos por el jefe del Ejecutivo. Eso jamás había sucedido antes.

Hasta cuando ejercía la suma del poder público, en 1840, Rosas debía enfrentarse a brotes tan tenaces de resistencia que acabó perdiendo su batalla ante la historia y debió esperar siglo y medio para que se acallara el encono. Fue Menem quien lo reivindicó, dicho sea de paso: con un simple decreto de repatriación liquidó un debate encendido en miles de libros.

Perón recibió en 1951 muchos más votos de los que quizá Menem reciba nunca (fue reelegido por un porcentaje nacional de 62,5, y en algunas provincias como Chaco superó el 80 por ciento). Sin embargo, poco antes de esa victoria increíble debió sofocar un brote de rebelión militar, y tanto la alta burguesía como algunos empresarios influyentes no lo soportaban a él ni a Evita. A Onganía lo aplaudieron como a un héroe durante su ridículo paseo en carroza por la Exposición Rural, pero Lanusse, el Cordobazo, *Tía Vicenta* y *Primera Plana* pusieron al descubierto la magnitud de su impopularidad. Isabelita, Videla, Viola, Galtieri y hasta un dictador tan en sordina como Bignone tuvieron adversarios ciegos y férreos. De Alfonsín, ni se diga: casi todos los meses le descerrajaban una huelga general. A Menem, en cambio, lo benefician el desgano y la inercia de la oposición, como si toda protesta hubiera perdido su razón de ser y, desde ahora en más, pudiera hacer su voluntad sin que a nadie le importe demasiado.

Toda la cultura (o el estilo de vida) de los argentinos pareciera impregnado por su lenguaje y por su forma de ver las cosas, nos guste o no. Eso explica que nadie reaccione cuando la Corte Suprema (cabeza de uno de los tres poderes independientes) es usada como moneda de trueque para la reforma de la Constitución, o cuando regresan a la palestra del gobierno algunos personajes que se habían retirado con las manos sucias. ¿Al Presidente no le parece mal que sucedan esas cosas? Entonces al resto del país tampoco. Hay un tercio de la población sumergida en la peor de las pobrezas, pero vemos eso como una fatalidad, no como una desgracia que es imperioso corregir. Un dirigente sindical me confió que ya estaba cansado de encabezar huelgas en defensa de trabajadores que despotricaban contra Menem pero terminaban votando por él. Como el Humpty Dumpty de *Alicia en el país de las maravillas*, el Presidente podría decir que los hechos significan lo que él decide y no lo que realmente son.

En un país acostumbrado desde la Colonia a la lucha de facciones, nunca terminará de sorprender este fin de siglo que ha convertido en menemistas (o, por lo menos, en defensores de la cruzada por la reelección) a las clases sociales de uno y otro extremo de la pirámide, a los ex conservadores de la Ucedé y a las huestes del último presidente radical, a la jerarquía de la Iglesia y a los altos mandos de las tres armas, a los enfermos de cólera en Tartagal y a los que se van de vacaciones a Hawaii. Menem cuenta con el 42 o a lo sumo el 45 por ciento de los votos, pero a la hora de las decisiones importantes esas estadísticas no importan, porque uno solo de sus débiles pelos tira más que una yunta de bueyes.

Hasta el lenguaje del país ha cambiado en los últimos tres meses. A comienzos de 1993, las conversaciones de la gente versaban –de modo abrumador– sobre dinero: cuánto costaba esto o aquello, dónde invertir o cómo sobrevivir. Salvo entre los comerciantes, esa obsesión parece haberse esfumado. El lenguaje viaja hacia otros horizontes. También las pasiones políticas han bajado de tono, y a la gente ya no le sorprenden o no le interesan los grandes escándalos de la corrupción ni las canas al aire de los personajes más o menos famosos. Es como si la Argentina entera se hubiera resignado a bajar los brazos y a entregarse en manos del oscuro destino. La suerte de la patria se ha convertido en algo ajeno, fuera de nuestro alcance, y la democracia participativa es historia pasada. Ahora las elecciones sirven sólo para confirmar lo que ya está hecho.

Antes de la carótida, ciertas formas de disenso con el proyecto menemista parecían posibles. Ya no. Al mandatario convaleciente todo le está permitido, y la expresión que más a menudo se oye en Buenos Aires es "¡Qué divertido!". Menem ha conseguido el prodigio de que la Argentina sea una enorme fiesta: a veces canallesca, luctuosa y arrabalera, pero fiesta al fin. Estúdiense los titulares de los diarios: han cambiado. Son menos corrosivos, y lo serán mucho menos aún cuando se acerque el Mundial.

En 1940, Borges publicó uno de sus cuentos más famosos, "Las ruinas circulares", que comienza con esta enigmática frase: "Nadie lo vio desembarcar en la unánime noche". La trama carece aquí de importancia. Lo que interesa es el curioso adjetivo, "unánime", que tanto trabajo ha dado a los traductores. "¿Qué significa esa metáfora, noche unánime?", se preguntaba Norman Thomas Di Giovanni, quien vertió el relato al inglés. Desconcertado, supuso que era una alusión en clave a la inconstante realidad argentina y lo tradujo como "la noche de todos", lo que tal vez sea un contrasentido. Unánime, según la etimología latina, quiere decir "un ánima", una sola alma, y el adjetivo parece insinuar que el personaje de la historia está solo en la noche o en el mundo.

En un país que cambia (o que cambiaba) tanto como la Argentina, las alusiones y vaticinios de Borges siguen siendo una de las pocas brújulas verdaderas. Menem ha logrado que todos vivamos dentro de una "unánime noche" –o, para algunos, un radiante día unánime–, regido por la voluntad de un alma con la que nadie parece estar en desacuerdo. Alguien nos está soñando, como en el relato de Borges, y la irresponsabilidad de no hacer nada nos tranquiliza y nos adormece. Tras dos siglos de mudanza, el país se ha quedado quieto. En esta víspera de Navidad, quizás eso sea lo más "divertido" y lo más patético que podía pasarnos.

LA FIESTA

Julio, 1993

¿Hace ya cuánto tiempo que este país no es el mismo? Lo que hace veinte o treinta años hubiera sido un escándalo ahora nos parece lo más natural del mundo. No nos reconocemos en el otro que somos, pero a esa fatalidad nos hemos acostumbrado sin sobresaltos.

Una parte (ínfima) de la Argentina vive de fiesta. La fiesta es el rito central del Poder, como la misa es el centro de la liturgia católica. La mayoría de los feligreses acuden a exhibir sus fortunas flamantes, alzadas a la velocidad del rayo y con un esfuerzo mucho menor que el de los relámpagos. Otra parte (innumerable) de la Argentina contempla, desde lejos, los resplandores. Debe pagar las cuentas con más impuestos, más horas de trabajos mal remunerados, peores o nulos servicios públicos y accesos a la educación más restringidos. Por extraño que parezca, a los espectadores de la fiesta no se les nota el menor resentimiento. Toleran cualquier precio, hasta el del abuso, con tal de que el peso se mantenga estable y la democracia sigan a flote.

Otra parte de la Argentina roba a manos llenas las arcas del Estado (o de lo que solía ser el Estado). O espía a los estudiantes. O amenaza a los periodistas insumisos. O tiene súbitos accesos de ira y ejecuta de unos cuantos balazos, tras juicios sumarios y privados, a ladrones de comercios y de pasacasetes. Algunos aplauden a los improvisados verdugos. Otros aprueban las drásticas imposiciones de "ley y orden". Otros más piensan, con tolerancia, que si los gobernantes del país robaron siempre, ¿por qué no habrían de hacerlo ahora?

Estos desmanes ocurrían también en el pasado, se explica, a modo de consuelo nacional. La impunidad del Poder es una tradición que en la Argentina tiene casi dos siglos. Acaso sea verdad. Pero, con por lo menos cinco funcionarios del Ejecutivo convictos de corrupción o sospechosos y con un ex director de Aduana ante cuyas narices sirias se lavaron casi once millones de narcodólares, antes no se ganaban las elecciones. Ahora sí. Después de Ibrahim al-Ibrahim, su voraz precursor Delconte parece una monja de noviciado.

¿Qué le pasa a la Argentina? Es verdad que pocos países pueden seguir indemnes después de dos generaciones de autoritarismo y de una dictadura que hizo desaparecer a casi diez mil personas sin juicio previo. Pero a España le fue peor con su millón de muertos de la guerra civil y con las mediocridades franquistas que la sucedieron. Alemania quedó en ruinas después de la pesadilla nazi. En ninguno de esos dos países, sin embargo, las distracciones oficiales permitieron a los módicos empleaditos de ayer comprar hoy casas de un millón de dólares en San Isidro o exhibir en las noches del Alvear modelos de Elsa Serrano que cuestan cinco mil aunque tal vez valgan menos. Por un abuso de influencias muchísimo más discreto que esas jactancias, el sevillano Juan Guerra hizo caer del pedestal a su hermano Alfonso, la mano derecha de Felipe González.

No son la dignidad, la decencia o el sentido del ridículo los que han cambiado. Es la actitud de la Argentina ante esos valores lo que se ha ido esfumando en la niebla de estos últimos años.

Ya que el Poder sigue enarbolando las banderas del peronismo, tal vez sea útil recordar qué calamidades del pero-

129

nismo genuino eran las que suscitaban escándalo hace cuarenta años. Los extranjeros que pasan por la Argentina en estos días preguntan, extrañados, si el cinismo fue siempre tan popular entre nosotros. ¿Cómo responderles, sino con el pasado?

Hacia 1950, los desmanes se cometían con franqueza, a lo bruto o, más bien, sin las artes de simulación que dejó como herencia la última dictadura. A Evita, por ejemplo, se le reprochaban las joyas y los vestidos que llevó a Europa o los que se ponía para las veladas de gala del Colón. Y aunque la propia Evita aclaró en su testamento de dónde habían salido esos lujos y quién debía heredarlos, una Junta de Recuperación Patrimonial los sacó a remate en 1956 como si fueran las joyas de la corona. No hubo quien pagara un centavo por ellos, porque ya estaban fuera de moda y porque la gente que podía comprarlos no quería recordar entonces que Evita había existido.

Otro de los escándalos de aquel tiempo eran los paseos dominicales de Perón en motoneta, con las chicas de la UES como escolta. No es un secreto que una de ellas, cuarenta y cinco años menor, se quedaba a dormir con el Presidente en la residencia de Olivos. Por ese crimen de estupro, Perón fue privado de sus insignias de general y separado con indignidad del Ejército. En 1962, ya exiliado, se vengó, casándose con Isabelita, a la que le llevaba treinta y siete años. De nuestro Presidente actual se han contado historias más lujuriosas, todas sin pruebas, pero a nadie (con toda razón) le quitan el sueño. No puedo imaginarme, en cambio, qué hubieran escrito Borges o Martínez Estrada, a quienes "el tirano prófugo" arrancó las injurias más ilevantables, si a Perón le hubieran entretejido el pelo o lo hubiera picado una avispa.

Es verdad que estos tiempos son otros y que ahora no serían posibles crímenes como el que, en julio de 1955, acabó con el médico rosarino Juan Ingalinella ni torturas como las que por esos mismos meses sufrieron el estudiante comunista Ernesto Bravo o el abogado radical Juan Ovidio Zavala.

Las víctimas de las que se habla en 1993 no provienen de la intolerancia política sino de los malos hábitos policiales, a los que la democracia no ha sabido poner freno.

Durante el primer gobierno de Perón, las apariencias se defendían con un celo que ahora se ha convertido en negligencia. A nadie le importa el qué dirán, lo que tal vez sea saludable cuando se trata de la vida privada, pero no cuando está en juego el patrimonio público. En la conducta del presidente Menem hay un estilo distendido que sus funcionarios menos inteligentes suelen imitar hasta la adulación. Lo peor es que ese estilo empieza a impregnar el país entero. La Argentina vive como en sordina, sin mirar hacia adelante ni hacia atrás, con una euforia ciega por los triunfos del presente, si es que hay otros triunfos aparte de la estabilidad y de la alucinada venta de las empresas estatales.

En los tiempos del primer peronismo, la Argentina se enorgullecía de su precaria industria "flor de ceibo", de la equidad en el reparto de las riquezas y de una cierta noción de soberanía, que a Borges solía indignarlo, porque se degradaba en nacionalismo. La modernidad no se concebía sin esos valores.

Los "cabecitas negras" y los "grasas" de las orillas inspiraban a la gente "bien pensante" de aquellos años el mismo terror por lo desconocido –o lo bárbaro– que un siglo antes habían sentido los unitarios ante los mazorqueros de Rosas o, más tarde, los "galeritas" conservadores ante "la chusma" radical de Hipólito Yrigoyen. Uno de los escándalos de 1946 era ver a los obreros recién convertidos en diputados presentarse a las veladas del Teatro Colón con los fracs que alquilaban en Casa Martínez. La clase ilustrada y la burguesía dominante eran entonces una sola cosa. Ahora es al revés: la moda es ufanarse de ser inculto e ir al Colón con media joyería Ricciardi en los dedos y en el escote. Ya no se trata de ocultar los bienes o los males habidos sino de que todo el mundo los vea, y los envidie. La frase que flota en el aire pareciera ser: "¿Argentina?, las pelotas".

Ya que el Presidente va a ser reelegido (lo que parece a estas alturas un designio inevitable), acaso debiera aprovechar su próximo período para restituir al país la ética que ahora yace en pedazos, mordiendo el polvo, transfigurada en chabacanería y cholulismo. Atenuar la injusticia social está quizá fuera de su alcance, porque no le alcanzará el tiempo para restañar tanto daño, o porque el daño es ya irremediable. Pero los restos finales de decencia, que ahora están en peligro, no tendrían por qué perderse. No hay quien quiera comprar esa decencia, es imposible privatizarla y la única que tiene interés en ella es la Argentina que viene. La reelección no es el único problema del futuro. Hay, también, otras cosas. ¿O ya no nos ha quedado ninguna?

NECROFILIAS ARGENTINAS

1996

Desde los orígenes mismos de la Argentina, la necrofilia fue casi un signo de identidad, una pasión en voz baja que aparecía en todos los insterticios de la historia. Durante la última década, sin embargo, esa pasión se ha vuelto abrumadora y estridente. Las tumbas sin sosiego se multiplican. ¿Es posible pensar, quizá, que la cultura menemista ha resucitado esos atavismos nacionales y que, al apropiárselos, los ha expandido? Ciertos hechos inducen a suponer que es así.

Al comienzo de este decenio, los cadáveres empezaron a ser usados como armas políticas. Eso significaba ya una transformación de la necrofilia tradicional. Ahora, otro episodio añade al cuadro un matiz doméstico: es el que se inició el 12 de julio, con la exhumación del cuerpo de Carlos Menem junior, y que tal vez culmine esta semana, con la difusión de los resultados de la autopsia. Examinar los antecedentes de toda esta historia es asomarse a un relato que no es ya un síntoma sino una extraña enfermedad política.

¿Cuál fue el principio de todo? En la Argentina, nunca es fácil conocer los principios. Uno podría remontarse a las ceremonias necrofílicas de Pedro de Mendoza después de la primera fundación de Buenos Aires. O a la célebre peregrinación del ejército en ruinas de Juan Lavalle con los despojos del jefe muerto, a través de socavones y lechos de ríos secos, en la quebrada de Humahuaca. Podrían evocarse los grandes entierros argentinos, que han sido siempre tumultuosos y, a decir verdad, algo impúdicos. En 1838, cientos de mujeres se desmayaron ante la carroza fúnebre de Encarnación Ezcurra, la esposa de Juan Manuel de Rosas. La voracidad de las multitudes por acercarse a los féretros y por tocarlos deparó también algunas víctimas en los entierros de Hipólito Yrigoyen, de Gardel (1935) y de Ringo Bonavena (1976). Pero el extremo de la necrofilia nacional se alcanzó al morir Evita, en 1952, cuando más de setecientos mil dolientes aguardaron durante días enteros bajo la lluvia helada de Buenos Aires, para besar a la difunta por última vez.

¿Cómo no acordarse de las manos de Juan Perón, robadas de su tumba en la Chacarita el 1° de julio de 1987, sin que nunca se supiera cuál fue la razón? ¿O del corazón de fray Mamerto Esquiú, robado de la catedral de Catamarca en octubre de 1990, y que reapareció intacto a los pocos días, cuando el obispo estaba por pagar un rescate?

Lo de Zulema, sin embargo, es aún más patético, porque parece una variante trastornada del drama de Antígona. Poco después de la muerte del hijo, Zulema –recuérdese– insinuó la hipótesis de un asesinato: "A Carlitos", dijo, "lo mató la mafia enquistada en el poder". Luego supuso que el cadáver enterrado en el cementerio islámico de San Justo no era el verdadero. Ciertos episodios alentaban sus sospechas: el cuerpo había quedado a solas un cuarto de hora durante el velatorio, en la residencia de Olivos, mientras trabajaba un equipo de limpieza, y el ataúd de caoba original mostraba, meses después, algunas fracturas.

En la Argentina se prestó poca atención a esas protestas, quizá porque los nervios de Zulema –inestables, quebrados por las tempestades de su matrimonio– se le descontrolaron por completo después de la muerte del hijo. Un juez aceptó al fin sus reclamos. El cadáver fue exhumado un viernes a las cuatro de la madrugada y desplazado hasta la morgue judicial de la calle Viamonte, donde la autopsia tardó cinco horas. "Ahora sé, por fin, que se trata de mi hijo", admitió Zulema cuando le confirmaron la identificación. "Ahora voy a rezar tranquila ante su tumba."

La tumba, sin embargo, ya no es la misma. Recelosa hasta de su sombra, la ex primera dama retiró el cuerpo del panteón de su propia familia y lo trasladó a una bóveda nueva, a resguardo de secuestros y mudanzas que "podrían", como ella dijo, "ser decididos desde arriba". Después de tantos infortunios, imaginarios o reales, los despojos al fin le pertenecen por completo. Es un pobre consuelo, pero es mejor que el vacío, la nada y el silencio que siguen atormentando a Otras Madres.

Quién sabe si éste es el fin. El cortejo nacional con la necrofilia –cuyo último avatar es la historia de Zulema– no cede: parece el contrapunto perfecto de la frivolidad y del desinterés por el destino ajeno que definen la cultura menemista. El minué funerario del gobierno se inició en octubre de 1989, cuando el plan económico urdido desde Bunge & Born parecía a punto de naufragar. El Presidente ordenó entonces que se repatriaran las cenizas de Juan Manuel de Rosas, quien yacía exiliado desde 1877 en el cementerio de Southampton. "Es el primer paso hacia la reconciliación nacional con el pasado", dijo entonces. No se trataba del pasado sino, más bien, de las sombras del presente.

Entre noviembre y diciembre de 1989, el Congreso y algunos municipios peronistas, afanosos por imitar a Menem, fueron inundados de proyectos para trasladar tumbas de próceres y caudillos de una ciudad a otra. Ricardo López Jordán fue llevado a Paraná; Vicente López y Planes a la ciudad de Vicente López. Ciertos viajes póstumos quedaron providencialmente frustrados a última hora, como el de Sarmiento a San Juan, el del maestro William Morris al pueblo de William Morris y el del filósofo Alejandro Korn a la previsible estación ferroviaria de Alejandro Korn, cerca de La Plata.

Uno de esos éxodos desdichados fue el de Juan Bautista Alberdi, cuyo féretro peregrinó desde la Recoleta hasta Tucumán el 4 de setiembre de 1991, en vísperas de una reñida elección para gobernador en la que competían Palito Ortega y Domingo Bussi. Aquél era aventajado en las encuestas por seis o siete puntos. El emotivo discurso federalista del presidente Menem y la exhibición del ataúd ante una multitud, en la plaza principal, ayudaron a invertir el resultado. Quien pagó el precio de la disputa no fue sin embargo Bussi –elegido de todos modos cuatro años después– sino los despojos de Alberdi, turbados con frecuencia por la tremolina de los bombos y el resoplido de los caballos policiales cada vez que hay sentadas o marchas de protesta.

¿Cuál puede ser el sentido de tanta pasión hipnótica por la muerte? "Toda manifestación de necrofilia es una señal de autodestrucción", me dijo un psicoanalista la semana pasada. "En esas pulsiones de muerte que van y vienen por la historia argentina como un estribillo, puede leerse la voluntad de no ser: no ser persona, no ser país, no abandonarse a la felicidad." La cruel respuesta resulta, sin embargo, extraña cuando se aplica a la cultura menemista, una de cuyas claves es el pregón perpetuo de felicidad.

Hay que pensar entonces en otra cosa. Ya no somos como fuimos ni tenemos muchas esperanzas de ser algún día lo que pensábamos ser. La grandeza se nos fue escurriendo implacablemente de las manos en las últimas décadas. Las necrofilias de ahora tal vez sean, entonces, tan solo un juego de ilusiones y apariencias, en el que, por no saber lo que somos ni lo que tenemos, nos aferramos a los despojos de lo que ya fue.

LAS TUMBAS SIN SOSIEGO

1996

A fines de 1990, la fiebre de exhumar cadáveres ilustres y mudarlos a tumbas nuevas desveló a legisladores y necrófilos argentinos. Esa pasión, que parecía apaciguada, renace ahora con la idea –alentada por el gobierno de la provincia de Corrientes– de trasladar los despojos del libertador José de San Martín desde el santuario donde yacen, en la catedral de Buenos Aires, hasta la casa natal de Yapeyú. También las urnas de los padres de San Martín serían desplazadas desde el cementerio de la Recoleta hasta el mismo sitio.

La pasión argentina por la mudanza de cadáveres tiene una larga historia y ha suscitado infinitas conjeturas. Añadir algunas más es el propósito de esta nota. Hace medio siglo, los maestros de las escuelas primarias daban frecuentes clases especiales –por obligación o no– sobre las últimas palabras de los héroes. Uno de las referencias favoritas era el creador de la bandera, Manuel Belgrano, quien exhaló al morir este lamento: "¡Ay patria mía!". Con frecuencia reconstruían también las horas finales de un joven revolucionario jacobino –Mariano Moreno–, que se ingenió para gritar en alta mar, antes de que lo fulminara un síncope: "¡Viva mi patria aunque yo perezca!". De San Martín nada se sabía. Algu-

137

nos maestros le atribuían la queja final de Goethe –"¡Luz, más luz!"–, pero decían que era "una leyenda".

En esa época –como ahora– los próceres eran conmemorados el día de sus muertes, no de sus nacimientos. Una de las lecturas obligatorias de sexto grado era el poema "Avellaneda", de Esteban Echeverría, que refiere con detalles macabros el asesinato del jefe de la conjura de la Liga del Norte contra la tiranía de Rosas.

El inventario necrofílico de la Argentina se enriquece a partir de ese poema. En 1840, Juan Lavalle, jefe de la oposición militar a Rosas, fue abatido por un balazo casual en la ciudad de Jujuy. Sus hombres quisieron preservar el cadáver de la inquina de los enemigos, que lo buscaban para degollarlo póstumamente. Condujeron el cuerpo a través de socavones y lechos de ríos muertos, con la esperanza de llegar a Potosí, en el Alto Perú. Era verano. Cuanto más avanzaban, más intolerable se les tornaba la compañía de aquel general marchito, en cuyo cuerpo la muerte hacía estragos. Resolvieron entonces detenerse a orillas de un arroyo, y descarnar los despojos. Uno de los cincuenta y siete oficiales del cortejo saludó al esqueleto con esta frase inolvidable: "¡Al fin lo vemos sonreír, mi general, después de tanto llanto!".

En 1952, cuando el velatorio de Evita Perón convocó a setecientos mil dolientes que aguardaron durante días enteros bajo la lluvia helada de Buenos Aires, con la esperanza de acercarse al cadáver y tocarlo, las agencias internacionales de noticias supusieron que esa pasión por un cuerpo muerto era un hecho nuevo en la Argentina. Ya había sucedido de manera casi idéntica en 1838, durante las fastuosas exequias de Encarnación Ezcurra, la esposa de Juan Manuel de Rosas. Se repitió en 1933, cuando decenas de personas sucumbieron, aplastadas por el entusiasmo de la muchedumbre, en el entierro del ex presidente Hipólito Yrigoyen. Y también en 1936, cuando llegaron desde Colombia los restos de Carlos Gardel. Los duelos caudalosos volvieron a ocurrir en 1974 y 1975, cuando la Triple A de José López Rega acabó a balazos con prominentes opositores al gobierno. Al propio López Rega se debió el proyecto de reconciliar a los muertos enemigos en un faraónico "Altar de la Patria", que instalaría en tumbas contiguas a Rosas y Lavalle, a Facundo Quiroga y Sarmiento.

Por azar o por deliberación, el gobierno del presidente Carlos Menem ha estimulado la moda funeraria. En octubre de 1989, cuando su plan económico parecía a punto de naufragar, ordenó que se repatriaran las cenizas de Juan Manuel de Rosas, quien yacía exiliado desde 1877 en una tumba de mármol rosa del cementerio de Southampton. Una semana después, el Congreso y los municipios argentinos, afanosos por imitar a Menem, fueron inundados de proyectos para trasladar tumbas de personajes diversos de una ciudad a otra: Sarmiento, Alberdi, Vicente López, Leopoldo Lugones, Jorge Luis Borges, Lola Mora y el ex presidente Héctor J. Cámpora figuraron en las listas de posibles movilizados. Algunos padecieron la travesía. Otros fueron salvados de la errancia y se quedaron en sus tumbas de siempre.

La necrofilia florece –como las guerras– en los momentos de crisis nacional o de dudas sobre el futuro. Permite invocar las grandezas del pasado y, aunque sólo sea por algunas semanas, resucitar sus espejismos. Desplazar las cenizas de San Martín era una idea que nadie había osado tener hasta ahora. Primero, porque su testamento es inequívoco sobre ese punto: "Prohíbo que se me haga ningún género de funeral; y desde el lugar en que falleciere se me conducirá directamente al cementerio sin ningún acompañamiento; pero sí desearía que mi corazón fuese depositado en el de Buenos Aires". Y luego, porque el lugar donde yace –la catedral de Buenos Aires– lo preserva de pasiones partidistas o de celos regionales.

Que la pequeña aldea de Yapeyú quiera rescatar los despojos del héroe que sólo vivió allí sus tres primeros años –sin regresar nunca–, es digno de comprensión. Habría que preguntarse, sin embargo, por qué la idea se enarbola justo ahora, y con qué fines. Demasiados símbolos, demasiados orgullos han sido llevados de un lado a otro o traficados en la Argentina durante las últimas décadas como para imponer también a los despojos del Libertador un destino de nómade.

Un país que no sabe qué hacer con su pasado corre el peligro de no saber qué hacer con su porvenir.

EL PRÓXIMO TREN SE HA IDO

Julio, 1992

Durante los años de exilio en Venezuela, yo soñaba todas las noches con el tren. La pesadumbre del tren perdido apagaba en mí las otras imaginaciones, y la Argentina inalcanzable de los sueños era la felicidad de una vía férrea que atravesaba el vacío entre mares de polvo, cotorras, piedras de mica que se vendían en bandejas de mimbre y hombres ansiosos que miraban irse al tren como si se les fuera la vida.

Venezuela era un país sin trenes y no sabía cómo disculparse de esa desgracia. Acorralada por montañas, llanos bajos que se inundan en la estación de las lluvias y selvas donde la vegetación tronchada por las tardes renace a toda velocidad en el descuido de las noches, la naturaleza venezolana es inclemente con los ferrocarriles: antes de nacer, desaparecen. Para remediar la pérdida, un tren de dos vagones recorría ocho kilómetros, los sábados y domingos, en un paraje que se llama El Encanto. Yo solía hacer de vez en cuando esos viajes a ninguna parte sólo para que mi cuerpo sintiera el estremecimiento de las ruedas, el vaivén de las maderas y el movimiento del paisaje en las ventanillas. Pero mis sueños de la noche seguían asediándome, porque los amores de mentira nunca borran el amor verdadero.

Hace menos de una semana, los trenes de larga distancia estaban condenados a muerte en la Argentina. Un perdón de última hora postergó la sentencia, pero el próximo tren ya se ha marchado años atrás y no hay cómo hacerlo volver. En otros países, los trenes son una señal de renacimiento y de abundancia. Aquí, vaya a saber por qué, llevan cuatro décadas dando pérdidas. La línea rápida que desde 1960 cubre en dos horas los quinientos kilómetros que hay entre Tokio y Osaka transfiguró el viejo paisaje de arrozales en un sistema linfático de aldeas industriales. El tren bala que va de París a Lyon es el símbolo de la prosperidad francesa. En los Estados Unidos, los pasajeros que van de Nueva York a Washington o viceversa prefieren viajar en la línea Metroliner que hace la travesía en tres horas y no en el avión que tarda cuarenta minutos, porque los follajes y ríos del camino son lo único que los fortalece contra el sobresalto de las ciudades.

En los desiertos argentinos de fines del siglo XIX, a la orilla del polvo, los pueblos crecían al paso del tren como súbitos oasis. A veces los alcanzaba el viento de la prosperidad y los caseríos se iban abriendo en abanico a los dos lados de la vía. Al caer la tarde, las muchachas caminaban por los andenes en busca de novios, y los forasteros se quedaban en los hoteles de las estaciones para concertar sus negocios. En el tren llegaban los diarios, las telas de última moda, los abalorios de un mundo que sólo aparecía en el teatro y, después, en el cine. El tren era la aventura, la última sombra del conocimiento, la certeza de que el mundo estaba moviéndose al otro lado del horizonte.

Las carreteras y los ómnibus no han compensado esas pérdidas. Ninguna ciudad ha nacido a la vera de una línea de ómnibus, porque el ómnibus sólo se posa sobre lo que ya está, no sobre lo que se presiente. La carretera es el reino de lo nómade; el ferrocarril, en cambio, es de naturaleza sedentaria. Aunque los trenes no se detengan, siempre van dejando algo en los lugares por donde pasan.

En un rincón de las sierras de Córdoba vislumbré, la semana pasada, la imagen de lo que llegará a ser la Argentina sin trenes. A la entrada de San Esteban, un pueblo de casas con galerías celestes y calles con nombres de poetas, la estación abandonada languidecía entre las malezas. Vi la herrumbre sobre las filigranas de la boletería, el musgo sobre los bancos de la sala de espera, los hilos de humedad cayendo sobre el andén vacío. Los cinco mil habitantes de hace una década se han reducido a ochocientos. Sólo quedan mujeres uncidas a un telar que les da de comer a duras penas y unos pocos chicos que, al salir de la escuela, se sientan en las veredas a ver cómo pasa el sol.

La primera vez que viajé en tren fue al final de la infancia, desde Tucumán hasta Santa Fe. Hubo, antes, algunas travesías cortas en algo que se llamaba *coche motor*, pero ésas no se cuentan. Íbamos de campamento, en segunda clase, durmiendo bajo los asientos de palo, con pañuelos húmedos sobre la cara para salvarnos del polvo implacable, pero cada vez que el tren se detenía en una estación, aun en medio de la noche, y el guarda anunciaba el nombre del lugar entre tañidos de campana y fogonazos de querosén, los viajeros nos asomábamos a las ventanillas para desentrañar la vida que respiraba en la oscuridad, más allá de los grandes troncos tumbados junto a la vía y de los tanques de agua que alimentaban la caldera. Cada nombre nos hacía imaginar una historia de cabalgatas, partos a medianoche, lechuzas agoreras, crímenes en los cementerios. Nunca he vuelto a pasar por Selva o San Cristóbal, por Soledad o Laguna Paiva, pero las imágenes de aquellas ciudades del amanecer se mantuvieron en mí tan vivas que, cuando soñaba en Venezuela con los trenes, mi melancolía seguía pasando por esos parajes interminablemente.

Después, en la adolescencia, a bordo de *La Estrella del Norte* o de *El Tucumano*, en los vagones pullman o en las literas de los camarotes, aprendí todo lo que sé sobre reumatismos, piedras en la vesícula, loros, langostas, campesinos que abandonan a la familia sin una palabra de advertencia ni de queja, embarazos a los doce años, llantos por amores que no regresan. Fueron tan poderosos esos recuerdos que los reuní a todos en una novela que empecé a escribir en Caracas y que sólo publiqué en 1991. *La mano del amo* es, al fin de cuentas, sólo la historia de un viaje en tren.

En los aviones, la gente prefiere sumirse en la hojarasca de las revistas o en las películas insulsas que las azafatas ponen para que nadie pueda moverse. Los trenes, en cambio, son confesonarios ambulantes donde la relación entre las personas parece, por un instante, eterna.

Cuando volví del exilio, lo primero que hice fue subir a un tren suburbano. Ya no eran los de antes, ni el país tampoco. Pasaban a cualquier hora y los pasajeros empezaban a mirarse con desconfianza. Huellas de la dictadura, me dije. Pero no era sólo eso. Era, también, pérdida de la fe: en el tren y en la gente. Era como si la Argentina estuviera de vuelta cuando, en verdad, ni siquiera estábamos de ida.

El último tren que he vivido no me sucedió a mí, sin embargo, sino a Juan Ignacio Cantero, el personaje de una historia que escribí hace dos años para la revista *The Atlantic* de Boston. Juan Ignacio vivía con Santa Isabel y con sus dos hijos en un asentamiento de Claypole y trabajaba como albañil en Berazategui. Salía a las cuatro y media de la mañana para llegar a las seis y casi nunca le alcanzaba la plata para el boleto. "Los pobres siempre perdemos el tren", decía, sin darse cuenta de la metáfora. La víspera de Navidad de 1990, un inspector sorprendió a Juan Ignacio sin pasaje ni plata para la multa y lo obligó a dejar el reloj como prenda en la estación de Avellaneda.

Santa contó la segunda parte de la historia con tanta vivacidad que los de *The Atlantic* se negaron a creerla. Hubo que enviarles la grabación de la entrevista y organizarles un contacto telefónico con Juan Ignacio para que al fin aceptaran que, en la Argentina, lo inverosímil suele ser lo verdadero. Decía Santa: "Al otro día que nos quedamos sin reloj empezó el drama. No sabíamos la hora. Juan Ignacio se despertó a eso de las dos y dijo: Ya es tarde, Santa Isabel. Tengo que salir. Yo vi que las estrellas aún estaban alborotadas en el centro del cielo y lo retuve: Todavía no, le dije. Apenas son las tres. Juan Ignacio se vistió, fue hasta la parada del colectivo, encontró a un hombre y le preguntó la hora. Al rato regresó y se acostó de nuevo: Son apenas las dos de la mañana, me dijo. Pero ya no pudimos dormir. A las tres volvió a levantarse y caminó hasta la parada. Así anduvimos a lo largo de la noche, y también el otro día, y el otro. Lo peor no es eso. Lo peor es que llegamos al trabajo sin saber si el trabajo sigue donde lo dejamos. Todo desaparece. Cerramos los ojos y cuando los abrimos las cosas ya no están ahí".

Juan Ignacio y Santa pensaban pasar las fiestas de fin de año en Santiago del Estero, junto a los tíos y primos que desde hace ya tiempo les regalan los pasajes. Esta vez podrán contar con el boleto de ida, pero cuando quieran usar el de regreso, el próximo tren se habrá ido para siempre.

PRIMAVERA DEL 55

1994

La memoria es arbitraria y ciertos recuerdos suelen desencadenarse porque sí. Una vez que se han instalado en la imaginación ya no quieren moverse y el único modo de librarse de ellos es contándolos. Casi toda escritura nace del tormento de algún recuerdo.

1955, el año en que me tocó servir como colimba, fue uno de los más caudalosos en golpes militares y acuartelamientos. Hubo dos revueltas contra Perón y un derrocamiento palaciego, el de Lonardi. Los cincuenta soldados de mi batallón pasábamos casi todo el tiempo encerrados en el Comando de la V Región Militar, donde había sólo veinte catres. Dormíamos en el suelo de las oficinas.

Setiembre fue el peor mes. Durante dos días nos ordenaron defender a Perón y al tercero nos pasaron al bando rebelde. No disparamos ni un solo tiro pero regresamos como héroes. Había olvidado esas historias, pero todo vuelve. Lo que hemos vivido nunca termina de apagarse.

El gobierno de Perón se caía a pedazos desde junio, herido por la quema de la bandera, los incendios de las iglesias y la excomunión del Vaticano. La aviación rebelde había matado a doscientas personas en un bombardeo a la Plaza de Mayo, pero era a Perón a quien se le echaba la culpa de todos los males. El 16 de setiembre, por fin, le dieron el golpe de gracia.

Esa noche nos ordenaron subir a un camión y partir con rumbo incierto. Éramos treinta soldados, cinco suboficiales, y llevábamos la consigna de defender al gobierno. Al caer la tarde llegamos a Graneros, en la frontera sur de Tucumán. El teniente que estaba al mando nos hizo bajar junto a los cañaverales y ordenó que comiéramos unas galletas. Antes de seguir viaje, uno de los sargentos gritó "Viva Perón", y el teniente repitió "Viva", pero en voz baja.

A la mayoría de los colimbas nos habían sacado de la universidad. Ninguno era peronista, salvo el zapatero Ruiz. En el cuartel le habían enseñado a leer y a coser zapatos. Los oficiales le mostraban revistas europeas y él copiaba los modelos, reforzando las punteras y los tacos para que durasen más. Ruiz los calzaba a todos.

Esa noche, el 17 de setiembre, unos sordos paredones de viento nos advirtieron que estábamos en Córdoba. Acampamos a las puertas de las salinas y, apenas amaneció, salimos a la caza de enemigos. A veces creíamos avistar patrullas que merodeaban por la blancura y nos lanzábamos cuerpo a tierra, al amparo de los camiones militares, acechando sus movimientos. El aire era blanco, quemado por unos puntos blancos que iban y venían como mariposas, y en el horizonte sólo había un resplandor liso y afilado. Tal vez pasaran por allí los enemigos, pero nadie quería acercarse a nadie en aquel infierno sin orillas.

A la noche siguiente, el teniente que nos guiaba oyó unas informaciones por radio e informó que el batallón completo se pasaba, desde ese momento, al bando rebelde. Nos hizo subir al camión y emprender el regreso. Antes de que amaneciera nos detuvimos en un bosquecito de mistoles y jarillas espinosas donde nos desgarramos los uniformes. Allí supimos que Perón había caído y que andaba fugitivo. Nos dijeron que en las calles de Tucumán la gente daba gracias a Dios caminando de rodillas.

Debió de ser así, porque nos recibieron con lluvias de flores y ramitas de laurel. Sobre el río Salí, en el puente que separa la ciudad de los ingenios aledaños, habían desplegado un gran letrero en el que se leía: "Bienvenidos/ Gloria al ejército vencedor".

Sobrevinieron dos o tres días de jolgorio y la disciplina se relajó. Aunque no hubiera razones, yo sentía desazón y tristeza. Ante la puerta del Comando pasaban autos descapotados arrastrando bustos de Perón y Evita y las radios difundían a todo volumen la marcha de San Lorenzo y las voces de algunos locutores de Córdoba. Sin embargo, también vi a gente que lloraba en las paradas de los ómnibus suburbanos. Desde los techos donde montábamos guardia, descubrí a un par de albañiles mientras recogían de la vereda los pedazos destruidos de un busto de Evita y los escondían en una bolsa de arpillera. Por las noches, en la cuadra, oí cómo el zapatero Ruiz suspiraba conteniendo el sollozo. Yo no entendía muy bien por qué mi familia odiaba a Perón ni por qué otros lo querían tanto. Lo único que entendía era que el golpe militar de setiembre había dado felicidad pero también desdicha, y que por mí no pasaba ninguno de esos sentimientos. Yo sólo tenía tristeza, y la sensación de estar en ninguna parte.

Una semana después de la caída de Perón, cuando pensábamos que ya todo había terminado, nos ordenaron formar fila en el patio con uniforme de fajina. Los oficiales que nos mandaban eran casi todos nuevos. Algunos de ellos se habían retirado del ejército durante los años del peronismo, pero el nuevo gobierno estaba reincorporándolos y ascendiéndolos de grado. Uno de los nuevos –creo que un teniente coronel de apellido Rauch– ordenó que sacáramos del arsenal el armamento pesado y que nos preparásemos para un enfrentamiento. A mí me habían entrenado como artillero de una ametralladora de agua, que tosía cien municiones por minuto, pero nunca la habíamos echado a andar. Cuando supe que debíamos reprimir una manifestación de dos mil obreros que avanzaban desde los ingenios hacia Tucumán, cantando la marcha peronista, sentí miedo. El odio de unos contra otros era tanto que esta vez –me dije– sólo podía terminar en muerte.

Salimos a eso de las dos. Un sol húmedo y vigoroso nos hundía en el cuerpo las municiones y los arneses. Cada uno de los soldados debía de llevar encima treinta o cuarenta kilos. Estábamos a las órdenes del capitán de aeronáutica que nos había entrenado meses atrás en un campo de deportes y al que luego perdimos de vista. Se rumoreaba que lo habían tenido bajo arresto por conspirar contra Perón. Ahora estaba de vuelta. Era un hombre ceñudo, retacón, que nunca se reía. A veces, cuando teníamos algún examen en la universidad, nos mandaba a la enfermería para que pudiéramos estudiar. Ni se nos ocurría darle las gracias.

A las dos y media nos apostamos en un extremo del puente, de espaldas a la ciudad, y pusimos vallas en toda la estructura. El río se veía escuálido como siempre, y los ranchos de las orillas parecían vacíos. Yo apronté mi ametralladora de agua y, al lado, otros artilleros hicieron lo mismo. Detrás, de pie, dos filas de infantes cargaban sus máuseres. Si los manifestantes franqueaban las vallas, teníamos orden de disparar. "¿Matarlos?", preguntó el zapatero Ruiz. "Esa es la orden", respondió el capitán. "Si cruzan las vallas, tenemos que matarlos."

El sol subió, entre vahos de humos anaranjados, y el turbio olor de la melaza cayó sobre la tarde. Pasamos media hora en silencio. Las moscas zumbaban y se posaban sobre las armas. De pronto, los vimos venir. Los dos mil hombres aparecieron en la otra punta del puente con sus overoles de trabajo y sus alpargatas raídas. Llevaban machetes, palos, lanzas con cuchillos en la punta y, de a ratos, los alzaban en son de amenaza. Cantaban la marcha peronista, como nos habían dicho, pero al entrar en el puente algunos se pusieron a gritar "¡La vida por Perón!".

El capitán ordenó que preparáramos las armas.

Los manifestantes avanzaron a paso rápido por el puente y antes de que pudiéramos darnos cuenta dejaron atrás las primeras vallas. "¡Soldados, listos!", gritó el capitán. En ese momento supe que no sólo yo sino ninguno de nosotros dispararía. Preferíamos ser fusilados antes que convertirnos en ejecutores de una matanza. Yo apunté mi ametralladora de agua hacia el cielo y los demás soldados hicieron lo mismo con sus armas. El capitán nos miró de reojo y tal vez comprendió, pero no hizo ningún gesto. "Apunten", dijo, y por la mira vimos las nubes pálidas de arriba y las bandadas de pájaros.

Cuando llegaron a la mitad del puente, los manifestantes se abrieron en abanico. Los hombres se situaron en la retaguardia y pusieron delante a las mujeres y a los niños. No dejaban de cantar y gritar. A medida que avanzaban, cantaban con más fuerza. Dentro de poco los tendríamos encima.

El capitán vaciló un instante. Luego subió a un jeep, enarboló su pañuelo blanco y fue al encuentro de la muchedumbre. Lo vimos bajar, hablar con algunos de los obreros y señalar hacia nosotros. No sé qué les diría. Sólo recuerdo que al cabo de un rato la gente guardó los machetes y, dando media vuelta, empezó a desandar su camino. Una de las mujeres alzó los brazos y, volviéndose hacia nosotros, hizo la V de la victoria. El zapatero Ruiz también alzó las manos, con los dedos abiertos.

Nunca volví a saber del capitán ni de Ruiz. Después del gobierno de Onganía echaron abajo el Comando y lo convirtieron en una playa de estacionamiento. He pasado muchas veces por esa calle y he vuelto a cruzar el puente sin sentir ningún recuerdo. Pero la historia siempre ha estado allí, esperando que alguien la contara. Estas líneas son el eco de ese llamado remoto.

LOS RECUERDOS IMPOSIBLES

1997

Cada vez que me preguntan qué cosas del pasado recuerdo con más intensidad, contesto con una involuntaria paradoja: "Lo que más recuerdo es lo que no he visto". Es la verdad: recuerdo lo que no he tenido, veo lo que no sé. Y lo que más extraño (que es otra manera de nombrar lo que más recuerdo) son, casi siempre, experiencias colectivas en las que no estuve y que siguen conmoviendo todavía la imaginación de la gente.

Son casi todas fiestas o tragedias de multitudes: la entrada de Emiliano Zapata y sus campesinos en la ciudad de México, el entierro del cantor de tangos Carlos Gardel en 1935, el de Evita Perón en 1952, las revueltas que sucedieron al asesinato de Jorge Eliecer Gaitán en Bogotá, la irrupción del Che Guevara y de Fidel Castro en La Habana el primer día de 1959. Sobre esas historias escribo. Nada se recuerda tan hondamente como lo que no se pudo vivir.

Por azar cayeron en mis manos algunos archivos de 1934/35, cuando el mundo era otro. La voz humana, que hasta entonces sólo se podía conservar en unos cilindros rígidos, empezaba a ser grabada en cintas flexibles que cabían en el bolsillo. En Canadá nacieron las quintillizas Dionne, que pesaban menos de un kilo y que sobrevivieron a la infancia pero no a las desdichas de la celebridad. Las tenistas profesionales, que ese año llevaban faldas cortas por primera vez, fueron protegidas del entusiasmo masculino en Wimbledon con un sistema de radios en miniatura. El legado pontificio Eugenio Pacelli –que sería Papa cinco años después– repartió seis mil hostias de dos centímetros de diámetro en la gran cruz que se alzaba frente al monumento de los españoles en el bosque de Palermo. Esas historias me sorprendieron, pero no sentí por ellas la menor añoranza.

Hay, sin embargo, un episodio que sucedió antes de que yo naciera y que me hubiera gustado recordar: el vuelo del dirigible *Graf Zeppelin* sobre las atónitas azoteas de Buenos Aires y de Rio de Janeiro. El relato de ese vuelo regresó fugazmente a los diarios en mayo de 1997, cuando se cumplieron sesenta años del incendio inexplicable del *Hindenburg* en la base de Lakehurst, New Jersey, y se acabó para siempre la ilusión de que el ser humano diera vueltas al mundo en vehículos más livianos que el aire.

Hace algún tiempo vi partes del *Graf Zeppelin* en el museo del Aire y el Espacio de Washington. Las literas de dos pisos copiaban las de los barcos alemanes, con altas ventanas que daban al cielo abierto. En el enorme comedor cabían unos cincuenta comensales, que debían sentarse a las mesas vestidos de gala. La distracción del largo viaje era caminar por los pasillos como por las veredas de una plaza, contemplando a un lado el horizonte de nubes e imaginando bajo los pies el vientre enorme del dirigible, compuesto por células metálicas infladas con helio, dentro de las cuales había miles de otras células llenas de hidrógeno.

Sesenta años atrás, viajar en *zeppelin* era el capricho supremo de los millonarios. Cada pasaje entre Recife y Friesdrischafen costaba mil dólares –el precio de un automóvil de lujo– y estaban todos reservados con por lo menos seis meses de anticipación. Al principio –antes de que hubiera vuelos regulares desde Rio–, los viajeros debían tomar el dirigible en Recife, al nordeste de Brasil.

La travesía del océano empezaba al amanecer y duraba unas setenta horas. Poco después de sobrevolar la isla Fernando de Noronha, el capitán de la nave entregaba a cada pasajero un certificado que celebraba el cruce del Ecuador. Rara vez se superaban los 215 metros de altura. El Atlántico parecía interminable, pero los altavoces anunciaban la inminencia de cada paisaje nuevo. Pasaban junto a la boca del volcán Pico da Coroa en las islas de Cabo Verde, sobre los minaretes de Mogador, Casablanca y Tánger, atravesaban Gibraltar y esperaban en Almería el tercer amanecer para contemplar de cerca las siluetas aéreas de Cartagena, Valencia y Barcelona, en España.

Aunque en las colas del dirigible se desplegaban las cruces svásticas del Tercer Reich, nadie renunciaba al viaje por eso. Los desmanes del nazismo eran aún "respetables esfuerzos patrióticos", y las deportaciones de judíos o las confiscaciones de bienes parecían tragedias pasajeras. Ahora parece inverosímil que se pensara así, pero cuando se leen los diarios argentinos y brasileños de aquellos tiempos se advierte con cuánta fuerza los vientos de la historia soplaban en la dirección equivocada.

El piloto de los dirigibles, Hugo Eckener –que detestaba a los nazis, dicho sea de paso–, era en 1934 una celebridad tan venerada como Einstein o Madame Curie. Cuando apareció en el cielo de Buenos Aires al timón del *Graf Zeppelin*, el domingo 30 de junio a las 8 de la mañana, suscitó un éxtasis que tardó semanas en aplacarse. Ese domingo, antes de que amaneciera, las azoteas y los balcones altos de la capital argentina hervían de curiosos. Centenares de automóviles quedaron atascados en Haedo, Caseros y Palomar sin poder llegar al polígono preparado para el descenso. Cuando el *zeppelin* voló sobre la cúpula del Congreso, miles de damas católicas, que salían de la Catedral, se arrodillaron en la Ave-

153

nida de Mayo y dieron gracias a Dios por haberles permitido ver ese signo del progreso.

Los expertos predecían que el *zeppelin* iba a ser insuperable en los viajes transatlánticos, por "su perfección técnica y su innegable seguridad". Tanto se confiaba en la nave que *La Nación* envió un año después a su mejor reportero, el joven novelista Manuel Mujica Lainez, para que observara en Friesdrischafen los últimos portentos que salían de los hangares del doctor Eckener. "No se crea que esta maravilla implica sacrificio alguno", se leía en una de sus crónicas entusiastas. "No hay ruido incómodo de motores ni almuerzos rápidos en los pequeños hoteles del Brasil ni escasez de higiene en el dirigible, donde cada kilogramo de peso tiene una importancia fundamental para el equilibrio de la aeronave. Nada de ello. Aquí se viaja tan holgadamente como en el más agradable de los transatlánticos."

Antes de tres años, sin embargo, esa felicidad se desvanecería entre llamas. El 6 de mayo de 1937, el *Hindenburg*, un dirigible mucho más grande que el *Graf Zeppelin,* explotó en Lakehurst, New Jersey, nadie sabe (ni aun ahora) por qué. Los hangares de Friesdischafen fueron desmantelados. Los sueños del pasado cayeron de un día para otro en el olvido. Eckener se exilió: acabó sus días en 1954 como jefe de máquinas de la fábrica Goodyear en Akron, Ohio.

Quizá porque he querido siempre recordar lo que no pude vivir, más de una vez me veo a mí mismo a bordo del *Graf Zeppelin,* regresando a un Buenos Aires en el que nunca estuve. El pasado no se mueve de su sitio, Gardel sigue cantando en el cine Real de la calle Esmeralda y las primeras cuadrillas de albañiles empiezan a demoler la calle Corrientes. La memoria es, al fin de cuentas, una cuestión de lenguaje. Así empezó el mundo, con el Verbo, y tal vez así termine.

3
Prensa y poder

DIÁLOGO DE SORDOS

1997

Los intelectuales argentinos y el poder político han vivido casi siempre dándose la espalda en este siglo que agoniza. A la inversa de lo que sucede en México o en Brasil, en Venezuela o en Colombia –donde los creadores mantienen un diálogo continuo con el poder sin arriesgar su independencia–, acá la atmósfera ha estado saturada durante décadas por una ciega desconfianza. El poder desconfía de la libertad y del desenfado para pensar e informar que es la razón de ser de los intelectuales, y los intelectuales desconfían de las exigencias autoritarias del poder, que rara vez consiente la crítica o la denuncia.

En México o en Colombia, los intelectuales se han sentado a la mesa de los presidentes, han servido como embajadores y han sido representantes ocasionales del Estado en festivales de cine, ferias del libro, bienales de artes plásticas. En la Argentina, aceptar una invitación oficial ha sido considerado con frecuencia como una genuflexión, un acto de blandura o una complicidad con el poder de turno.

El desencuentro nunca fue unánime. En todas las épocas hubo grupos de escritores –con representantes a veces no indignos– que se sumaban al partido del poder. En tiempos de Perón, la plana mayor de la literatura nacional, desde Borges

157

hasta Cortázar y desde Victoria Ocampo hasta Ezequiel Martínez Estrada, vivían en el ostracismo, el desdén y el silencio, pero Leopoldo Marechal –el autor de *Adán Buenosayres*– era peronista de alma y aceptó ser el dramaturgo oficial del régimen. Durante el interludio militar de Aramburu, tanto Eduardo Mallea como Borges se convirtieron en funcionarios del Estado, mientras Marechal pasaba a ser un réprobo.

En los años 70, las dictaduras militares sólo consintieron la monotonía del aplauso. O se las elogiaba o había que resignarse al silencio. La estrategia del poder con los intelectuales fue entonces la indiferencia, la ceguera, la sordera. Como los comandantes no leían, la escritura no los afectaba. Con el poder iletrado no hay diálogo: sólo obediencia y monosílabos.

Las relaciones se enredaron infinitamente más durante las democracias. Hubo fugaces lunas de miel entre los intelectuales y el poder político en los primeros meses del gobierno de Frondizi y en los dos primeros años de Alfonsín. Pero la desconfianza recomenzó cuando Frondizi cedió a las presiones militares y desconoció sus acuerdos con Perón para poder mantenerse en el poder, y también cuando Alfonsín, acosado por los golpistas de Semana Santa, forzó las leyes de Obediencia Debida y Punto Final. Menem fue menos afortunado: tuvo a pocos intelectuales de su lado. La amnistía, la ostentosa corrupción, la desocupación implacable y su propia arrogancia de gobernante –que le hizo ver a los creadores y a la prensa no como testigos neutrales sino como enemigos–, fue privándolo del apoyo intelectual a que le daba derecho su condición de presidente elegido en democracia.

Lo que Menem proclamaba en voz alta –intolerancia y hasta agresividad con sus críticos– no siempre era lo que hacían sus diplomáticos. Tanto la cancillería argentina como las embajadas del país en el exterior se empeñaron más de una vez en que diversas corrientes de pensamiento estuvieran representadas en las ferias del libro, festivales de cine y encuentros de intelectuales. Si no siempre lo consiguieron fue porque los creadores se negaban por razones de conciencia: no querían aparecer como cómplices de las acciones de un gobierno que, aun siendo democrático, a veces no actuaba como tal.

Si las relaciones entre los intelectuales argentinos y el poder fueron tan confusas es porque los gobiernos fueron también tradicionalmente confusos: entre 1930 y 1983 se identificó –con raros intervalos– al régimen político de turno con el Estado argentino, al oficialismo con la nación.

Un signo de ese autoritarismo larvado acaba de asomar durante la preparación de la feria internacional del libro en Guadalajara, México, que este año –la primera semana de diciembre– estará dedicada a la Argentina. El episodio me concierne de manera personal y quizá no sea inútil narrarlo.

A mediados de julio, la universidad de Guadalajara –con la que mantengo lazos desde hace casi una década y a una de cuyas autoridades más altas debo el relato de esta historia– propuso a la cancillería argentina mi asistencia a un encuentro de escritores, en diciembre. Aunque yo era un invitado de la universidad, en las reuniones preliminares se dio a conocer mi nombre y el de los demás concurrentes. Dos representantes de la cancillería argentina vetaron formalmente mi presencia, alegando que soy "persona no grata para el gobierno" y que "no pertenezco a la línea oficial de pensamiento", lo cual es, en teoría, un atributo de honor para cualquier intelectual.

El incidente tuvo una módica difusión en los diarios de México hace diez días, e inclusive uno de esos diarios lo citó maliciosamente, atribuyéndome declaraciones que no emití. Si el episodio tiene alguna importancia es sólo porque ilustra las censuras que este gobierno democrático suele impone a los escritores que disienten con él o, como se dijo, "no pertenecen a la línea oficial de pensamiento".

En todas las sociedades, la función del intelectual es navegar contra la corriente, cantar cuatro verdades y seguir siendo incorruptible e insumiso cuando a su alrededor todos callan, se someten y se corrompen. En la Argentina, donde las voces anduvieron confundidas durante tanto tiempo, los tiempos están cambiando y el país también. A veces el poder –o algunos ínfimos amanuenses del poder– no se dan cuenta: siguen sin moverse del pasado autoritario, cerrando puertas que nunca se abrieron o abriendo puertas que dan a ninguna parte.

LECCIONES DE SENSATEZ
1996

Cuando se restauraron las democracias en América latina, hace una década o poco más, la confianza de los electores en la clase política era casi absoluta. Los presidentes de
la república, los legisladores y los jefes de partido eran los
responsables de que se mantuviera vivo el fuego de la democracia. Y la democracia era entonces, todavía es, la razón de
ser de las naciones. Ahora, esa confianza se ha desvanecido.
La han malversado la desocupación, el desinterés por la educación y la salud, la corrupción abrumadora de funcionarios
que exhiben desvergonzados sus repentinas riquezas y el so-
metimiento de senadores y jueces a los caprichos u órdenes
de los Grandes Jefes del poder central. La pérdida de la confianza es más visible y caudalosa en países como Argentina
y Colombia que en otros donde, hasta hace poco, la salud de
la democracia pendía de un hilo, como Brasil y México. Pero en todas partes se está moviendo el piso, y nadie sabe hacia dónde.

Cada vez que la prensa descubre algún tejido de corrupciones o revela que un sector del poder –policías, agentes de
aduana, amigos íntimos de los presidentes– están envueltos
en las oscuridades de algún crimen sin resolver, los gobiernos señalan a la prensa como culpable del daño. Si no exis-

tiera la prensa no habría delito, insinúan. Aunque esa ecuación es notoriamente imbécil, fue defendida por algunos hombres de genio. El primer emperador de la China, Qin Shi Huangdi, ordenó hace dos mil doscientos años que se corrigieran o quemaran todos los libros para borrar los errores del pasado. Borges, que dedicó al emperador uno de sus textos más lúcidos, también creía –y así lo declaró en 1972– que si los diarios hubieran dejado de nombrar a Perón y a Evita, la gente se habría olvidado de ellos. La memoria, sobre todo la memoria no deseada, ha sido siempre el más temible adversario del presente.

Tras la pérdida de fe en los políticos y la desconfianza creciente en la ética de los gobernantes, la prensa de América latina se ha convertido en el guardián más confiable de las instituciones. El Programa de Estudios Latinoamericanos de la universidad de Rutgers, en New Jersey, organizó una conferencia sobre medios de comunicación, poder y ética a la que asistieron quince o dieciséis editores de diarios de todo el continente. Una de las innovaciones del encuentro fue la rotación de los participantes. Había cuatro mesas, dedicadas a estudiar las relaciones con el poder político, las presiones de grupos alternativos como el narcotráfico y la guerrilla, los conflictos morales dentro de la prensa y las nuevas estrategias en los modos de información. Todos pudieron hablar sobre todo, sin coincidir ni una sola vez, lo que disipó de entrada las monotonías que caracterizan este tipo de reuniones.

La conferencia, llamada "Diálogo de las Américas", empezó con dos discursos memorables que dibujaron el mapa actual de las desgracias latinoamericanas y terminó con un incidente que ilustra, como pocos, los malos entendidos entre el norte y el sur del continente.

Quien abrió el programa fue César Gaviria, secretario general de la Organización de Estados Americanos y ex presidente de Colombia. Fue él quien lanzó la más preocupada

162

voz de alarma por la pérdida de la fe en los políticos y quien advirtió sobre las erosiones a la democracia causadas por ese descrédito. "Con los niveles actuales de crecimiento económico y de corrupción e ineficiencia de los Estados", dijo, "es fácil darse cuenta que nunca podremos recuperarnos de nuestras crisis. La reforma económica es sólo un paso en la dirección correcta. Necesitamos dar otros tres: repensar el papel del Estado, estudiar la necesidad de una reforma política que restablezca la legitimidad de las instituciones y, aunque parezca un lugar común, devolver el poder a la gente".

El novelista mexicano Carlos Fuentes electrizó a las quinientas personas de la audiencia desplegando, de entrada, una frase feroz de James Reston: "Los Estados Unidos harán todo lo que haga falta por América latina excepto leer sobre ella". La condena del sur del continente a la desigualdad y a la incomprensión se condensa en esa frase de Reston y, a partir de ella, puede analizarse una larga lista de problemas. Los países latinoamericanos son increíblemente ricos en inteligencia pero la están dilapidando. Ya no hay educación ni oportunidades de supervivencia para los *meninos da rua* de Brasil ni los *gamines* de Bogotá. Las sociedades exigen reformas que los poderes obstruyen. Los salarios reales de la gente han retrocedido a niveles peores que los de 1960, pero el empobrecimiento se agrava por los índices crecientes de desempleo, desnutrición y mortalidad infantil. Los Estados Unidos sólo leen las noticias de esas miserias –terremotos, pobrezas, tráfico de drogas, revoluciones, deudas impagas– sin advertir que están afectándolos de manera directa, a través de las inagotables migraciones. La prensa ha comenzado a reflejar cómo el antiguo Tercer Mundo está infiltrándose en el primero, así como antes narraba las intromisiones del Primer Mundo en el tercero. El problema es ahora de todos, dijo Fuentes. "En la aldea global de este fin de siglo, el problema es de todos."

La conferencia se prolongó el jueves y el viernes poste-

163

riores a las elecciones presidenciales de los Estados Unidos y a ratos, en algunas mesas, los cálculos sobre los cambios en el ajedrez del poder fueron el tema dominante. Nadie se extrañó por eso cuando, al comenzar la tarde del viernes, el ex representante demócrata Robert Torricelli, recién electo senador por el estado de New Jersey, se dejó caer por el Centro de Estudiantes de Rutgers para saludar a los participantes del Diálogo.

Entró con sonrisa de triunfador y salió con ademanes airados. Al llegar a la mesa donde los últimos panelistas discutían sobre poder político y prensa, tres de los editores –dos de los cuales tienen una notoria militancia conservadora que los pone más allá de toda sospecha de castrismo– le preguntaron sobre la insistencia de los Estados Unidos en bloquear a Cuba. "¿No le parece –deslizó uno de ellos– que si se hubiera levantado el bloqueo la isla ya se habría democratizado hace muchos años?" El senador, incómodo, contestó con arrogancia: "Ya conocemos esa música. La repiten todos los días y todos los días desafina. Al paso que vamos, si se mantiene el bloqueo, Fidel Castro caerá el año que viene". Otro de los editores, el más conservador de todos, lo enfrentó entonces con un argumento inesperado: "¿Sabe, senador? Usted me recuerda al personaje de una tira cómica que vi hace tiempo en *The New York Times*. Un político estaba diciendo a sus votantes que Castro iba a caer el año que viene mientras, a sus espaldas, ocho presidentes repetían, desde sus retratos, la misma frase: Kennedy, Johnson, Nixon, Ford, Carter, Reagan, Bush, Clinton. Me parece que es usted y no yo el que está repitiendo una música gastada".

Los políticos han dejado hace ya tiempo de sorprender a la prensa. Pero en América latina, la prensa sigue dando todos los días lecciones de sensatez a los políticos.

PÁLIDAS ARGENTINAS

Junio, 1995

Pasé ocho meses lejos de Buenos Aires. La tarde en que volví, entré en una ferretería donde más de una vez hice colas de media hora al pie de un letrero chillón que ordenaba "Espere su número". Me sorprendió que esta vez no hubiera nadie. "Busco un par de enchufes triples", dije, con voz desconcertada. La dueña alzó su nariz sobre una escueto desfiladero de cajas y papeles y acudió presurosa al mostrador. Su marido bajó también de la escalera donde se había encaramado para enderezar una pirámide de latas y se desplazó hacia el anaquel de los enchufes. Uno de los cadetes, que ahora parecía oficiar como dependiente único, me preguntó si había echado una ojeada a la vidriera: "¿Vio los taladros eléctricos a ocho pesos?", me preguntó. "¿Vio las rebajas en los pinceles, las sierras, los escoplos, las tenazas?" El inventario siguió dos o tres minutos más, abrumador. Sentí que mi silencio lo ilusionaba y me arriesgué a interrumpirlo: "Sólo necesito los enchufes", dije.

La dueña me miró entonces con desánimo. "¿Se dio cuenta de lo que está pasando con los colectivos?", preguntó. Negué con la cabeza. No había notado nada salvo, tal vez, que andaban menos rápido. "Están vacíos", informó. "Son casi las seis y media de la tarde y pasan vacíos. No hay aglomeraciones en las esquinas, como antes, esperándolos. No hay trabajo. Ya nadie va a ninguna parte."

Supuse que esos dictámenes tenían que ver con la decadencia de la ferretería que, ocho meses antes, había sido próspera, imbatible. Imaginé que, como la mayoría de los argentinos, la dueña confundía su desdicha personal con toda la realidad. "La situación va a mejorar mañana o pasado", le dije. "El país acaba de reelegir al Presidente. Desde que tengo memoria, estos días de transición entre el gobierno viejo y el que viene son los mejores. La gente confía, tiene fe. Hasta en 1989 fue así. Estábamos en lo más negro de la hiperinflación y, sin embargo, todos sonreían." "Ahora no", porfió la dueña, mientras su marido ordenaba, silencioso, el ya ordenado anaquel de los enchufes. "Pregunte quién votó a Menem. Nadie acepta que lo votó. Nadie se quiere hacer responsable. Buenos Aires está triste, señor. Nunca se había visto tanta tristeza."

Exagera, pensé. Los habitantes de Buenos Aires son propensos a la queja, al desaliento, al mal humor. En el resto de América latina se les atribuye arrogancia y cierta ilusión de superioridad. Se creen –nos creemos–, dicen allá, con derecho a todo, y cualquier adversidad nos parece una injusticia. Esta vez, sin embargo, a la dueña de la ferretería no le faltaba razón. Sentí que en este invierno del 95 yo había llegado a un país distinto, con las alas quebradas, resignado al infortunio, a la desesperanza, a la derrota.

De un mes a otro, Buenos Aires cambia. Nunca es la misma ciudad. Hay sutiles mudanzas en las costumbres, en el lenguaje, en la moda y en los temas de conversación, que tienden a la uniformidad y suelen ser monótonos, obsesivos. Sin embargo, la vida de Buenos Aires tiene siempre una electricidad contagiosa, estimulante. Ahora no. Esa ciudad distinta ya no es distinta. Es otra, como si le hubieran lavado la sangre, apagado las vísceras y atontado el corazón.

Por un lado estaban –están– las demoledoras cifras de la

desocupación, las filas interminables de hombres pálidos esperando a las nueve de la noche que les regalen los avisos clasificados de *Clarín*, las doscientas veinte personas que conté a la entrada de una empresa metalúrgica peleando por una plaza de tornero, el aspirante a empleado de un estudio jurídico al que rechazaron antes de entrevistarlo porque tenía las zapatillas rotas.

Y las estadísticas: más de cuatro millones de personas, el 30 por ciento de la población activa, está sin trabajo o tiene un trabajo insuficiente. No hay empresa que haya quedado a salvo de cesantías, ajustes, recortes de gastos. La prosperidad que en 1989 se nos prometió para 1992 a más tardar, y que en abril de 1995 se anunció para el próximo diciembre, ya no se ve por ninguna parte o se ha refugiado, más bien, en las cuentas de banco de un círculo ínfimo: el que aparece en la revista *Caras*.

El espejismo del Primer Mundo está cada vez más lejos. Gabriela Osswald, la madrecita de los viejos radioteatros erigida en mártir nacional, nos distrae eficazmente de los cordobeses despedazados en su cruzada contra los bonos y de las devaluaciones del real brasileño. El superávit en la balanza de pagos anunciado para fines del 95 se está disolviendo en humo. Eso es lo malo de las reelecciones: antes, cuando se esperaban caras nuevas, la gente alentaba cierta esperanza de una vida mejor. Con las mismas caras, sabe de antemano que recibirá más de lo mismo. Le sucedió a Perón en 1952: asumió de nuevo en junio, en julio se murió Evita y ya en febrero del 53 comenzó a gobernar a los tumbos. Es como si la necesidad de un cambio estuviera en la naturaleza de los argentinos y como si las reelecciones contradijeran esa naturaleza. Tal vez los constituyentes de 1853 conocían mejor esas razones del corazón que los firmantes del pacto de Olivos.

El gobierno admite que el consumo ha bajado casi un veinte por ciento y que, por lo tanto, ahora hay más pobres que antes. En las provincias, la certeza de ese empobrecimiento es –me dicen– abrumadora. Si en Buenos Aires se compra veinte o treinta por ciento menos que antes, en Tucumán, en Córdoba o en Chubut el índice llega a cincuenta por ciento. Las empresas cierran por puñados, decenas por semana. Pero en Buenos Aires las ráfagas de malaria también soplan en lugares inesperados. El otro día caí de improviso en un restaurante donde jamás había una mesa libre. Esta vez, sólo dos (sobre un total de sesenta o setenta) estaban ocupadas. "Es miércoles, ¿sabe?", explicó el dueño, con inocultable vergüenza. "Los miércoles, a la gente le gusta quedarse en casa." Hacia la medianoche, el taxista que me llevaba por Corrientes, me dijo: "Mire la ciudad. Ni un alma. Los cines están hoy a mitad de precio y no viene nadie. Fíjese en esa cola de taxis, en Lavalle y Pellegrini. Hasta el año pasado, a estas horas, había sólo dos o tres en fila y veinte personas esperando. Ahora, hay veinte taxis para ninguna persona".

A lo mejor la realidad que vi era la equivocada, a lo mejor las historias que estoy repitiendo acá no son nuevas para nadie. Pero el ser humano tiende a borrar el recuerdo de las infelicidades y todo relato periodístico sirve, ante todo, para oponerse al olvido.

El retrato de estas pálidas argentinas encuentra su contrafigura (y tal vez su explicación) en el episodio que me contó uno de los mejores periodistas que conozco, directivo de un diario de provincia. "El otro día", dijo, "pasó por la puerta del Jockey Club una manifestación de veinte o treinta personas mal entrazadas, quizá jubilados, que golpeaban un bombo. '¡Te-ne-mos hambre, te-ne-mos hambre!', gritaban, al ritmo de los golpes. Dos socios del Jockey, hombres también maduros, salían a la calle al mismo tiempo. 'Fijáte en este horror', le dijo uno al otro. 'Mirá lo que nos podría pasar si nos gobernaran los peronistas'".

Toda la historia de estos días cabe, creo, en esa historia, que es al mismo tiempo una explicación y una metáfora.

LA PEOR DE LAS DESGRACIAS

Agosto, 1995

Uno cree que la gente se suicida por desesperación o porque sufre humillaciones sin remedio o sólo porque la vida se le ha vuelto intolerable. No siempre es así. La razón mayor de los suicidas es la desesperanza, el abatimiento, la incapacidad para imaginar cómo será uno mismo al día siguiente.

En 1991, el índice de suicidios en la Argentina figuraba en undécimo lugar en el mundo y era el primero de América latina. Una oficina sueca de estadísticas, que trabaja con informes de hospitales y clínicas privadas, acaba de revelar que, sin perder su posición triunfal en el continente, nuestro país alcanzó ya, desde mediados de 1994, el quinto lugar en la tabla mundial de suicidios: lo superan sólo Japón, la costa oriental de los Estados Unidos, los países escandinavos y la franja norte de Rusia.

De ese oscuro privilegio, pero no de las cifras –que acabo de leer en el *Newsday* de Nueva York, sin más precisiones que las enunciadas–, hablé durante mi última noche en Buenos Aires con un médico psicoanalista cuyo nombre no puedo revelar. Una de las historias que me contó sobrepasa todas las destemplanzas de la imaginación.

El personaje de una de esas historias es una modista de cuarenta y seis años, que trabajaba para una fábrica de Munro hasta que la despidieron en setiembre pasado. Está separada, tiene tres hijos, y desde julio de 1992 ha perdido el rastro de su marido. Se sobrepuso a los primeros ramalazos de la miseria "cosiendo para afuera", como ella dice: alargando polleras, restaurando vestidos fuera de moda y cortando ruedos de pantalones. En marzo del 95, cuando la mitad de sus clientes quedó sin trabajo, se resignó a zurcir y remendar por "lo que le dieran": paquetes de yerba y azúcar, zapatos viejos, cajas de fideos. En julio, también esas ayudas de caridad le fueron suprimidas. Entonces dejó a los hijos al cuidado de una vecina y se cortó las venas en el baño de una estación de servicio.

La encontraron antes de que terminara de desangrarse, le suturaron las venas en un dispensario y las enfermeras, compadecidas, la devolvieron a la casa con tres latas de corned-beef y un paquete de fideos. A la semana, la mujer repitió el intento de suicidio y los médicos volvieron a suturarla y a vendarla. Pero aunque no le dieron más fideos y aunque anotaron el caso en los registros como simple "accidente doméstico", la costurera sin esperanzas volvió a desbaratarse las venas dos veces más. "Casos como ése hay cientos", dijo mi amigo el médico mientras dábamos vueltas por Buenos Aires. "Los hospitales están llenos de personas que tratan de suicidarse sin darse cuenta siquiera de lo que están haciendo."

La otra historia, más simple, más ominosa, sucedió a comienzos de marzo en Tucumán: dos matrimonios de jubilados, a los que asediaban usureros impiadosos, se lanzaron al paso de un tren rápido. Los hombres murieron; las dos viudas quedaron baldadas: una perdió un brazo; otra, las piernas. El hospital al que las llevaron también inscribió la historia como "accidente de tránsito".

El hijo de la que está peor, quien fue escribiente de la V Región Militar al mismo tiempo que yo, en los meses de conscripción, me pidió que fuera a visitarlas en el rancho de Cruz Alta donde las mujeres están convaleciendo. "Apenas pueda, voy a matarme otra vez", me dijo la madre. "A esta vida es mejor perderla que encontrarla." "No es la vida. Es el país", suspiró la manca, desde la penumbra del rancho. "A quién se le ocurre nacer en un país que no tiene esperanza."

Pocas veces he sentido tanta melancolía como ahora por el destino de la Argentina. Nunca imaginé que, después de tener todo, íbamos a tener tan poco. He leído que en La Pampa los suicidios aumentaron más del 73 por ciento en 1994 y que en los seis primeros meses de 1995 hubo en Mar del Plata más casos de suicidios consumados que en todo 1994. ¿Qué explicación hay para las oleadas de adolescentes que dicen basta y se disparan un balazo en la sien tanto en Gobernador Gálvez como en Santa Fe o en Rosario? ¿Cómo entender a las madres que, como la modista desesperada de Munro, bajan los brazos sin importarles nada de lo que dejan atrás: hijos, ilusiones, salvaciones providenciales? ¿En qué clase de sociedad estamos viviendo, insensibles a las calamidades, al dolor ajeno, a la lenta e implacable degradación de la dignidad humana?

El suicidio es una enfermedad de los países ricos, escriben los teóricos como Falret y Guerry. Los adolescentes del Japón se matan porque se les ofrece demasiado y no tienen fuerzas para abarcarlo todo; los viejos de Massachusetts, de Estocolmo y de Laponia se intoxican con píldoras para dormir porque la vida que les queda es un horizonte sin sobresaltos, donde todo se mueve con la cadencia del tedio y las únicas sorpresas posibles son las del noticiero de las seis de la tarde. En Rusia, dicen, lo que agobia es el cielo: bajo, oscuro, opresor y, debajo, la monotonía de las llanuras y del agua.

Pero entre nosotros, ¿qué? Ninguno de esos arrebatos de abundancia son posibles en un país donde todo es incierto: el trabajo de mañana, el salario, el humor de los gobernantes. Hace poco menos de un siglo, el sociólogo francés Emi-

171

le Durkheim consagró al tema un libro magistral en el que definió al suicida como alguien que siente inseguridad, desasosiego, desencanto, y termina por desvalorizar su propio ser, por creer que nada vale la pena de ser vivido, que no hay ya felicidades, esperanzas de cambio ni amores en un horizonte donde todo pareciera empeorar.

Cada vez que nos caen encima esas desgracias –y ser el quinto país del mundo en los índices de suicidios es quizá la peor de todas– releo lo que escribieron sobre nosotros Jules Huret, Clemenceau, Darío y los otros viajeros de comienzos de siglo. "No hay duda posible", decía Huret en 1911: "Dentro de cincuenta años, la Argentina será uno de los países más ricos y dichosos del globo". Y Rubén Darío cantaba, en 1914: "¡Hay en la tierra una Argentina! / He aquí la región del Dorado, / he aquí el paraíso terrestre, / he aquí la ventura esperada".

Ninguna de esas profecías o certezas tiene nada que ver con las oscuras realidades de estos días. Las luchas sagradas que los hombres vienen librando desde hace varias centurias han asumido formas bárbaras entre nosotros y ahora, cuando la democracia permite librarlas con elocuencia, esquivamos el cuerpo y bajamos los brazos. La miseria, la educación en ruinas, los servicios de salud hechos pedazos, los salarios diezmados, la desocupación y la incertidumbre son calvarios cotidianos a los que hemos terminado por resignarnos. La Argentina altiva de comienzos de siglo es, en estos finales sombríos, sólo un despojo. En nombre de qué valores o de cuáles esperanzas hemos perdido tanto, nadie lo sabe. Tampoco nadie lo dice.

A fines del 93 había, a la entrada de Gobernador Gálvez, un graffiti que decía: "Podés crear tu propio mundo, pero no esperés que nadie venga a ayudarte". La frase resume, como pocas, el país que nos han dejado y las revueltas aguas del futuro hacia el que estamos remando.

CARTA ABIERTA AL NUEVO PRESIDENTE
1995

Necesitamos un presidente que ame a la patria más que a sí mismo. Necesitamos un presidente capaz de compasión. Esas aspiraciones quizá suenen ingenuas en los oídos cínicos y sobradores que tanto abundan en la Argentina de hoy. Y sin embargo, eso es lo que necesitamos a gritos. Si no hay un cambio profundo ahora, dudo que tengamos ya otra oportunidad.

Aprendí a leer en una enciclopedia de mi abuelo. Eran dos volúmenes enormes y optimistas, encuadernados en pasta marrón. Recuerdo que el artículo sobre la Argentina comenzaba con una profecía que a mí me parecía de lo más razonable: "Por sus recursos naturales, por su posición geográfica, por la educación de sus habitantes, la Argentina está llamada a ser, en el año 2000, la única potencia capaz de competir con los Estados Unidos".

Ese vaticinio siguió siendo posible hasta 1930. Después, nos cayeron encima desgracias que han conocido pocos países de la tierra. Acá nos sucedió la vergüenza de aniquilar en una sola noche –la de "los bastones largos", en julio de 1966– cincuenta años de investigaciones científicas. Onganía logró uno de esos milagros que sólo se ven en las series de televisión: nos arrancó de la modernidad y nos metió en la prehistoria. No fue ése el primero ni el más terrible infierno de nuestro largo catálogo. Tocamos fondo en casi todo: entre 1966 y 1970 –años de enorme efervescencia en las artes– la policía humillaba a los pintores cortándoles el pelo en la esquina de Florida y Paraguay y detenía a las parejas que se besaban en la calle.

En esa década fértil, hubo acá más golpes militares o conatos de golpe que en ningún otro país de la revoltosa América latina. Los tanques salían a las rutas casi día por medio, y hubo un momento en que ya nadie (ni los generales) sabía por qué. Luego sobrevinieron las reacciones: el Cordobazo, la guerrilla, el asesinato de Aramburu.

Y, tras cartón, aparecieron en el horizonte López Rega y las indescriptibles pesadilla de la dictadura, con sus cámaras de tormento, campos de concentración, genocidio a escondidas y robo a mansalva del patrimonio nacional. Todos se amaban a sí mismos –o a sus corporaciones– más que al país. El interés nacional era siempre, en todas esas lides, el último orejón del tarro.

Para qué seguir con el inventario: en las Malvinas perdimos la única guerra de nuestra historia, y la bandera de la patria comenzó a ser atada al carro triunfal de los vencedores de la tierra, al revés de lo que decía Sarmiento. Después, mordimos el polvo en todos los terrenos. La breve euforia del juicio a los criminales de la dictadura se nos vino abajo cuando Alfonsín, al primer bramido de los tanques, arrugó con las leyes de obediencia debida y punto final. Y qué decir de lo que el país sufrió después: la amnistía, la fiesta de "los únicos privilegiados son mis amigos", la desocupación, la agonía de las pequeñas y medianas industrias, la frágil estabilidad amenazada por los vientos de México, el derrumbe de la balanza de pagos.

Una de las tradiciones argentinas menos felices es la de expulsar a sus hijos. Más de una vez escribí que San Martín, el padre de la patria, sólo vivió acá once años de una vida larga, y que la lista de los que murieron lejos del país –por expulsión o desesperanza– es interminable: empieza con Moreno y no termina con Borges y Cortázar.

Sólo tres veces en la historia todos los emigrados o exiliados volvieron llenos de esperanzas, como dice el tango: después de Caseros, después de Lanusse y después de Bignone. En la primera ocasión, ayudaron a reconstruir la nación. En las otras dos, la indiferencia o las ferocidades nacionales los ahuyentaron. Ahora hay millares de desilusionados que, otra vez, quieren irse adonde sea, por desesperación económica, por falta de oportunidades o porque sienten que en el extranjero trabajan por algo más que para llegar a fin de mes.

No hemos padecido, por fortuna, graves catástrofes naturales. Nuestras desgracias son fallas humanas: casi todas, de los hombres que nos han gobernado, y sobre todo, de los que nos han gobernado por la fuerza. Desde el golpe funesto de Uriburu, en 1930, hasta hoy, sólo Roberto M. Ortiz fue un presidente compasivo. Llegó a la presidencia por fraude, pero al final, aquejado por la diabetes y la ceguera, trató de cambiar, sin éxito, las reglas de juego. Un ejemplo aún más notable de compasión es el de Evita, pero ahora su memoria se usa sólo en los discursos para conmover a la gente, no para hacer lo que ella predicaba.

El presidente que hemos elegido ayer tiene una misión histórica aunque no imposible: construir la grandeza de la Argentina en menos de cuatro años. Nelson Mandela está cerca de lograrlo en Sudáfrica, en apenas quince meses y con desafíos más arduos que los nuestros. Su arma principal es la compasión, no en el sentido que daría a esa palabra nuestra decepcionante jerarquía eclesiástica, sino en el más sincero y llano sentido del diccionario: sentir con profundidad el padecimiento de los otros y esforzarse por aliviarlo.

En *The New York Times* del jueves 4, un columnista escribió que, a la luz de las atrocidades de la dictadura, el Presidente tiene la obligación moral de cancelar la amnistía.

Restaurar la justicia sería, entonces, un primer paso, aunque no el único. ¿Cómo acabar también con la pobreza que parte el alma, con el éxodo de científicos, técnicos y profesionales que se van a raudales en busca de la oportunidad que el país les niega? ¿Cuánto esfuerzo haría falta para desmantelar las cerradas mallas de complicidad que protegen a los corruptos, para estimular la exangüe vida de las pequeñas industrias, para disminuir los aterradores índices de mortalidad infantil, que en ciertas zonas de Salta, Jujuy y Formosa son iguales a los de Etiopía y peores que los del Zaire? ¿Cómo convertirnos en un país moderno y sin desocupados?

Ayer elegimos al hombre que dispone de sólo cuatro años para asumir esa responsabilidad con la que él y la Argentina podrían ganar la historia.

Lo único que necesita para tener éxito es esa cualidad insólita que les ha faltado a casi todos los presidentes de este siglo y que, sin embargo, debería ser la razón de ser de todo político.

Lo único que necesita es querer a la patria más que a sí mismo.

176

Diciembre, 1994

Hay pocos ejercicios más fértiles que comparar las noticias argentinas que les interesan a los norteamericanos con las noticias argentinas que les interesan a los argentinos. El ejercicio es a veces desalentador, porque a los norteamericanos les interesan muy pocas cosas nuestras. Ni las internas radicales ni el pleito asordinado de Menem con Cavallo por el caso Yabrán ni los infinitos laberintos de la corrupción oficial llegan a las páginas de los diarios en Los Ángeles, Nueva York y Chicago. O llegan como una nota al pie, cuando las historias han terminado. A principios de diciembre, por ejemplo, un redactor del *The New York Times* dejó entrever, como al pasar, que los argentinos estamos resignándonos a los escándalos del poder: "Los juicios contra funcionarios casi nunca conducen a parte alguna", decía el artículo. "El gobierno, por su parte, es reacio a aportar evidencias." Se cuenta la moraleja pero no se sabe cuál es la fábula.

Más ilustrativo es lo que pasa con las historias pequeñas. Durante casi toda la semana pasada, el correo electrónico donde los argentinos dispersos por el mundo dejan caer sus curiosidades y sus melancolías, reprodujo lo que se publicó en Buenos Aires sobre el examen de Envases y Embalajes que rindió o copió Zulemita Menem. Al mismo tiempo, *The*

177

York Times, *Los Angeles Times* y el *Philadelphia Inquirer* oncedieron un espacio privilegiado a la historia de los dos chicos que se perdieron en Jujuy y que aparecieron vivos después de tres semanas. Ambos relatos reflejan un modo diferente de entender la cultura de la supervivencia que aprendemos los argentinos: una, la que pareciera más ajena a nuestro modo de ver el mundo, es la que sin embargo conmueve más a los Estados Unidos. Desde Fenimore Cooper y, sobre todo, desde Jack London, los norteamericanos valoran el amor a la vida, el principio protestante de la solidaridad y la intensidad que el hombre pone en lo que Faulkner llamaba "la perduración de la especie". La otra, la historia de la picardía, de la avivada o del abuso de poder, es menos atractiva para el lector medio de Nueva York o Filadelfia.

No sé qué se publicó en Buenos Aires sobre Daniel Quispe, de seis años, y Romina, su hermana de cuatro, que se extraviaron en algún paraje montañoso de Jujuy (los diarios de los Estados Unidos no aclaran en cuál) cuando sus padres, pastores de cabras, fueron atacados por un puma. Sé que encontraron a los niños tres semanas después, exhaustos y deshidratados pero vivos. Daniel alimentó a su hermana con manzanas silvestres y le dio a beber agua de los manantiales en el cuenco de sus manos. "Si hubieran sido chicos de ciudad no hubieran sobrevivido", dijo uno de los policías que los rescató. Y el padre, Luciano Quispe, acertó a explicar: "Crecieron en esos montes y aprendieron a distinguir qué se puede comer y qué no, qué animales son inofensivos y de cuáles hay que esconderse".

El relato es simple pero también aleccionador. Alude a una comprensión de lo que importa y no importa en el mundo que se parece a la del personaje de "Amor a la vida", el cuento de Jack London.

El dictamen de las historietas y de los sainetes estableció, hace más de medio siglo, que el argentino promedio es vivo, aprovechado, arribista, prepotente. Ese estereotipo corresponde a *cierto* argentino (enquistado en las grandes ciudades de la pampa húmeda) y a cierta cultura de inspiración italiana que se encuentra tanto en las películas de Alberto Sordi como en un viejo film de Fernando Ayala cuyo título ya lo dice todo: *Primero yo*. Pero ese estereotipo no refleja una tradición argentina más honda y más antigua, basada sobre la afirmación del yo ante la adversidad: una tradición que está más en Sarmiento, Arlt, Macedonio y Borges que en las letras de los tangos.

La cultura tanguera de la supervivencia es la que se encarnó hace algunas semanas en el examen (copiado o no) de la hija del Presidente. Si nadie se ocupó de ella en la prensa norteamericana no es porque no sea pintoresca, sino porque resulta inverosímil. En los Estados Unidos pasa de todo: crímenes seriales, violaciones a rolete, encadenamiento de niños, perversiones sexuales de cualquier pelaje. Lo que casi no pasa es el abuso de poder. Se puede cometer y, de hecho, se comete, pero tarde o temprano sale a la luz, como lo está aprendiendo en carne propia el juez Clarence Thomas, de la Suprema Corte.

En las universidades norteamericanas (he leído que lo mismo pasa en las de Alemania, Francia y Gran Bretaña; ni qué hablar de Japón) es rarísimo que alguien se copie. Se arriesga toda la carrera en ese gesto de viveza. Cuando hay un examen, los profesores se van del aula. Quiero decir: los estudiantes se quedan solos. A mí me dijeron que así se hacían las cosas cuando tomé examen por primera vez a estudiantes del último año, en Maryland. Como no lo podía creer entré un par de veces a la clase por sorpresa, fingiendo que me había olvidado papeles o un libro. No pasaba nada irregular. Nadie prestaba atención más que a sus preguntas, a su memoria y a lo que sabía.

En una sociedad competitiva –me explicaron– el que se copia no es un vivo: es un ladrón. Usurpa una calificación a la que no tiene derecho y les hace más difícil la vida a los que necesitan becas y posiciones de trabajo. Los estudiantes se cuidan solos en los exámenes, porque si alguien copia, el de al lado o el de atrás lo denuncia. A nadie se le pasaría por la cabeza que quien lo hace es un buchón: está defendiéndose a sí mismo e imponiendo un principio de honestidad social. No niego que entre nosotros, acostumbrados a una cultura más salvaje, de codazos y arrebatones, marcar a un compañero que se copia tuvo siempre un aire infamante y algo arribista. Pero ahora, cuando la justicia renquea en los tribunales y los contrabandistas de droga salen de las cárceles por las puertas grandes, las pequeñas reivindicaciones de la moral doméstica o académica quizá no desentonen tanto como antes: hasta parecen un gesto de salud.

Acá, de todos modos, los chicos van a seguir copiándose. El propio Presidente de la República ha dicho que también él se copió en sus tiempos sin que pasara nada, porque "era sólo el hijo del turco Menem". Es decir: era nadie. Esa observación da en el blanco del problema. Que se copie la Zulemita de la esquina no es un escándalo. Sí lo es, en cambio, que lo haga la hija del jefe del Estado, porque al hacerlo se aprovecha de su privilegio de tal y refleja cierto malsano aprendizaje de la impunidad. "El hijo del turco Menem" necesitaba sobrevivir a cualquier precio, valerse de la viveza para salir adelante. A la nieta "del turco Menem", en cambio, le han caído encima responsabilidades que a lo mejor no le gustan, pero que debe aceptar, puesto que también acepta –sin quejarse– las ventajas de su situación filial.

Tanto afuera como adentro del país uno siente que hay dos Argentinas, dos ideas casi opuestas de cómo sobrevivir y abrirse paso, dos maneras distintas de confiar en uno mismo. Vaya a saber cuál de las dos es la que va a prevalecer en este país oscilante: si la de los hermanitos de seis y cuatro años que tanto impresionaron a los lectores norteamericanos, o la historia de la chica de veinticuatro, que nos dio tanto que hablar a nosotros.

180

DERECHO A RÉPLICA

1996

Quizá se han aplacado ya las polvaredas que levantó Emilio E. Massera cuando apareció por televisión leyendo una proclama política de dieciocho minutos. Quizás ese tema es hoy, como el propio Massera, un fruto rancio del invierno inclemente. Lo que sigue en pie, sin embargo, es el debate sobre el ejercicio del derecho a réplica en una democracia sana, a favor del cual se han pronunciado algunos intelectuales irreprochables, empleando el mismo argumento que el conductor de *Hora Clave*: "En el ámbito contradictorio y rico de la libertad, todos tienen derecho a expresarse".

Massera ejerció, como se sabe de sobra, un poder sin límites, dictatorial, abrumador, que afectó la vida y los bienes de miles de argentinos. Entre marzo de 1976 y setiembre de 1978 –cuando abdicó de la junta de comandantes y abrazó la ilusión de ser presidente constitucional– decidió cientos de asesinatos sin permitir que sus víctimas se defendieran. Aunque ahora alude a una guerra, Massera no actuó como un guerrero: en vez de matar a sus adversarios en combate, los asesinó cuando estaban encapuchados y engrillados. "La Argentina libró y ganó la guerra contra la disolución nacional", dijo hace diez años. "Que no se le arrebate a la Argentina su único triunfo de este siglo." Si ése fuera en verdad el

181

único triunfo, ninguna eternidad nos alcanzaría para terminar de avergonzarnos y de compadecernos.

Massera fue juzgado en 1985 por una Cámara de Apelaciones cuyos seis jueces eran insospechables de simpatía o afinidad ideológica con las víctimas. El dictamen que lo condenó a prisión perpetua fue devastador: establecía que Massera es un homicida alevoso, un secuestrador, un torturador y un ladrón. Esos epítetos terribles sólo resumen el fallo de los jueces. Lo encontraron culpable de sesenta y nueve secuestros, tres homicidios alevosos, doce actos de tortura y siete robos lisos y llanos. Massera es, por lo tanto, un delincuente peligroso.

De ese dato fluyen al menos dos preguntas obvias: ¿Los delincuentes peligrosos tienen derecho a réplica en las democracias? ¿Es justo conceder a un criminal probado la misma libertad para predicar sus ideas que se le concede a una persona decente?

Si Massera no está en la cárcel –el lugar que le corresponde– es porque aceptó el perdón presidencial y no porque sus delitos hayan eludido el repudio de los argentinos. Ha sido eximido de la condena pero no de la culpa. Anda suelto, pero no por eso deja de ser un criminal. Quienes le conceden derecho a réplica toman posición ante ese conflicto de valores: por un lado lo admiten como ciudadano pleno (es decir, como alguien que no tiene culpa o que ya las ha purgado); por otro lado, minimizan o desdeñan el repudio colectivo.

Massera pudo ejercer su derecho a defensa y a réplica dos meses antes de que, el 9 de diciembre de 1985, lo condenaran a prisión perpetua e inhabilitación absoluta perpetua, destituyéndolo de su grado militar. En esa ocasión final, pronunció ante el tribunal una extensa arenga, escrita por su mentor intelectual Hugo Ezequiel Lezama, cuyo estilo amenazante afloró en algunas retóricas preguntas de aquel discurso: "¿En qué bando estaban mis juzgadores? ¿Quiénes son o quiénes fueron aquellos que hoy tienen su vida en mis manos? ¿Eran terroristas? ¿Estaban deseando que ganaran los represores, eran indiferentes y les daba lo mismo la victoria de uno o de otros?"

El tono político de la proclama no difirió demasiado del que empleó el 10 de agosto, cuando la televisión le instaló una tribuna en la biblioteca de su casa. No se entendió muy bien, esa noche, de qué derecho a réplica se estaba hablando. Si se recuerda el comienzo de la historia (la entrevista que Olga Warnot hizo al marino degradado en la revista *Gente* a fines de julio, y las diatribas que él mismo propaló en otro programa de televisión, el 7 de agosto), no hacía falta que Massera se defendiera de nada, puesto que nadie lo había acusado. Diez años atrás había dicho ya lo que tenía que decir, y lo habían condenado. La única réplica, por lo tanto, les correspondía a las personas a las que él injurió.

Si el criterio es que "todos tienen derecho a expresarse en el ámbito contradictorio y rico de la libertad", Massera ya se había expresado con creces: en el juicio de 1985, en *Gente*, en el servicial programa del 7 de agosto. Ofrecerle una instancia más significaba, por lo tanto, abrirle un nuevo espacio para propagar sus ideas. Es lo que hizo. En el programa del 7 de agosto agravió a media docena de personas y, en el del 10, se quedó con la última y la más larga de las palabras. En un juego donde nadie es ingenuo, lo que se presentó como información terminó como escándalo. La seriedad del periodismo –tan frágil ya, tan expuesta a embates de toda clase en la Argentina– sufrió esa semana otra dura derrota.

En las democracias, los condenados tienen *cierto* derecho a seguir hablando *después* de la sentencia. Sin embargo, ningún canal abierto de los Estados Unidos, Francia o Inglaterra (ni tampoco los de cable, que yo sepa) acepta el riesgo de convertirse en portavoz de un delincuente cuyo discurso es de dudosa utilidad pública, porque los contenidos de ese discurso podrían afectar el bien común. Las raras veces en que eso ha sucedido (sobre todo en los casos de espionaje), las entrevistas jamás se pasan en directo. Ahí reside la clave del problema: cuando un delincuente ya condenado quiere difundir su opinión o publicar un libro, los contenidos de su discurso son editados, para evitar que se incurra en apologías del delito o que se atente contra el bien común.

Lo grave de los programas que tuvieron a Massera como protagonista es que se emitieron en directo, como si se tratara de un ciudadano cuyo pasado está limpio y no de lo que en verdad es: un delincuente condenado por la Justicia a prisión perpetua.

En los primeros meses de su confinamiento en la cárcel de Magdalena, Massera comenzó a proyectar la escritura de sus memorias. Como es un hombre menos diestro con el lenguaje que con la corriente eléctrica, debió recurrir a un amanuense para que le escribiera los recuerdos. El primero de los amanuenses fue Lezama, quien ya lo había servido como director del fugaz diario *Convicción*. Lezama murió de cáncer algunos años después y el trabajo no pudo avanzar mucho. Lo sucedió el ex crítico de cine Carlos A. Burone, quien era amante del liberalismo inglés y, a la vez, de los autoritarismos argentinos. También a Burone lo alcanzó el cáncer al cabo de pocos años.

Vaya a saber quién está ahora a cargo del insalubre trabajo de poner en castellano legible lo que el marino degradado ha de dictar en su dialecto tembloroso. Eso ya no importa. Cuando el libro se termine, lo que la democracia sí permite es que no sea censurado. Lo van a leer quienes tengan el ánimo y el estómago para hacerlo. El indiscutible derecho de Massera a publicar sus memorias (que estarán aquejadas de parcialidad y de omisiones graves, como cualquier memoria) es bien distinto de la responsabilidad de servirle en bandeja dieciocho minutos para que diga lo que se le dé la gana, como en los tiempos en que era un dictador de pesadilla.

Invocar el principio de la réplica dentro de ese contexto

184

parece un sarcasmo. O una trampa como la del 10 de agosto, de la que todos salieron mal parados menos Massera, porque era el único que, aun manchado de crímenes, consiguió gratis una enorme audiencia para reivindicar los horrores de los que tanto se enorgullece.

CÓMO ENFRENTAR A LA PRENSA

Junio, 1994

El martes pasado, a la hora de las noticias, casi todos los grandes canales norteamericanos de televisión se detuvieron en la imagen refulgente del presidente Carlos Menem, que lucía una camisa de seda verde (al menos parecía de seda, parecía verde), desentonando con los tediosos atuendos color crema de sus colegas iberoamericanos reunidos en Cartagena. La camisa verde resultó tan llamativa como la guayabera que vestía Fidel Castro en su primera salida oficial con ropas civiles desde 1959, y le permitió a Menem atraer la atención de los camarógrafos mientras emitía uno de sus clásicos sermones morales. Su prédica versó esta vez sobre los daños que los gobiernos corruptos están causando a las democracias de la región y el tono con que habló nuestro mandatario fue tan experimentado, tan convincente, que se oyeron unos lejanos aplausos espontáneos. El enviado especial del *Star Ledger*, de Trenton, casi aguó la fiesta cuando intentó preguntarle por qué se ofendía tanto cuando el periodismo de su país exponía los casos locales de corrupción, pero el Presidente no lo oyó o prefirió no contestarle.

Es una suerte que Menem esté viajando con ánimo pedagógico, porque la travesía no sólo le permitirá demostrar sus profundos conocimientos sobre la corrupción sino también recibir, de paso, algunas lecciones útiles sobre la insistencia de los periodistas en hablar de temas que no les gustan a los presidentes. Bill Clinton y, sobre todo, Hillary, podrían dictarle una larga cátedra sobre esa forma de adversidad. Si a Menem le sobrara algún tiempo entre el viaje a Ottawa y el partido de Boston, sería de enorme utilidad que se detuviera en Washington unas pocas horas y oyese los consejos del matrimonio Clinton sobre las estrategias con que trata de sortear los últimos vendavales.

Por la mitad de los problemas a los que Menem sobrevivió airoso, a Clinton ya lo hubieran hundido con varios juicios políticos. El ambiente está agitadísimo ahora por tres historias que comprometen al presidente norteamericano y a su esposa: el suicidio de Vincent Foster, amigo y asesor de ambos; el mal negocio de Hillary en la inversora Whitewater; y la denuncia de acoso sexual contra Clinton por parte de Paula Jones, que fue su empleada en Arkansas.

Hillary concentra la mayor parte de las iras conservadoras. Se la odia (dice la prensa) porque es arrogante, ambiciosa, implacable. En la revista *Vanity Fair* la llaman Evita Rodham Clinton. Los enemigos no le perdonan su perturbadora inteligencia. Cada vez que la fatalidad la acosa, Hillary sale al encuentro de la prensa hostil y pone todas las cartas sobre la mesa. No busca jueces complacientes ni acusa a los periodistas de "subversivos", "amarillos" o "cómplices de un plan disociador". En los Estados Unidos no se puede hacer eso. Si Clinton o Hillary se fueran de boca, tendrían un aluvión de juicios al día siguiente, y lo más probable es que los perdieran. No les queda otro recurso, entonces, que dar la cara. Y lo hacen.

En las últimas cinco semanas, Hillary concedió una extensa entrevista a Leslie Bennets, de *Vanity Fair*, y si bien no estuvo disponible para recibir al enviado de *The New Yorker* –que le dedicó un "perfil" de 39 páginas–, el propio presidente Clinton aceptó responder al cuestionario durante más de dos horas. No son preguntas fáciles y casi no hay pliegue del pasado que se deje en las sombras. Relaciones con jueces (y juezas), peleas domésticas, sospechas de adulterio, cambios de peinado: todo se discute y de todo se habla como en el circo romano, a muerte. La idea de que el presidente debe ser un hombre virtuoso es un dogma de fe en la política norteamericana y, si se disimula el hecho de que J. F. Kennedy haya sido un mujeriego, Nixon un cínico y Reagan un mentiroso, es porque ya tienen lugares establecidos en la historia. Con Clinton, en cambio, no hay piedad. Clinton es el presente.

Hillary odia a la prensa y no ha tenido más remedio que admitirlo. Sin embargo, jamás la acusa con adjetivos fáciles ni la enfrenta. En 1982, durante una de las campañas más difíciles de Clinton como gobernador de Arkansas, un columnista llamado John Robert Starr casi los volvió locos. Todos los días dedicaba a la pareja un par de frases violentas en el *Arkansas Democrat's* de Little Rock. Hillary pensó, al principio, que lo mejor sería neutralizar a Starr con la indiferencia, pero se dio cuenta de que así no iba a ninguna parte. Decidió entonces llamarlo por teléfono y proponerle que discutieran seriamente, lápiz y papel en mano, cada una de las políticas del gobernador. En menos de quince días detuvo una campaña hostil que llevaba seis años. "Decidí", explica Starr ahora, "que fuera como fuese, el hombre casado con semejante mujer no podía ser del todo malo".

Más difíciles aún que sus enfrentamientos con los senadores republicanos (a casi todos los cuales sedujo y se los metió en el bolsillo) son los que Hillary tiene con Sam Donaldson, periodista de la cadena ABC obsesionado por la felicidad conyugal de los Clinton. En una entrevista televisada durante la campaña presidencial, Donaldson trató de sacar a Hillary de quicio haciéndole oír, en vivo, las conversaciones telefónicas del candidato con su fugaz amante Gennifer Flowers. "Explíqueme por qué él se despide de ella diciéndole 'Adiós, querida' o 'Adiós, nena'", preguntó Donaldson. Hillary sostuvo que su marido era un hombre que brindaba afecto a la gente con problemas, y con esa frase poco feliz, pero dicha con acento convencido, salió del paso y enterneció a los espectadores.

El jueves pasado, a las diez de la noche, Donaldson volvió a la carga entrevistando a Paula Jones, a quien los grupos más reaccionarios del partido Republicano impulsaron a enjuiciar a Clinton por "ofensa sexual", a pesar de que la acusación es inconsistente y hay sobrados indicios de que la demandante sólo busca publicidad y dinero. Tanto Hillary como el Presidente disponían de varios recursos para impedir la difusión de la entrevista. Podían recurrir a la Justicia o presionar sobre los avisadores, algunos de los cuales son sus amigos personales. No lo hicieron. Supusieron que si Donaldson era un periodista honesto y Paula Jones estaba mintiendo, un programa de ese tipo les convenía. Y tuvieron razón. Cuando no se tiene nada que ocultar, no hay por qué cerrarle las puertas al periodismo. La sospecha prospera sólo cuando hay silencio y se aplaca sólo con información.

Ya que Menem anunció en Cartagena su cruzada latinoamericana contra los corruptos, quizá sería saludable que observara en Washington cómo la prensa trabaja contra la corrupción de la verdad, sin que desde el poder se alce jamás ninguna queja. Nadie llama a nadie "subversivo" o "amarillo". La única defensa contra los datos desagradables son los datos verdaderos, cuando los hay. Después de tantos años de dictaduras y opresiones, a los argentinos sigue costándonos aprender esa simple y llana lección.

LA ÉTICA DEL PERIODISTA

Setiembre, 1997

En la legendaria entrevista que William Faulkner concedió a *The Paris Review* a comienzos de 1956 hay una frase que se cita con frecuencia como el perfecto resumen de la ética del novelista. "(Un novelista) es completamente amoral", dijo Faulkner a George Plimpton, que lo interrogaba en Nueva York. "Es amoral porque debe ser capaz de robar, tomar prestado, mendigar o despojar a cualquiera y a todo el mundo con tal de realizar su obra." Sorprendido, Plimpton le preguntó: "¿Lo que usted está diciendo es que el artista debe ser completamente despiadado?". "Si es un buen artista, será despiadado", respondió Faulkner. "Debe ser capaz de jugarse el todo por el todo con tal de terminar el libro. Debe ser capaz de perder el honor, el orgullo, la decencia, la seguridad, la felicidad. Si un artista tiene que robarle a su madre, no debe vacilar en hacerlo."

Esa sorprendente defensa de un fin que está justificado por cualquier medio quizá sea válido para un novelista atormentado por su imaginación. Pero en el caso del periodista, la ética es exactamente la inversa: ni el mejor de los fines justifica la amoralidad (o inmoralidad) de los medios que se empleen.

Dos incidentes muy distintos han marcado, en los últimos días, las fronteras morales de la profesión periodística. Uno de ellos ha servido para que millones de lectores, en todo el mundo, condenen con furia a cierta prensa de escándalo y, por extensión, a toda la prensa, sin discriminaciones. Esta última derivación me parece alarmante.

Es casi innecesario repetir lo que pasó. A las 0.30 del último día de agosto, siete fotógrafos desaforados lanzaron sus motocicletas en persecución de la princesa Diana de Gales y de su nueva pareja Emad (o Dodi) al-Fayed, hijo del propietario de la tienda Harrod's. Ambos salían de una cena en el hotel Ritz de París y se dirigían, en un Mercedes Benz alquilado, a la villa de la familia Fayed en el 16° distrito de la ciudad. El chofer del Mercedes –que inexplicablemente estaba borracho– trató de burlar el asedio de los fotógrafos y chocó, a toda velocidad contra un pilar de cemento, justo al entrar en el puente de l'Alma, junto al Sena. Diana tardó tres horas en morir; Dodi pereció al instante. Es posible conjeturar que tanto él como ella ordenaron al chofer que esquivara a los cazadores. Durante los veinte días previos, decenas de teleobjetivos habían sorprendido a la pareja en la intimidad, tanto en Cerdeña como en Saint-Tropez, al sur de Francia, sin darle tregua. Las fotos se vendieron en algunos casos por un millón de dólares y dieron varias veces la vuelta al mundo.

Diana fue una fugitiva de la prensa durante la mitad de su vida, desde que se casó con el heredero del trono de Inglaterra. Los *paparazzi* –que fueron bautizados así para siempre en *La dolce vita*, la película de Fellini– la fotografiaron en la sala de parto, entre las paredes cerradas de su gimnasio, en sus accesos de bulimia. Dejó de ser ella para convertirse en un objeto que los demás espiaban por el ojo de la cerradura. Eso acabó destrozándola. Como era previsible, los editores de la prensa sensacionalista han negado toda responsabilidad en la tragedia. Menos previsible, en cambio, fue la reacción de la multitud agrupada a la entrada del palacio de

Kensington –donde Diana vivía– cuando vieron acercarse a representantes de diarios serios como el *Manchester Guardian* y el *Independent*. "Ahora ya están tranquilos, ¿verdad?", les gritaron. "Ahora ya tienen lo que querían." Toda la prensa está sufriendo la pérdida de prestigio causada por unos pocos *paparazzi* codiciosos, que siguieron fotografiando a Diana mientras agonizaba.

En el episodio de París las aguas se han dividido con claridad. En el otro incidente, que sucedió en Buenos Aires, el juicio ético es más difícil de formular. Los hechos sucedieron así: durante los últimos días de agosto empezó a circular en las librerías y kioscos argentinos un panfleto sin sello editorial, firmado por el ex comisario Miguel Etchecolatz, cuyo fin es justificar las atrocidades del terrorismo de Estado. El ex comisario fue un protagonista notorio de ese terrorismo. Ejerció la tortura y el asalto, consintió u ordenó asesinatos. Entre sus víctimas hay más de un periodista y hay también un maestro, Alfredo Bravo. El jueves 28 –tres días antes de la tragedia de Diana–, esa víctima fue enfrentada con su verdugo en el programa *Hora Clave*, conducido por el ex director del semanario latinoamericano *Visión*, Mariano Grondona.

No es la primera vez que uno de los personajes sombríos de la última dictadura aparece en el mismo programa. Hace dos años, Eduardo E. Massera defendió durante dieciocho minutos sus crímenes sin que nadie lo enfrentase. "En el ámbito contradictorio y rico de la libertad todos tienen derecho a expresarse", dijo entonces el conductor del programa. ¿Eso es así? ¿Todos –asesinos y víctimas– tienen idéntico derecho ante las cámaras?

En teoría, no puede –no debería– haber diálogo posible entre alguien que durante dos semanas estuvo sometido a tormento, con los ojos vendados, sin el menor derecho a defensa, y el verdugo que durante esas semanas ordenó y condujo las torturas. Pero lo que no puede suceder en teoría su-

192

cede a veces en la televisión. Los dos hombres hablaron en pie de igualdad, ante una cámara que fingía neutralidad. ¿Cuál fue el fin que permitió el empleo de tales medios? Hay quienes suponen que *Hora Clave*, aprovechando la difusión del libro de Etchecolatz, puso en evidencia a un fundamentalista marginal y, por extensión, volvió a desenmascarar las perversiones de la dictadura argentina. Otros, menos generosos, conjeturan que el objetivo del programa era el mismo de los *paparazzi*: el éxito y el escándalo a cualquier precio.

Si la función de la prensa es servir al interés público, ¿de qué manera la servirían las justificaciones de un ex comisario que, como Massera, fue procesado y sentenciado por crímenes gravísimos? ¿Acaso su discurso no termina por ser –como el del ex dictador Massera, hace dos años– una apología del delito? Ni el bien común ni el periodismo necesitan de esos equilibrios sobre las cornisas de la ética.

Cuando Faulkner escribió su defensa de la amoralidad del escritor no estaba pensando en lector alguno. A él le daba lo mismo que se lo leyera o no se lo leyera, y en la entrevista de *The Paris Review* lo dice sin vueltas: "Estoy demasiado ocupado para preocuparme por mis lectores. No tengo tiempo para pensar quién me lee". El periodista, en cambio, está obligado a pensar todo el tiempo en su audiencia, porque si no supiera cómo es, ¿de qué manera podría servirla? Lo que esa audiencia espera del periodismo verdadero es, ante todo, información. No se la sacia con el escándalo sino con la investigación seria. No se la atrae con golpes de efecto; se la respeta con noticias genuinas. Las clásicas dos campanas del periodismo honesto no son la del verdugo y la de la víctima, sino el resumen que la justicia hace de esos dos sonidos.

En América latina, el periodismo es uno de los últimos refugios de la libertad y de la honestidad. Ninguna historia escandalosa, ningún personaje siniestro valen lo que vale todo eso.

PARA QUE NO SE QUEJE EL PRESIDENTE

1995

Para defender a la Argentina de cualquier tentación autoritaria ya no queda otra cosa que el periodismo. En el Congreso, los partidos opositores sólo tienen el recurso de la voz: el poder disuasivo de sus votos empezó a desteñirse con el pacto de Olivos y ahora ya no sirven para "torcer el brazo" de nadie. De la Justicia, ni se hable: tras un rápido proceso de domesticación, se ha quedado sin reflejos.

La Argentina está más o menos como en 1952, cuando Perón fue reelegido. Menem sólo tiene unas pocas provincias menos pero, en los hechos, la hegemonía del poder es parecida. Lo peor es que la parte más castigada de la sociedad –los desocupados, los pobres que están debajo de todos los umbrales estadísticos– parecen felices con las intolerancias y los abusos de poder. En Maschwitz, los futuros súbditos del comisario Patti emiten opiniones que ponen los pelos de punta. "¿Sabe que en 1990 torturó a dos presos?", le dijeron a un vendedor de garrapiñadas. "Ah, yo no sé, no estuve", contestó. "Sólo cuento lo que veo y eso no lo vi".

No voy a preguntar cómo nuestra orgullosa y arrogante nación se convirtió en una comunidad masoquista, a la que no le importa que la torturen. La pregunta es obvia porque

194

la respuesta también lo es: en menos de treinta años nos sucedieron dictaduras, una guerra delirante, desaparecidos, corrupción salvaje, olvidos, impunidades. El cambio de cultura ha sido tan profundo, tan grave, que lo mejor que se podría hacer es admitirlo y ver qué hacemos con eso.

Nunca nos había pasado lo que nos está pasando: a Perón lo querían los pobres, pero los empresarios siempre lo miraron con desconfianza. Evita –entre otras cosas– los sacaba de quicio. Cada abuso de poder era un escándalo. Ahora, todo lo que hace Menem les encanta a los dos extremos de la sociedad. Menem es una estrella de televisión a la que se le perdona todo, precisamente porque nadie espera que las estrellas tengan una ideología coherente o se comporten como estadistas.

Sobre el tinglado de esta nueva Argentina, todo es representación. Ningún actor es lo que parece. Cada uno de ellos pone en evidencia lo que algún otro –y sobre todo Menem– está tratando de decir. Es ese juego de apariencias el que vale la pena observar ahora. Ruckauf pareciera ser el personaje destinado a completar lo que el Presidente comience a decir, reforzándolo con argumentos y eventuales amenazas. Sofovich y Mauro Viale seguirán diciendo en voz alta mucho de lo que Menem dice en voz baja, sólo para medir de antemano cuál es la tolerancia de la sociedad. El resto del coro seguirá dando vueltas en redondo por detrás y por delante del escenario, como en la ópera *Aída*: siempre la misma gente, cantando distintas arias.

Pena de muerte, censuras a la prensa que se amagan y luego se retiran, decretos de emergencia, menos controles para el Ejecutivo y menos resonancia para las voces de protesta: todo eso va a estar de nuevo sobre el tapete en los meses que se avecinan. Al revés de México, donde la crisis económica limitó la capacidad de maniobra del gobierno –que antes era absoluta–, acá puede ser la crisis, precisamente, el pretexto para acentuar el autoritarismo y acelerar la conversión de la sociedad. En el vasto teatro que vivimos, los periodistas –los verdaderos– son testigos solitarios y tenaces que siguen de cerca no sólo lo que se ve en el escenario sino también lo que pasa detrás de las bambalinas. Sin ellos, no hay democracia o la democracia es sólo un simulacro. Después de las infortunadas declaraciones de Menem el 14 de mayo, el gobierno prometió no insistir con otras leyes de censura ni nuevas formas poco sutiles de presión a la prensa. La semana pasada, retiró por fin (un poco tarde) el delirante proyecto amordazador. No hay que estar tan tranquilo, sin embargo. Ahora se viven las mieles de la victoria. Pero cada vez que los periodistas toquen una llaga que al Presidente le duele, pueden volver las amenazas.

Menem debería estar agradecido de que la prensa libre ejerza algún control sobre el enorme poder que su gobierno sigue acumulando. Si nadie advirtiera los excesos que más de una vez estuvo a punto de cometer, hace ya rato que estaríamos en el abismo y, a lo mejor, el país en picada ni siquiera habría querido reelegirlo. Gracias a la prensa, Menem se salvó de azotes como Ibrahim al-Ibrahim en la aduana y de otras corrupciones que le pasaron raspando, cerca de las orejas. Sin las denuncias que tanto le disgustan, no existiría el discurso del general Balza. El Presidente no tiene razón en molestarse tanto cuando los trapos sucios salen al sol. En todas (o casi todas) las ocasiones, ha salido de esos apurones con alguna ventaja.

A lo mejor Menem supone que la función de la prensa es apoyar siempre la obra del gobierno. Ese ha sido, desde el principio, su gran malentendido. Un periodista no tiene las mismas fidelidades que un político o un funcionario público. Sus alianzas son otras: tiene que ser fiel a su conciencia, fiel a sus lectores y fiel a la verdad. A veces, las denuncias serias de un periodista serio crean –sin que él lo quiera– escándalo. Pero ese escándalo no es obra de él, sino de la naturaleza de la información que está manejando. Si el periodista publica una mala noticia, no es porque disfrute haciéndolo sino porque la mala noticia está en la realidad.

Cada vez que el periodista concilia o transa con el poder –por legítimo que éste sea–, se vuelve cómplice de la mentira y de la injusticia y, además de traicionarse a sí mismo, traiciona la fe de sus lectores. Con eso, destroza el mejor argumento de su legitimidad y anula su única fuerza. A diferencia de los gobernantes, que pueden equivocarse muchas veces sin pagar por eso, un periodista serio rinde examen todos los días y, si comete un error, si publica una información falsa o insuficientemente verificada, no sólo pierde al instante el buen nombre que tardó años en forjar sino que también se expone al descrédito ante sus propias colegas. El Presidente cree que la prensa es su enemiga y se queja amargamente de las críticas. No sabe que nadie es tan implacable con los errores de un periodista como los otros periodistas.

Para que la democracia sobreviva con buena salud es necesaria una oposición sólida y clara. El periodismo no puede cumplir ese papel porque su razón de ser es la independencia de cualquier poder, de cualquier arbitrio, de cualquier presión. Si de algo depende el periodista es de la verdad, y lo único que le indica el lugar de la verdad son las fuentes de información que maneja (siempre más de una sola) y el peso insobornable de su conciencia.

Prensa libre y democracia sana son factores que no se pueden separar. Se necesitan mutuamente. Las dictaduras no oyen a la prensa. Le quiebran el cuello y siguen adelante, ciegas y sordas. Menem, en cambio, ha demostrado que no es inmune a lo que dicen de él, puesto que se enoja, amenaza y sale de quicio. Ahora que ha ganado la reelección y tiene sólo la historia por delante, tal vez empiece a darse cuenta de que sus únicos enemigos van a ser los errores que cometa el gobierno y no lo que escriban sobre ellos los periodistas.

197

4
Los jinetes del Apocalipsis

La asignatura pendiente

Enero, 1998

A fines de 1997, Pol Pot volvió a surgir desde el corazón de las tinieblas. El ínfimo tirano de Camboya, que dos décadas antes había ordenado el exterminio de un millón de personas porque usaban anteojos o porque sabían leer, se quejaba en su cárcel de la selva de no tener libros a mano. La historia es casi siempre circular y sus designios son, como los de Dios, inescrutables.

Otro pequeño tirano reapareció a comienzos de 1998. Menos patético que Pol Pot pero tan seguro como él de la justicia de sus injusticias, el capitán de fragata jubilado Alfredo Astiz exhibió ante una periodista su perfil de ángel exterminador. "A mí la Armada me enseñó a destruir", dijo Astiz. "Sé poner minas y bombas, sé infiltrarme, sé desarmar una organización, sé matar. Todo eso lo sé hacer bien. Yo digo siempre: soy bruto, pero tuve un solo acto de lucidez en mi vida, que fue meterme en la Armada." Pol Pot le dijo casi lo mismo a otro periodista: "Para construir había que destruir. Lo que se recuerda de mí es lo que destruí, porque no tuve tiempo de construir".

Los crímenes de Pol Pot se consumaron casi al mismo tiempo que los de Astiz, entre 1976 y 1979. Los dos eligieron callar durante veinte años. El último acto militar de Astiz

–del que se vanagloria– fue una rendición sin lucha en las islas Georgias del Sur, a poco de empezar la Guerra de las Malvinas. Lo último que se supo de Pol Pot fue que había abandonado Phnom Penh y se había desvanecido en la jungla mientras su ejército de analfabetos sucumbía en la frontera de Vietnam. Los dos soltaron la lengua casi al mismo tiempo: Pol Pot, sin razón política aparente; Astiz, como amenaza –según parece– a una sociedad que debatía la caducidad de las leyes de obediencia debida y punto final y la demolición de la Escuela de Mecánica de la Armada.

La súbita aparición de Pol Pot en la historia de Camboya se ha explicado muchas veces como la reacción furiosa de las masas campesinas a los privilegios de una clase letrada complaciente con los sucesivos invasores del país. Que Astiz sobreviva en la Argentina y que aún haya alguien capaz de gritar ¡Viva Astiz! en un lugar público –tal como sucedió el 19 de enero– es un fenómeno con raíces más oscuras.

Lo terrible es que Astiz no está aislado ni solo, como lo prueban las profanaciones de tumbas judías y la voladura aún no resuelta de edificios también judíos. Hay miles como él en una sociedad que todavía no ha discutido con claridad ni serenidad lo que pasó con las personas y con las instituciones durante los años de dictadura. En 1985, cuando el capitán jubilado sostenía ante sus jueces militares que "ampararse en la obediencia debida es un deshonor", parecía que aún era posible abrir un debate. Pero la amnistía de 1989 y las leyes anteriores de impunidad lo clausuraron abruptamente, dejando las heridas abiertas y sangrantes.

El sábado pasado, en Washington, un funcionario del Departamento de Estado me preguntó cómo convivíamos los argentinos con tanto asesino suelto por las calles. Le parecía inexplicable que las víctimas se encontraran con sus verdugos en los cines, en los cafés y en los restaurantes, y se quedaran de brazos cruzados. "No se quedan de brazos cruzados", respondí. "Les gritan en la cara lo que hicieron y, por suerte, ni las víctimas ni los familiares de las víctimas han intentado imponer justicia por su cuenta." "Eso es lo raro", me dijo el funcionario. "Lo raro es que, a falta de justicia, nadie busque venganza. ¿Cómo son ustedes? ¿Qué son los argentinos?"

Ambas preguntas son retóricas y no es posible dar una sola respuesta, porque no hay respuestas simples a preguntas como ésa. Cuando me las hicieron, sólo hice notar que, si bien hay un vasto tejido enfermo en la Argentina, en el que abundan los personajes que, como Astiz o sus mentores, viven tramando conspiraciones y crímenes contra el Estado que les paga el salario, hay también un tejido sano de seres que siguen confiando en las instituciones.

Más útil que preguntar qué somos o cómo somos los argentinos sería tal vez saber en qué nos han ido convirtiendo las décadas de autoritarismo que se sucedieron desde el golpe de José Félix Uriburu hasta las desconcertadas presidencias de facto posteriores a la Guerra de las Malvinas. Qué errores nacionales permitieron la aparición en escena de individuos capaces de decir, como Astiz: "¿Hubiera torturado si me hubieran mandado? Sí, claro que sí. (...) Tenía mucho odio adentro". O de jactarse, como su jefe Emilio E. Massera lo hizo en el juicio de 1985: "Me siento responsable pero no me siento culpable".

La resignación ante las fatalidades del autoritarismo nos indujo a identificarnos con Ringo Bonavena –en cuyo sepelio hubo más dolientes que en el de Gardel– o con Monzón, antes que con argentinos menos estrepitosos; a consentir que nos gobernaran López Rega, Isabelita, Videla, el báquico Galtieri y lo que siguió. No sólo los aceptamos. También llegamos a creer que era verdad lo que decían. La Argentina "granero del mundo" acabó entonces por tener la estatura intelectual de sus gobernantes, no la de sus hijos dilectos.

En 1929, Ortega y Gasset escribió que "el argentino vive absorto en la atención de su propia imagen. Se mira, se mira sin descanso". Ojalá fuera cierto. Si nos miráramos de veras, tal vez descubriríamos por qué nos ha pasado todo lo que nos ha pasado.

En Camboya, Pol Pot es un prisionero perpetuo de los mismos soldados a los que convirtió a la religión de la guerra. En la Argentina, Astiz afronta un módico arresto de sesenta días –que tal vez se agrave–, no por sus crímenes sino por hablar de sus crímenes. La historia es circular y tiende a las repeticiones. En la Argentina, las repeticiones son tal vez lo único que nos hace diferentes.

Tucumán arde, todavía

1991

Tucumán nunca parece lo que es. En 1838, el letrado Marco Manuel de Avellaneda se quejaba, en una carta a Juan Bautista Alberdi, de la pereza provincial. "Aquí no tengo nada que hacer", decía. "Los sentimientos de la gente son profundos, todo es profundo, excepto el odio." Tres años después, Avellaneda era degollado con una lentitud que sólo el odio extremo podría explicar. Sacaron lonjas de su espalda para trenzar maneas y expusieron su cabeza en una pica, frente a la casa del gobernador.

Hace dos meses, cuando estuve en Tucumán por última vez, la victoria del general Antonio Domingo Bussi parecía irremediable. En una esquina de la plaza Independencia, sujetando con una mano la irrisoria corbata de moño y aferrando con la otra un megáfono a pilas, el diputado nacional Exequiel Ávila Gallo profetizaba, renqueando, que la maldición de Dios caería sobre la provincia si Bussi volvía a gobernarla. "¡Yo soy el doctor Frankenstein!", se enardecía el diputado. "¡Yo inventé al monstruo! Yo conozco sus bajezas mejor que nadie."

En 1987, Ávila Gallo ofreció a Bussi la gobernación de Tucumán en nombre del partido provincial Bandera Blanca, que había cosechado entre quinientas y seiscientas boletas en las últimas elecciones. A última hora, el general atendió sus ruegos y logró, por el mero magnetismo de su nombre, que el caudal de Bandera Blanca subiera a casi cien mil votos. Los jubilados, las clases medias empobrecidas, los millares de obreros golondrinas que rondaban sin trabajo por las turbias orillas de la capital tucumana, veían en el general a un hombre de carácter, a quien le bastarían pocos meses para poner orden en la yerma economía de la provincia. ¿No había sido, acaso, el único interventor de los años de fuego capaz de infundir miedo en los industriales tucumanos y de limpiarles los bolsillos para construir sesenta y seis kilómetros de caminos y ochenta escuelas? Se le atribuían –es verdad– 389 crímenes y el control directo de por lo menos diez campos de concentración durante los primeros veinte meses de la dictadura. Pero el general ya había respondido a esos cargos explicando que "no hay guerra sin alguna que otra víctima inocente".

A la mayoría de los industriales desvalijados también les complacía que el general volviera. Compartían con él las divisas de la paz, el orden, la decencia. Y sobre todo, sentían que su temperamento vigoroso los protegería del encumbramiento de la chusma, encarnada por el cantante Palito Ortega.

Casi todos los profesores, los artistas y los opositores a la dictadura con quienes hablé en Tucumán a fines de julio se disponían, en cambio, a votar por Ortega. Admitían que el cantante había sido un propagandista fervoroso de Viola y de Videla, que había exaltado a la "alegre muchachada de la Armada" cuando los héroes de la fuerza se llamaban Astiz, Massera y el Tigre Acosta, y que sus cualidades de administrador eran tan frágiles como las de Bussi. "Pero si él gana", dijeron, "Tucumán no deberá explicar ante la historia por qué, en plena democracia, eligió como gobernador a un asesino".

Una semana después de los comicios, es improbable que la gente recuerde aquellas semanas últimas de julio, veladas por la resignación y la incertidumbre. Han sucedido, desde entonces, demasiadas cosas que nadie imaginaba: la Unión Soviética se deshizo en fragmentos que tal vez nunca vuelvan a juntarse; Gorbachov ofreció retirar los once mil oficiales y soldados que mantiene en Cuba a cambio de un inmediato socorro económico de los Estados Unidos –tan luego de los Estados Unidos, donde también se advierten síntomas de bancarrota–; Yeltsin propuso al Japón canjear las islas Kuriles por dinero fresco; el abogado de Zulema Yoma pidió el juicio político del presidente Menem por no pasar las cuotas de alimento a sus hijos... La historia se mueve con la velocidad de un tren expreso, y nadie puede reconocer las siluetas que están detrás de las ventanillas.

Pero en Tucumán nada es lo que parece, y los confiados acólitos de Bussi deberían haberlo adivinado. ¿Qué fue lo que cambió la historia? No la infancia pobre de Palito, que de "changuito cañero" y "cabecita negra" sin horizonte se convirtió, por sí solo, en empresario con casa en Miami. No, tampoco, el romántico apoyo de su esposa Evangelina Salazar. En una provincia tan escéptica y maledicente como Tucumán, esos factores atrajeron, tal vez, sólo algunos insuficientes votos rurales. Creo que si Ortega venció fue por la simple razón de que es tucumano. El norte argentino se sintió siempre despojado por la pampa húmeda. En el colegio solían enseñarnos que el país verdadero es el que nace en Córdoba, y que lo demás es tierra de advenedizos.

Aunque al presidente Menem debía darle lo mismo que ganara el general o el cantor, fue él quien inclinó la balanza a favor de Ortega cuando decidió trasladar los restos de Juan Bautista Alberdi desde la Recoleta hasta la plaza Independencia, resucitando la pasión federalista de los tucumanos. Para la provincia, la biografía de Alberdi es quizá la metáfora más nítida de sus propias desgracias. El olvido, el ostracismo, la miseria, la desolación que padeció Alberdi en sus años finales, abandonado por los gobernantes de la orgullosa Buenos Aires, es como el propio destino de Tucumán: una historia de intrusiones y desgarramientos.

Medio siglo de gobiernos militares impusieron a las provincias el olvido de sus propias autonomías. Los interventores llegaban a la *terra incognita* y la convertían en un rápido apéndice de la metrópoli, acomodando la economía lugareña a las necesidades del puerto. Esa ceguera indujo al cursillista Juan Carlos Onganía a desmantelar la industria azucarera sustituyéndola por fábricas ilusorias, e hizo suponer a Bussi que sus batallas finales contra una subversión ya en retirada bastaban para conquistar el agradecimiento eterno de los tucumanos.

Los primeros –y abrumadores– éxitos electorales de Bussi se debieron a que, invocando el federalismo, hizo suponer que los gobernantes tucumanos ya no tendrían necesidad de seguir mendigando en Buenos Aires; que alzaría la voz ante los presidentes y ministros y les reclamaría el dinero de la provincia que la Nación había administrado mal durante décadas. Eran –palabras más, palabras menos– las mismas promesas que el interventor nacionalista Alberto Baldrich había formulado en agosto de 1943. Aquella vez, Baldrich había pronunciado también otros inolvidables desatinos: "El comunismo desaparecerá solo cuando desaparezcan el liberalismo y el capitalismo, que son los responsables directos del error intelectual marxista y de la desesperación de las clases trabajadoras".

Me dicen que, a mediados de agosto, los campesinos tucumanos comenzaron a caer en cuenta de que Bussi era nativo de Entre Ríos y que debía de pensar como los hombres de la pampa húmeda: con el corazón en el puerto y la boca abierta hacia el interior. Otros, en Aguilares, Concepción y Monteros –las tres ciudades mayores, después de la capital–, vieron una película llamada *La redada*, que refiere la desventura de un centenar de mendigos abandonados por el general en los desiertos de Catamarca, una noche invernal de

208

1977. Algunos servían como andrajosos bufones de una sociedad en ruinas. Que Bussi los expulsara hacia la muerte fue como si hubiera incendiado el paisaje. Ningún tucumano podía haber hecho eso.

Fue entonces cuando los golondrinas dieron en pensar que Palito era como ellos: que había nacido entre las malojas de Lules, con los pies en el barro. Y fue también entonces cuando los aliados del general en el exterminio de la subversión recordaron que el cantante no había militado en el bando contrario. Al unísono repitieron que un tucumano sin experiencia de gobierno era preferible a un forastero probado. Y en menos de una semana dieron vuelta la historia.

Tucumán nunca es lo que parece. Exequiel Ávila Gallo seguirá lamentando con su megáfono que el monstruo esté despierto y que ni siquiera el doctor Frankenstein puede hacer nada ya para desmantelarlo. Los 270 mil votos de Ortega son apenas una tregua. El general sigue de pie, lamiendo la nuca de la provincia con su aliento sulfuroso, a sólo treinta mil pasos de distancia. Contra lo que decía Marco Manuel de Avellaneda, en Tucumán todos los sentimientos son profundos, pero ninguno es tan profundo como el odio.

La luz y la oscuridad

Julio, 1995

Hace diez días fui a Tucumán a presentar mi última novela. Siempre he llevado mis libros a la ciudad natal antes que a ninguna otra parte porque, si no lo hago, me siento huérfano y perdido. Me parece que, sin ese ritual, mis textos nacen a medias. Esta vez, algunos amigos me sugirieron que no lo hiciera, en señal de protesta por el triunfo de Bussi. "Ya nada debe ser allí como antes", me dijeron.

Quienes piensan así es porque no conocen a los tucumanos, que han recorrido todas las formas de la adversidad y que las sobreviven, enaltecidos por un coraje histórico. Y, en verdad, pocas experiencias fueron tan intensas para mí como las de este último regreso. Aunque las aguas de las opiniones políticas están ferozmente divididas y los redobles del encono y de la decepción se oyen a cada paso, nadie baja la guardia. Hasta los devotos del bussismo, que ahora exhiben con orgullo su filiación en los cafés del centro de la capital provinciana y en las hosterías de los cerros cercanos, saben que al Júpiter tonante de 1976, acostumbrado a los dicterios de la fuerza, no le resultará sencillo gobernar con los corsés de la democracia.

Escudado en argumentos de fuego, Bussi logró en un año y medio (1976-77) el portento de enlutar a setecientas familias y amordazar a otras miles, limpiar la provincia de mendigos abandonándolos en los páramos de Catamarca, y reparar los cordones de las veredas con trabajadores esclavos arrebatados a las cárceles. Ahora tendrá que administrar el desconsuelo tucumano ya no con vozarrones de amenaza sino con decretos y leyes concertados en las mesas de negociaciones.

Si hay algo inédito en esta experiencia es el largo cortejo de viudas y huérfanos de las víctimas, que hace veinte años sufrió a Bussi como verdugo y ahora debe tolerarlo como gobernante. Que yo recuerde, eso no había sucedido antes, acá o en otras partes. Los verdugos dejan su estela de sangre y luego tienen la costumbre de morir o de esfumarse en un destierro dorado. Los oprimidos quedan con las entrañas desgarradas pero, al menos, pueden respirar. No en este caso. Bussi vuelve con todos sus fantasmas. El único otro ejemplo de resurrección letal que me viene a la memoria es el del general guatemalteco José Efraín Ríos Montt, que entre 1978 y 1983, presa de un extraño delirio místico, exterminó al diez por ciento de sus compatriotas. Ahora se ha presentado como candidato presidencial, con altas posibilidades de que lo elijan.

Sentir que el verdugo de la familia vuelve a imponer su ley y su orden en la propia casa es una especie de condena bíblica, uno de esos suspiros del Infierno que debieron de lacerar el corazón de Job cuando advirtió que Dios lo abandonaba. La noche en que presenté mi novela percibí una ráfaga de aquel horror. Son esa experiencia y otra de índole casi inversa lo que trataré de referir en esta columna.

Estábamos en un anfiteatro de la Universidad de Tucumán. Ya habían terminado las series de preguntas sobre la santidad o la mundanidad de Evita Perón y los asombros por las copias que se hicieron de su cuerpo momificado cuando, desde la última fila de butacas, se alzó la mano de una mujer tímida, cuya voz apenas se oía. "Estoy llorando", dijo. "No sólo por mí sino por todos nosotros. Quiero hablar en nombre de mi hijo de dieciocho años." Sentí que la garganta se le desgarraba. "Quiero hablar por la voz que ya no tiene y por el amor que ya no puede dar. Quiero que todos oigan mi vergüenza y mi pena porque los tucumanos hemos elegido como gobernador a nuestro propio asesino."

Media sala quedó desconcertada. La admonición de la mujer parecía no tener vínculo alguno con el libro que se estaba presentando aunque tal vez, en el fondo, hablaba de lo mismo. Estallaron unos pocos aplausos y se deslizaron dos o tres silbidos, hasta que los aplausos convirtieron los silbidos en cenizas y la gente empezó a marcharse. Vivir con los verdugos, me dije. ¿Qué puede haber pasado con un país que pone sus esperanzas en los verdugos?

No sé por qué me acordé en ese momento de mi amiga María Julia Daroqui, que se exilió en Caracas a fines de 1977, cuando la dictadura de Videla y Massera asesinó a dos de sus hermanos y luego secuestró a un tercero para siempre mientras estaba averiguando en qué cárcel los habrían recluido. María Julia volvió a la Argentina a comienzos de 1985 con la esperanza de encontrar alguna señal de los desaparecidos, que se llamaban Jorge Arturo, Daniel Alberto, Juan Carlos y que eran, según ella los recuerda, alegres, buenos mozos, reservados, una maravilla con la guitarra. Supo que a Juan Carlos lo habían torturado atrozmente en el Club Atlético y que en las desesperaciones del sufrimiento aún tenía fuerzas para confiar en un mundo mejor. De los otros oyó dar referencias vagas en el juicio a los comandantes. Desde entonces ni ella ni su familia han cesado de buscarlos y de poner avisos en los diarios todos los 15 de julio, en los aniversarios del desastre, con la esperanza de que alguien los haya visto por última vez, de que una voz compasiva les diga dónde los han sepultado. Golpean a todas las puertas que pueden, invocando la ley internacional que protege el derecho a saber qué pasó, y que en la Argentina sigue siendo letra muerta.

Nunca oí a María Julia hablar de esas desdichas mientras vivió en Buenos Aires, enseñando literatura latinoamericana en la Facultad de la calle Puán. Conocí la historia de su familia casi tres años después, cuando la amnistía presidencial de los criminales y la pesadilla de encontrárselos por la calle la devolvió a Caracas, donde retomó su cátedra en la Universidad Simón Bolívar y persistió en reconstruir los hilos sueltos de la atroz historia. Sé que no deja de recordar los ojos marrones y tristes de Daniel, que tenía veintitrés años; la fuerza apasionada de Juan Carlos, que andaba por los treinta, los interminables chistes de Arturo, que –como ella dice– "encontraba siempre una salida para todas las dificultades", hasta que el horror le amordazó la sonrisa de un día para el otro.

Sé que María Julia vio o creyó ver una tarde, en un café de Talcahuano y Corrientes, al policía que torturó a sus hermanos. Lo descubrió en una plática apacible con el hombre que, fingiéndose familiar de un detenido político, había delatado a Juan Carlos en Villa Adelina. Aquellas imágenes del espanto la derrumbaron y fue en ese momento cuando decidió irse, correr hacia cualquier parte, dejar atrás estas tinieblas sin castigo.

La historia de María Julia Daroqui y sus hermanos seguía rondándome en Tucumán cuando tres mujeres humildes se me acercaron, con hojas de cuadernos en las manos, para que les escribiera alguna frase sobre Evita. No sabía qué decir y les confesé mi desconcierto. "Ponga que Evita está viva", me dijeron. "Ponga eso nomás y nos vamos a ir tranquilas." Una de ellas se ofreció a leerme libros, a escribir resúmenes de obras ajenas. "¿Sabe?", me dijo, "no consigo trabajo en ninguna parte". No era la primera voz desesperada que oí en esos días. Tampoco fue la última. Me sentía fuera del tiempo, llevado y traído por la marea de hechos que estaban fuera de mí. No sabía qué decir ni cómo ayudar. Debí de mirar a las tres mujeres con sorpresa. No sé ya qué pa-

labras garabateé en las hojas. "Hemos perdido todo", me dijo una de ellas. "Hemos perdido el trabajo, la tranquilidad y
también hemos perdido la historia. Lo único que nos queda
es Evita."

Entonces me di cuenta de que la sala se había quedado
a oscuras, pero que en el rincón donde estábamos hablando
quedaba un poco de luz, tal vez la última luz de esa noche
inolvidable.

El General en Nuremberg

Noviembre, 1995

"Vean a los veinte acusados", dijo el locutor de Court TV con una voz deslucida, sin drama. "La gente de toda Europa que ha viajado a esta ciudad en ruinas sólo para expresarles su odio ahora permanece muda, decepcionada. Véanlos sentados en su doble fila de butacas grises, con trajes baratos y caras de aflicción. Se parecen a cualquiera de nosotros. Pasarían inadvertidos en la multitud. Nadie diría que son criminales feroces, capaces de matar a sangre fría. Ahora, esta mañana, van a ser juzgados. Los amos y señores del Tercer Reich van a ser sometidos a un tribunal en el que hay letrados de cuatro naciones: los Estados Unidos, Francia, Gran Bretaña y la Unión Soviética".

De pronto, la cámara salió a la intemperie y se paseó por las desiertas avenidas de Nuremberg: aparecieron torres descabezadas, largos dedos de piedra señalando la inclemencia del cielo, estatuas de reyes y guerreros a quienes las bombas de la Royal Air Force habían segado las espadas, los hombros, la apostura. En un edificio que debió ser majestuoso sobrevivían cinco agujas góticas de las que colgaban unas pocas gárgolas sombrías.

"Estas son las ruinas de Nuremberg, el 20 de noviembre de 1945", dijo el locutor de Court TV. "La ciudad medieval don-

215

de nacieron el clarinete y el reloj de bolsillo quedó destruida por completo después de once ataques aéreos. Hitler la había elegido para las grandes ceremonias místicas del nacionalsocialismo. En el Palacio de Justicia, uno de los pocos edificios intactos, va a celebrarse el juicio. Vamos a verlo todo: las defensas, las condenas, el veredicto. El lunes 20 se cumplirán cincuenta años del día en que empezó. Cincuenta años y, sin embargo, el mundo no aprendió la lección. Otras matanzas enloquecidas como las del nazismo se han repetido en Camboya, en Chile, en Argentina. Y no han cesado. Ahora la muerte se oye también en Bosnia y en Ruanda."

Argentina, pensé. El locutor había dicho: "Argentina". Cada vez que el juicio de Nuremberg se evoca en las cadenas de televisión norteamericanas (y en estos días de efemérides ha sucedido con frecuencia: en ABC, en Court TV, en PBS, a través de series documentales, testimonios de sobrevivientes y películas viejas), el recuerdo de otro juicio, hace diez años, en Buenos Aires, suele asomar en la voz de los historiadores y de los analistas políticos. No fue sólo por eso, sin embargo, que la palabra "Argentina" me encendió la conciencia. Fue porque, entre las oscuridades de la memoria, volví a oír la voz de Perón hablándome de Nuremberg.

Sucedió un sábado de marzo, en 1970. El General y yo habíamos dedicado la mañana a repasar su historia de amor con Evita. A escondidas de Isabel, Perón fumaba –recuerdo– un cigarrillo Saratoga. Yo estaba preocupado por el grabador, que comenzaba a carraspear. No sé cómo la conversación se desvió a las calamidades de la Segunda Guerra y desembocó en el juicio de Nuremberg. El General solía repetir sus relatos más de una vez, casi con las mismas palabras, y mucho de lo que me dijo ese día sobre sus experiencias en la Italia de Mussolini y en la España recién conquistada por Franco es casi lo mismo que le había contado a Félix Luna y al uruguayo Carlos María Gutiérrez. De la misma manera, casi todas las opiniones que le oí sobre Nuremberg y los nazis se parecen a las que repetiría después ante los grabadores de Esteban Peicovich y de Eugenio P. Rom.

"Entre 1945 y 1949", me dijo Perón, "les abrí los brazos a muchos de los pobres muchachos que escapaban de un país humillado y derrotado como era la Alemania de aquellos años. Los recibí por un sentido de humanidad y porque varios de ellos eran técnicos y científicos de primera, que nos hacían falta para fortalecer nuestras industrias. Alemania había invertido millones de marcos en capacitarlos. A nosotros sólo nos costaban un pasaje de avión y el pasaporte que les daban nuestros cónsules".

Recuerdo que el mediodía era helado y transparente, como de vidrio. Recuerdo el vuelo de los pájaros entre los fresnos y los rosales de la quinta. En la cinta achacosa, vuelvo a oír la temblorosa danza de las cucharitas en las tazas de café.

"Esa pobre gente se había quedado sin patria", siguió Perón. "En Nuremberg se estaba consumando entonces una infamia sin nombre que todavía sigue pesando sobre la conciencia de la humanidad. Se estaba celebrando un juicio indigno, donde los vencedores se comportaban como si no lo fueran. Ahora nos damos cuenta de que esa gente merecía haber perdido la guerra. Muchas veces, durante mi gobierno, me ocupé de condenar lo que pasó en Nuremberg, porque ese juicio me ha parecido siempre una barbaridad sin perdón."

"Goering", me oigo decir entonces en la cinta, con una voz que trataba de ser desafiante. "Kaltenbrunner", le dije. "¿Se acuerda de Kaltenbrunner? Fue el que organizó la Gestapo y los campos de la muerte. Hans Frank", le dije. "Frank, al que llamaban 'el carnicero de los judíos de Cracovia'. Alfred Rosenberg, Wilhelm Frick. Esos dos escribieron las leyes que ordenaban el exterminio de los judíos. ¿Qué hubiera hecho con ellos, General? Si usted hubiera estado en Nuremberg, ¿qué hubiera hecho?"

"Yo", contestó, "pude haber llenado de sangre a la Argen-

217

tina. Pude haber dejado el tendal de muertos y no lo hice. Si en 1955 yo le ordenaba a la CGT que se movilizara, habríamos tenido una matanza. No lo hice. Nunca he tomado medidas contra nadie. ¿Sabe por qué? Porque no son necesarias. Los hombres se castigan solos".

El General solía tener ráfagas de sentimientos contradictorios cada vez que hablábamos de los hombres fuertes. Pero esa mañana de 1970, sin López Rega ni Isabel rondando por la cocina, bajó la guardia y elogió a todos: a Napoleón, a Bismarck, a Hindenburg, a Mussolini. Había llenado la Argentina de nazis y no se avergonzaba de su hazaña. Exhibía, orgulloso, una panoplia de amistades a las que llamaba "heroicas": Skorzeny (el aviador que había liberado a Mussolini de su prisión en el Monte Sasso), Kurt Tank, Eichmann, Edward Roschman (conocido como "el verdugo de Riga") y un extraño veterinario al que el General identificaba como Helmut Gregor y que, según supe luego, era Josef Mengele, el siniestro médico del campo de Auschwitz.

No sé qué habría pensado el General si hubiera oído las discusiones que oí por Court TV la semana pasada. Uno de los mejores especialistas en Nuremberg, Joseph Persico, explicó que las matanzas aluvionales de los nazis, cometidas sin que hubiera ninguna justificación militar, no podían dejarse sin castigo. En Dachau, en Auschwitz, en Treblinka, "los esbirros de Hitler libraron", dijo, "la más sucia de las guerras posibles: una guerra de exterminio contra enemigos que no tenían ya fuerza para ser enemigos. Creo que sin las penas capitales que se dictaron en Nuremberg, la democracia no sería posible hoy en Alemania. No puede haber democracia verdadera mientras no se lavan las barbaries del pasado".

La cámara voló de nuevo sobre las calles de Nuremberg. Era otoño. Oí decir que era el otoño cálido de 1994. Vi parques, estatuas nuevas, las torres medievales de la ciudad reconstruida. Vi la enorme planicie donde hace tiempo, más de medio siglo, el arquitecto Albert Speer –condenado en Nuremberg a veinte años de cárcel– organizaba las vastas escenografías que glorificaban a Hitler. Y me di cuenta de que esa historia, tan lejana, tan ajena, se había retirado de Alemania pero había golpeado a la puerta de la Argentina, invadiendo nuestra casa indefensa y cambiándonos el aire. Vi que nosotros éramos, de algún modo, el Nuremberg de 1945, con un pasado sin resolver.

Un pasado peronista, me dije entonces: tal como el General quería.

LOS NUEVOS MESÍAS

Abril, 1995

Lo que estalla y nos hace pedazos es, casi siempre, lo que está más cerca de nosotros y no queremos ver. Nadie quiere aceptar que hemos vivido, ciegos, junto a nidos de fanáticos que aparentaban ser buenas personas, educadas y corteses. Acaba de suceder en Oklahoma y está sucediendo todos los días en Nashville, en South Bend y en Nueva Orleáns, donde porteros de colegios y obreros metalúrgicos que sueñan con ser mesías o salvadores de su patria, predican mensajes de odio y destrucción a ciegas.

Hace dos años nos sucedió a nosotros en la embajada de Israel; hace diez meses, en la AMIA. Tal como en Oklahoma, los primeros sospechosos fueron "los de otro lado": los fundamentalistas islámicos, los emigrantes, los apátridas. Siempre a la especie humana le ha costado mucho admitir que también adentro, en la propia familia, puede estar el infierno.

En 1933, Adolf Hitler era el salvador de Alemania, el mesías del Nuevo Orden. El 30 de abril de 1945, hace medio siglo exacto, se disparó una bala en la sien y, al mismo tiempo, mordió una cápsula de cianuro, porque un superhombre con tal conciencia de inmortalidad sólo podía morir si se suicidaba dos veces. Dejó una estela de veinte millones de víctimas y aun' ahora, después de siete mil libros que tratan de explicar ese delirio, no hay una sola respuesta satisfactoria.

La mejor –y la más siniestra– que conozco es la que oyó Primo Levi cuando era químico esclavo en el campo de Auschwitz. Se la dijo uno de sus verdugos, un SS: *"Acá no hay porqués".* No hay porqués. El odio se sitúa por encima –o por debajo– de la lógica, de los sentimientos, de la condición humana. El odio es, para las legiones del Apocalipsis, la verdadera forma de Dios.

Me acuerdo de lo que nos pasó a fines de marzo de 1976. Yo vivía entonces en Caracas, Venezuela, exiliado por la cólera de López Rega. Al día siguiente del golpe leí, con espanto, el plan de nueve puntos que la trinidad de dictadores argentinos exponía a la nación atribulada. "Nos proponemos", decían, "erradicar no sólo la subversión sino también las causas que favorecen su existencia". Se anunciaba, también, que no se iban a tolerar las opiniones de disenso. Escribí entonces en el diario *El Nacional* de Caracas: "Ya no se podrá saber, a partir de ahora, cuántas personas van a morir en la Argentina por obra de la violencia, ni cómo reaccionará el país ante el despliegue de la fuerza. El silencio vacuno, la pasividad, la aceptación de cualquier pesadilla: ésa parece, desde hoy, nuestra condena".

Más de un amigo se quejó de ese pronóstico funesto. "Estás lejos", me decían, "y no te das cuenta de que ha triunfado la línea moderada: Videla en vez de Menéndez, Massera en vez de los halcones de la Marina". Me parecía que, por estar lejos, yo veía, precisamente, más claro. Nunca he lamentado tanto tener razón.

Estamos rodeados de falsos mesías y no los vemos. Como no los vemos, no sabemos cómo defendernos de su agresiones fanáticas y ciegas. ¿Qué quiere un mesías? En última instancia, lo único que quiere es sentir su poder. Quiere ejercerlo contra los enemigos, por lo general imaginarios, que han brotado de sus pesadillas: negros, inmigrantes, cabecitas, judíos, todos lo que no son como uno o no piensan como uno.

Suelen ser tan anónimos, tan insignificantes, que pasan de largo sin que uno los advierta. Eso fue lo que casi les sucedió a los policías de Oklahoma con Timothy James McVeigh, el buen muchacho de Pendleton, Nueva York, que había ganado dos estrellas de bronce en la Guerra del Golfo, se oponía al control de armas del gobierno federal y sentía que la muerte de David Koresh en Waco, Texas, era una irremediable injusticia de Washington.

Después del atentado en Oklahoma City, McVeigh subió tranquilamente a un Mercury amarillo modelo 77 y se fue manejando por la ruta nacional 35 hacia el norte, sin violar ninguna regla de tránsito. Había cometido sólo un error: en la parte de atrás, el auto no tenía chapa. Llevaba casi una hora de apacible paseo y ya estaba por entrar en Kansas cuando, a la altura de Perry, lo detuvo el patrullero Charles Hanger.

Hanger es famoso por su celo policial. En el café Kumback, donde se detiene a desayunar todos los días, uno de los cocineros ha colgado en un marco la boleta que le hizo Hanger por "exceso de velocidad": manejaba a 90 kilómetros por hora en vez de 88 (55 millas), la máxima permitida.

Fue Hanger, entonces, quien –sin tener idea de la tragedia que acababa de suceder en Oklahoma City– detuvo a McVeigh y le pidió el registro y los papeles del auto. Todo estaba en orden. Pero cuando McVeigh se inclinó para cerrar la guantera, Hanger advirtió que llevaba en el cinturón un cuchillo con una hoja dentada de trece centímetros. Lo hizo bajar y lo llevó a la comisaría para interrogarlo. McVeigh se comportó durante todo el procedimiento con extrema urbanidad. "Sí, señor", decía; o "Por supuesto, señor".

Quedó arrestado sólo porque Hanger no quería dejarlo ir hasta no verificar sus antecedentes. "¿De dónde viene usted?", le preguntó. "De Michigan", contestó McVeigh. "¿Y qué anda haciendo por acá?" "Estoy dando vueltas por el país", dijo. A Hanger le pareció rarísimo que, para una excursión como ésa, se hubiera vestido de traje y que no llevara ninguna valija. Por ley, no podía retenerlo en prisión sino hasta el viernes 21 por la mañana. Media hora antes de dejarlo marchar, Hanger cayó en la cuenta de que McVeigh se parecía al identit-kit de John Doe N° 1, uno de los dos hombres más buscados de la Unión. Y así comenzó todo.

McVeigh lleva más de una semana sin abrir la boca y a todo lo que se le pregunta responde con su nombre y su grado militar. Por su aspecto casi afable, por su flacura y por su cara de piedra recuerda muchísimo a un tal Jorge Rafael Videla, que tiene más muertos que él sobre su sorda conciencia y que, también, se negaba a contestar las preguntas.

He leído que el general Martín Balza, en su discurso autocrítico del martes 25, aludió a una década de "violencia y mesianismo". Al decirlo, quizá pensaba –no podía sino pensar–, en Videla, en Viola, en Menéndez, en los comandantes que eran entonces sus superiores jerárquicos. Todos ellos se creyeron mesías seculares, jinetes de un Apocalipsis que nos llevaría a los cielos de Dios, la Familia y el Ser Nacional, aunque nunca explicaron bien qué era esto último. "Somos *casi* todos culpables", dijo también Balza. Esa culpabilidad tiene, sin embargo, grados. Ya desde Aristóteles se sabe que el mal no es un valor absoluto: Massera, Videla y Camps –como Hitler y Goering– son *infinitamente* más culpables que quienes decían "Por algo será" o "Los argentinos somos derechos y humanos". Unos son cómplices, sumisos, débiles, tal vez atormentados. Agravaron el infierno de las víctimas pero no lo crearon. Sin los primeros, en cambio, el infierno no habría sido posible.

He leído también en *The New York Times* del jueves 27 un artículo de Calvin Sims donde se informa que el presidente Menem, dando vuelta la manga de todo lo que había dicho hasta ahora, promete revisar las leyes de obediencia debida y punto final, con lo cual quizá se obligaría a derogar su propio decreto de perdón. Si lo hiciera antes de las elecciones, podría avanzar aún más que el discurso de Balza en lo que éste llama "el proceso de reconciliación de los argentinos". Y si lo dijo y no lo hace antes del 14 de mayo, se asemejará a uno de esos mesías que, hacia fines del milenio pasado, anunciaban milagros con la única intención de cazar devotos como a moscas en la telaraña.

"Tiempos difíciles se avecinan", anuncia el Apocalipsis. Eso es verdad. Lo peor es que creíamos que esos tiempos ya se habían ido y, al parecer, sólo ahora están empezando.

CÓMO APRENDER A SER OTRO

Octubre, 1996

Ciertas actitudes o gestos que son naturales en una cultura pueden parecer agresivos o intolerables en otra. Si a los seres humanos les resulta difícil entenderse es porque pocos terminan por aceptar al prójimo tal como es, con todas sus diferencias, y porque pocos quieren admitir que los derechos y costumbres del otro, por irritantes que parezcan, valen tanto como los propios derechos. Los problemas del Otro –el que emigra, el que viene de lejos, el que ha sido expulsado de su propia casa por la miseria o por la intolerancia– están perturbando la vida de medio mundo.

En los últimos cinco años, algunos jóvenes neonazis de Alemania, airados por el aumento de la desocupación, quemaron las viviendas de centenares de turcos que hacen trabajos serviles en ese país por salarios de hambre. Eligieron a los turcos –a un Otro– como chivos emisarios de sus frustraciones. Hace unos días, el gobierno español ordenó construir una alambrada de púas de dos metros de alto y ocho de ancho en el enclave de Melilla, Marruecos, para evitar que los inmigrantes ilegales invadan, a través de ese corredor, los prósperos países de la Comunidad Europea. Bajo la presión de los nacionalistas resentidos, los gobiernos de los países ricos no saben ya qué otras medidas defensivas tomar contra las hordas de menesterosos que se infiltran silenciosamente en sus fronteras. A fines de julio, España admitió que había drogado a más de cien emigrantes antes de devolverlos al África.

Violencia, desconfianza y miedo son los atributos de este nuevo nacionalismo para el cual no hay valor superior al de la seguridad. El azar de haber nacido en un lugar privilegiado –el azar, no el mérito– crea en ciertos individuos una voluntad de pertenencia tan feroz que todo lo que está fuera de su círculo es una amenaza. Nada hay tan pernicioso como creer en esas superestructuras a las que se designa como *Ser nacional*. En 1933, cuando aparecieron en el horizonte las primeras atrocidades del nazismo, el ensayista francés Julien Benda lanzó una advertencia que ha recuperado su actualidad: "Europa será un producto del espíritu europeo, de la voluntad de ese espíritu, pero no de lo que llamamos, por error, el ser europeo. Y si se me responde que el espíritu es sólo un aspecto del ser, entonces diré que no existe un *Ser europeo*".

Las desinteligencias entre el Otro y el Nosotros, que se van tornando cada vez más agudas entre las naciones, pueden observarse con nitidez en el pequeño reino de las costumbres cotidianas: lo que es norma doméstica en una determinada cultura puede resultar exótico y desagradable en otra. Mientras el vertiginoso progreso de las comunicaciones borra las fronteras, el recelo de los hombres las multiplica. Europa tiene ahora casi dos veces más países que hace diez años, y no siempre por el deseo de una mayor libertad política, como en Chechenia, sino por ancestrales odios de raza, como en Bosnia.

El respeto a la cultura del Otro se mide no tanto por la capacidad para aceptarla tal como es –lo cual, al fin de cuentas, es un fenómeno pasivo– como por la inteligencia para descubrir que en esa cultura puede haber elementos que nos enriquecen y que convendría incorporar a lo que ya somos. *Sape-*

re aude, escribía el gran poeta latino Horacio en vísperas de ese gigantesco desafío al Nosotros que fue el Otro llamado cristianismo. *Sapere aude*: es decir, atrevámonos a saber.

La empresa no es fácil, como lo advierte cualquiera que acerque su lupa a ciertos lenguajes como el de los afectos y compare cómo se expresan esos lenguajes en los Estados Unidos y en América latina. Un latinoamericano educado suele besar a las personas de otro sexo cuando se las presentan, por formal que sea la ocasión. En los Estados Unidos, sólo los que han viajado mucho y tienen experiencia mundana no se escandalizarían al verse en una situación así. En algunos pueblos de New Jersey –los que mejor conozco– ni siquiera es de buen tono saludar a una mujer tendiéndole la mano. Es preferible esperar que ella la extienda primero. Tocar, besar, palmear, mirar a los ojos –que son signos de calidez y sinceridad en América latina–, en los Estados Unidos pueden derivar en situaciones equívocas.

Cuando esos códigos de comportamiento se defienden hasta la exageración aparecen –como en el nacionalismo– brotes feroces de intolerancia. Sólo así se comprende que dos niños varones de seis y siete años hayan sido suspendidos en sus escuelas de Lexington, North Carolina, y de Queens, New York, por el infamante delito de besar en la mejilla a sendas compañeritas de clase. El niño de Queens fue el más audaz: arrancó uno de los botones del vestido de la niña –en el hombro, la región menos pecaminosa del cuerpo– para que se pareciera al oso que está en la portada de *Corduroy*, su libro favorito. En ambos casos, los culpables fueron enviados a sus casas con una leyenda en sus cuadernos que describía el delito cometido: *Abuso Sexual*.

Es verdad que también en los Estados Unidos esas historias de imbecilidad llamaron la atención y aparecieron en la primera página de los diarios, como signos de una falla grave en los reglamentos escolares. Pero en América latina, donde el beso es tan natural como la respiración, es improbable que la gente haya entendido el rigor con que actuaron las autoridades de Lexington y Queens.

Las culturas nacionales preservan siempre lo mejor de sí, pero a menudo no pueden evitar que otras culturas las transfiguren y las deformen. En casi toda la frontera sur de los Estados Unidos, la gente pasa del español al inglés o viceversa sin darse cuenta, mezclando a veces las palabras y creando jergas cuya evolución quizá se parezca a la de las lenguas romances de la Edad Media. A la vez, los programas de televisión que los hispanos hacen en Miami o en Los Ángeles y que se difunden en casi todo el continente, contaminan la imaginación latinoamericana y crean una visión filtrada, diferente, algo simplista de nuestros pueblos.

Quiénes pierden en el trueque o qué se pierde es algo que nadie podría saber ahora, porque sólo el tiempo decanta las culturas. Somos –y eso es lo único seguro– hombres de transición que vivimos en medio de infinitas corrientes cruzadas. Es más inteligente entender los cambios y no perder de vista quiénes somos y cuáles son las tradiciones a las que no se puede renunciar en vez de cerrar los ojos y aferrarse a la idea de que nuestra identidad es inmutable. Rara vez los hombres han sabido, en todas las mareas de la historia, aceptar al Otro tal como es, al diferente. Más infrecuente todavía es que los hombres entiendan y acepten que, dentro del Nosotros, hay siempre un Otro que nos modifica interminablemente.

Impunidades argentinas

Marzo, 1997

Es difícil entender por qué los grandes crímenes de la Argentina tardan tanto en aclararse o no se aclaran nunca. Basta que la sombra del poder se mezcle con un crimen para que de entrada se pierda la esperanza de encontrar a los culpables. Hace casi tres años, cuando una bomba aniquiló a un centenar de inocentes en la sede de la Asociación Mutual Israelita, escribí con ánimo provocador que si al cabo de un mes no se descubría nada, tal vez el enigma no tendría ya nunca solución. El desalentador presagio ha resultado, hasta hoy, verdadero.

Más que en México, más que en Colombia –países donde abundan las mafias y el poder sigue aquejado por el estigma de asesinatos no resueltos–, la impunidad ha dejado de ser en la Argentina una catástrofe de la historia para convertirse en una costumbre. Dos meses después de que el fotógrafo José Luis Cabezas fuera baleado y quemado en el balneario de Pinamar, el crimen amenaza con quedar para siempre en la oscura lista de las cuentas pendientes. Como sucedió después del bombardeo de la AMIA, el gobierno se deshizo en promesas de justicia y hasta aceptó correr algunos riesgos: hubo ofertas de recompensas caudalosas, purgas policiales, arrestos de sospechosos y rastreo de pistas ciegas. Pero, igual que antes, los criminales y sus instigadores se han desvanecido. Eso es lo que inquieta: que los culpables estén en alguna parte, no al margen de la sociedad sino influyendo sobre ella, simulando que son hombres decentes y ejerciendo –a lo mejor– alguna forma de poder, sin que haya la posibilidad de señalarlos o de defenderse. Elías Canetti expresó muy bien ese peligro en *Masa y poder*: "Los hombres que saborean la impunidad terminan sintiéndose también invulnerables. Uno olvida que esta gente no sale sola a sus aventuras. Lo que realmente necesitan, aquello de lo que ya no pueden prescindir, es la voluntad renovada de seguir sobreviviendo a sus víctimas".

Los asesinos caen tarde o temprano en Colombia, porque el poder político –ya demasiado comprometido por intrigas internas y por las sanciones económicas de los Estados Unidos– necesita identificarlos a tiempo para salvar la cara. En México, la justicia es más perezosa o más cómplice, como lo demuestran los nudos gordianos que aparecen en el crimen del ex candidato presidencial Luis Donaldo Colosio. En la Argentina, en cambio, no hay culpables. Si se los descubre, se los perdona. Y cuando no se los descubre, se hace todo lo posible para que se evaporen en el olvido.

Encontrar a los asesinos de un gobernante o de un líder político no es empresa fácil, porque en torno de ellos hay un espeso tejido de intereses que ensombrecen la investigación. Pero cuando se trata de un periodista, ¿dónde puede estar la dificultad? En Colombia se tardó diez años en apresar al asesino de Guillermo Cano, director del diario *El Espectador* de Bogotá. Desde hacía mucho tiempo se conocían los nombres de los sicarios –que también habían sido exterminados– y del inspirador del crimen, Pablo Escobar Gaviria, jefe del cártel del Medellín. Sólo faltaba que cayera el hombre que había organizado el complot: un agente financiero llamado Luis Carlos Molina. A mediados de febrero lo descubrieron en el norte de Bogotá y lo arrestaron. Aun en esa situación extrema, Molina –acostumbrado a la impunidad– intentó sobornar a los agentes que lo tenían cercado. Les ofreció medio millón de dólares y, cuando los vio vacilar, dobló la suma. No tuvo éxito.

Cuando hay un crimen impune, detrás del asesino se mueve –por lo general– una espesa red de cómplices. Cada culpable requiere la protección de muchos otros culpables: padrinos, protectores, influyentes, a veces policías, a veces jueces, todos ellos beneficiarios de las ventajas económicas o políticas que se derivan de esa muerte. En el crimen de Guillermo Cano, lo que se intentaba era suprimir las infatigables denuncias de *El Espectador* contra la mafia del narcotráfico. En el caso de José Luis Cabezas, ¿qué se intentaba silenciar? ¿A quién le interesaba que ese periodista o sus colegas no investigaran más en terrenos prohibidos?

Habrá que buscar, quizá, por el lado del poder. El empresario de correos Alfredo Yabrán dijo a mediados de marzo que "el poder es tener impunidad". Tal vez haya acertado con esa definición en algún blanco secreto de lo que significa sentirse impune o invulnerable, de la misma manera que el sindicalista gastronómico Luis Barrionuevo encontró la clave de la corrupción al declarar con sinceridad, hace más de cinco años, que "en la Argentina nadie hace la plata trabajando".

Nada es tan elocuente como los actos fallidos del lenguaje. Las palabras, como decía Locke, "no son sino las ideas que están en la mente de quien las enuncia". Son síntomas de enfermedades secretas, señales que ayudan a descifrar la verdad. Si se leyera con atención todo lo que se ha dicho sobre el asesinato de José Luis Cabezas, a lo mejor se vería con más claridad por qué lo mataron. Un crimen tan sádico, tan exagerado en su crueldad, sólo puede responder a un odio profundo. ¿Odio a la víctima? El fotógrafo de *Noticias* no parecía la clase de persona que desata esas pasiones extremas. Debió tratarse, más bien, de un odio más ciego: el odio de quien se siente cercado por la información, violado por la verdad, con la impunidad amenazada.

Si en la Argentina los crímenes tardan en aclararse o no se aclaran nunca es porque los asesinos han aprendido a tejer una red protectora de intereses que arrastrará, si caen, a quién sabe cuántos cómplices. Sucede lo mismo en todas partes, pero acá la tradición es larga. Todos saben que, como dijo Yabrán en su definición memorable, "el poder es tener impunidad". O, leído de otro modo: sólo con la ayuda del poder se puede ser impune, sólo hay impunidad mientras se tiene poder.

TRES HISTORIAS INJUSTAS

Mayo, 1997

En *Filosofía política*, un memorable ensayo de 1956, Eric Weil señaló que la violencia puede ser una enfermedad frecuente de la democracia. En las comunidades sin armonía –escribió–, los que toman ventaja son los mediocres y los corruptos, que van creando una autocracia cuyas justificaciones son la urgencia y la necesidad. Los autócratas gobiernan a través de la violencia y, a la vez, provocan reacciones violentas. En las comunidades mejor organizadas, en cambio, quienes dirigen los asuntos públicos tienen la posibilidad de discutir racionalmente sus puntos de vista. Las discusiones razonables –dice Weil– son la base de las democracias que aspiran a la estabilidad.

Según la tesis de *Filosofía política*, ni siquiera la ley puede garantizar una convivencia sana y equitativa. Los problemas del hombre son demasiado complejos como para que la ley los abarque infaliblemente. Para que una ley fuera eficaz, habría que discutirla cada vez que se plantea una situación atípica. Eso no es posible. Las democracias deben avanzar con las instituciones que tienen y –a veces para su desdicha– con los hombres que eligen las mayorías.

A menudo una ley que es justa en teoría deriva en situaciones injustas, así como ciertas acciones que el poder polí-

233

tico ejecuta para asegurar el bienestar general crean el efecto inverso: un malestar intolerable. En las últimas semanas han abundado los ejemplos que ilustran esas imperfecciones de la democracia.

Un desolador ejemplo es el de tres estudiantes de escuela secundaria que hacia comienzos de 1989 vivían en Glen Ridge, una aldea perdida de New Jersey. Se divertían jugando al fútbol y molestando a las chicas. La más desvalida de las compañeras era una joven retardada, poco mayor que ellos. Un atardecer de marzo la llevaron a un lugar solitario del pueblo y la violaron con un bate de béisbol, mientras otros diez compañeros aplaudían, sentados en sendas sillas, el horrendo espectáculo. Los tres fueron condenados a veintidós meses de reclusión por un jurado unánime. No cumplieron ni un solo día de la pena. Pagaron multas fuertes, siguieron trabajando y yendo a la universidad, mientras los abogados defensores se embarcaban en apelaciones sin fin. La ley que protege a los acusados sin sentencia firme es una ley justa, nadie lo duda, pero la injusticia del caso de Glen Ridge reclama la ira del cielo.

Un episodio parecido aunque menos flagrante es el que beneficia al ex jugador de rugby Alejandro Puccio, que en 1985 fue condenado a prisión perpetua por participar en el secuestro extorsivo de cuatro empresarios, tres de los cuales murieron en el encierro. Como se sabe, Puccio fue liberado a principios de abril, luego de cumplir once años y siete meses de la sentencia y de pagar una fianza de medio millón de dólares. También se sabe que el escandaloso aval con que pagó esa fianza fue la casa donde los secuestrados sufrieron el largo calvario del encierro, el hambre y la muerte. Una ley sancionada por el pacto de Costa Rica permite que el tiempo pasado en prisión sin sentencia firme se cuente doble. Las apelaciones interminables permiten demorar esos trámites, con lo que algo concebido para aliviar a los inocentes sirve también para sacar del pantano a los culpables.

La defensa del bienestar general fue lo que encumbró al presidente peruano Alberto Fujimori. Nadie como él consiguió cercar y castigar en tan poco tiempo a los cabecillas fundamentalistas de Sendero Luminoso y, a mediados de 1996, desmantelar –o al menos eso parecía– a los guerrilleros fanáticos del Movimiento Tupac Amaru, cuya sigla es MRTA. En cinco años pacificó el Perú con un estilo autocrático que, curiosamente, acentuó la popularidad que tenía cuando ganó la presidencia. No es para nada improbable que busque un tercer mandato, aunque eso desbarate la Constitución que él mismo sancionó en 1993.

Su gobierno es legítimo pero sus métodos no lo son. La legitimidad –como escribió Seymour Martin Lipset en *El hombre político*– es la capacidad que tiene un sistema para mantener en pie las instituciones sin lesionar al mismo tiempo la fe que la sociedad ha puesto en ellas. Fujimori está preservando una democracia legítima casi a puros golpes de ilegitimidad.

A mediados de abril, cuatro meses después de que un batallón del MRTA invadiera la embajada del Japón en Lima y capturara a casi medio millar de rehenes, el ejército peruano logró entrar a sangre y fuego en la residencia ocupada y rescatar a casi todos los cautivos. La acción fue sorpresiva, bien planificada y militarmente perfecta. No quedaron guerrilleros sobrevivientes. El problema es que, en una legalidad democrática, hasta los culpables tienen derechos, y en Lima esos derechos no fueron tomados en cuenta.

Nadie podría defender la democracia y, al mismo tiempo, el inhumano cautiverio de decenas de hombres, sean cuales fueren las banderas que se enarbolan. Con la misma lógica, nadie tampoco puede defender la democracia y, al mismo tiempo, la matanza de guerrilleros que se habían rendido o que estaban heridos y fueron rematados en el piso. La superioridad de la democracia sobre las otras formas de gobierno reside, precisamente, en que la razón está por encima de los abusos, y en que el bienestar general es algo que se decide a través de las discusiones institucionales y no algo zanjado por la lisa y llana voluntad de un autócrata y de sus eventuales aliados en el autoritarismo.

La violencia es la única e inaceptable arma de los desesperados, pero jamás puede ser el arma de un gobierno cuyo argumento es la legitimidad democrática. En América latina la violencia es un eco: se sabe de dónde sale la voz, pero no adónde llega, ni cuándo, ni de qué manera regresa.

SERES DE ODIO

Febrero, 1997

La historia está poblada de fanáticos que se creen encarnaciones de Dios, brazos de Dios, héroes de una cruzada contra males que sólo ellos ven. Esos enfermos de omnipotencia están, a la vez, aquejados de paranoia. Para sentir el poder, necesitan que haya enemigos. Los enemigos son su obsesión pero también su razón de ser.

Entre los años 60 y 80, las dictaduras militares de América latina fueron el más fértil caldo de cultivo para esa raza de fanáticos. Cuando las dictaduras se evaporaron, todos ellos quedaron sueltos por ahí, indemnes, en busca de enemigos que ya no existían. "Mano de obra desocupada" se les llamó en la Argentina; "escuadrones de la muerte" en Brasil. En la Guatemala de 1986, los antiguos esbirros del general José Agustín Ríos Montt se designaron a sí mismos como *"kaibiles"* y administraron sus injusticias con los Evangelios en la mano. En Haití, hasta hace apenas tres años, las navajas de los *tonton-macoutes* seguían asesinando campesinos.

Sobrevivientes de una época en la que disponían de la vida y de la muerte de sus semejantes a los que simulaban proteger, les quedó el hábito del gatillo fácil y una sensación de infinita invulnerabilidad. Como el único entrenamiento que recibían fue el de matar, las épocas de paz y la ausencia de enemigos solían ponerlos incómodos.

Eso sucede ahora. Casi todos los días, en uno u otro país de América latina, esos fanáticos salen otra vez a la luz y cometen alguna depredación. En los primeros tiempos de la democracia, la sorpresa de haberse quedado sin poder los mantuvo sosegados. Pero en los últimos años, al amparo de instituciones cómplices y del mal llamado "espíritu de cuerpo", han vuelto a creerse invulnerables y a sacar la cabeza. La definición argentina de esos personajes es la más precisa y descriptiva de todas: "mano de obra desocupada". Cuando alguno de ellos no tiene nada que hacer, la sociedad civil debe ponerse a temblar.

La mayoría son ex oficiales y suboficiales de las fuerzas de seguridad, a quienes en los tiempos de dictadura se los dotaba de armas, entrenamiento para la matanza y promesas de indemnidad. Muchos de ellos, retirados desde hace años, no saben qué hacer ahora con sus vidas. Otros han conservado su trabajo. Cuando se jubilan son un problema, porque sus especialidades –el uso de las armas, la vigilancia, la defensa– carecen casi de aplicaciones en estos tiempos sin guerras frías.

A mediados de febrero, alarmado por la abundancia de policías acusados de crímenes –abusos de autoridad, extorsiones, robos, secuestros–, el gobernador de la provincia de Buenos Aires hizo saber que dejaría cesantes a mil ochocientos funcionarios sospechosos. Prometió pagarles el sesenta a setenta por ciento del sueldo y mantenerles el seguro familiar de salud hasta que consiguieran otro trabajo, pero sólo durante un plazo de tres años. Si finalmente los expulsa, los privará del arma y del derecho a usar el uniforme. Serán parias, a la espera de enemigos que les devuelvan su razón de existir.

Lo que esos hombres sin destino serían capaces de hacer es un enigma que suele encontrar, en la realidad, ciertas desoladoras respuestas. Fueron, al parecer, policías retirados los que, el penúltimo viernes de febrero, bajaron de un ómnibus, en São Paulo, a cinco adolescentes de entre 14 y 15 años que no tenían dinero para el boleto, los obligaron a tocar el piso con la frente y les pegaron un tiro en la nuca después de maniatarlos. Un funcionario trató de justificar a los asesinos explicando que eran vigilantes contratados por la compañía de ómnibus y que las víctimas estaban "molestando a los pasajeros".

El episodio no difiere demasiado del que protagonizó en Buenos Aires el mayor retirado Osvaldo Agustín Matorras. La víspera de Navidad de 1993, tres chicos de 18 años estaban encendiendo fuegos artificiales en el vecindario. El mayor, irritado por el ruido, les ordenó que se fueran. "Un último petardo y nos vamos", le respondieron. Matorras no pudo tolerar la desobediencia. Con el arma que aún no había devuelto al Ejército baleó a uno de los chicos en una pierna, a otro en un pie, al tercero en la cadera.

Más patético aún es lo que sucedió la madrugada del último año nuevo con otro militar argentino, el coronel jubilado Norberto Eduardo González. Estaba de vacaciones en Punta del Este con su esposa y dos nietos de ésta. El mayor de los nietos cumplía quince años ese día y la abuela le dio permiso para que se fuera de fiesta por separado. A las tres de la mañana, cuando el coronel regresó a su casa, advirtió una sombra a través de la ventana. Casi maquinalmente sacó el revólver y, desde una distancia de tres o cuatro metros, disparó a la cabeza del intruso. Se trataba –por supuesto– del nieto. En su defensa, el coronel González adujo que había confundido al adolescente con un ladrón. "Si ése fue el caso, el agresor tiene una errada jerarquía de valores", opinó un juez argentino. "Prefiere los objetos que hay en su casa a la vida de un ser humano."

Las dictaduras de América latina propusieron, hace quince o veinte años, la creación de sociedades educadas por el terror, la opresión y el castigo: una cultura paternalista edificada a través de órdenes inapelables. Desobedecer, disentir, reclamar, eran culpas que se sancionaban con la muerte. Los ejecutores de esa política mafiosa no saben cómo comportarse cuando las reglas de juego cambian y el lenguaje común es el de la libertad.

No es fácil convivir con miles de fanáticos sueltos que se ven a sí mismos como encarnaciones de Dios. Al estudiar la paranoia, Freud señaló que el fanático sólo se apacigua cuando cree que todos los hombres han muerto menos él. Se apacigua cuando descubre que ha quedado solo. La mejor defensa de la democracia, entonces, es segregar a los fanáticos y a los autoritarios: demostrarles que están solos, al margen, rumiando para nadie sus oscuros e insaciables odios.

La lección de Schindler

Febrero, 1994

Hace un par de años, cuando la embajada de Israel en Buenos Aires fue volada por manos que todavía se desconocen, la prensa europea recordó que la Argentina tiene una larga tradición de intolerancia con el extranjero pobre, con los campesinos nómades y, en especial, con los seres que le parecen diferentes. "El antisemitismo argentino", señaló entonces *Le Journal de Genève,* "ha logrado acobardar a una población judía que en 1950 sumaba medio millón y que en 1983 se redujo a menos de 350 mil".

Europa no es el lugar más indicado para arrojar a nadie esa clase de piedras, como lo saben los martirizados turcos de Alemania, los árabes de Francia, los albaneses de Italia y los judíos y gitanos de casi todas partes. Pero los delirios racistas de otras latitudes no pueden servir de consuelo a este país, en el preámbulo de cuya Constitución todavía no derogada se lee que "los representantes del pueblo (aseguran) los beneficios de la libertad (...) a todos los hombres del mundo". ¿Por qué tanta mala fama, entonces? Hay quizás una razón evidente: porque los crímenes de intolerancia que en otras latitudes se investigan, se descubren y con frecuencia se castigan, acá se perdonan y hasta se olvidan.

Dentro de poco se va a estrenar en Buenos Aires *La lista*

de Schindler, la película de Steven Spielberg que ha levantado tantas espumas de alabanza. Y si bien el tema del Holocausto no alcanza en ese film la intensidad ni la altura de obras mayores como *El hotel blanco* de D. M. Thomas, *Si esto es un hombre* de Primo Levi, o la austera *Shoah* de Claude Lanzmann, el lenguaje de Spielberg es más llano y quizá sea capaz de conmover a más gente.

Hace medio siglo, cuando terminó la Segunda Guerra y las matanzas estaban frescas, era difícil imaginar que los campos de concentración podrían ser negados alguna vez como realidad histórica. Nadie duda de Hiroshima o de la existencia real de Rommel, Evita o Stalin, por citar sólo a personajes del mismo período reflejados en textos y películas documentales. Pero una encuesta de la Organización Ropper reveló el año pasado que veinte por ciento de los estudiantes secundarios norteamericanos y veintidós por ciento de los adultos creen que los campos de exterminio nunca existieron o fueron inventados por la propaganda judía.

En la Argentina, las cifras son sin duda más alarmantes porque el antisemitismo es más visceral. Treinta y cinco por ciento de la población argentina supone que los judíos son reconocibles a través de marcas raciales, en lo que coinciden con Hitler, Rosenberg y demás teóricos del nazismo; cuarenta y cinco por ciento imagina que son más leales a Israel que a la Argentina. Lo reveló a fines de enero una encuesta de IPSA, y no hay por qué dudar que esos índices aterradores no sean ciertos.

Los judíos fueron los chivos emisarios de las frustraciones argentinas desde los tiempos en que la Legión Cívica, bajo el amparo fascista del general José Félix Uriburu, desfilaba por las calles de Buenos Aires al compás de un estribillo canallesco: "Haga patria, mate un judío". No han dejado de serlo en Rusia, en Polonia, en Francia. El "prejuicio de odio" de que hablaba Baruj Spinoza hace tres siglos empieza ahora a desplazarse lentamente hacia pueblos más indefensos.

Cincuenta palestinos han sido las últimas víctimas inocentes, en Hebrón, de un médico judío fanático que, irónicamente, se impuso el nombre de Baruj. El fanatismo es el principio de todo error: hace medio siglo, millones de judíos fueron las víctimas. Ahora, un solo judío enloquecido puede ser el verdugo. Sucedió hace diez años en Sabra y en Chatila; ha vuelto a suceder el viernes en la mezquita de Hebron.

Una de las virtudes de *La lista de Schindler* es que ilumina de manera inusual la relación entre fuertes y débiles. En vez de poner en escena la crueldad del opresor y de interrogarse sobre los límites del Mal –lugares comunes de las películas de guerra–, dibuja el mapa de una conciencia humana desde un punto en el que sólo importa el dinero hasta el extremo contrario, donde el valor supremo es la vida. Vista por Spielberg (pero sobre todo por el australiano Thomas Keneally, autor de la novela original), la parábola de Oskar Schindler describe cómo un hombre solo, sin otro auxilio que el de sus escrúpulos, está en condiciones de salvar la vida de miles. Es la clase de saga que un puñado de argentinos valientes como Emilio Mignone, el rabino Marshall Meyer y las Madres de la Plaza emprendieron en tiempos sin esperanza; la saga bíblica del hombre justo que salva al mundo y cuya memoria suele desvanecerse entre tanto indulto y tanta fiesta.

Entre las múltiples ideas sueltas que me ha suscitado *La lista de Schindler* (sueltas pero conectadas por el cordón umbilical de las tradiciones autoritarias que abundan en la historia patria), quizá la que más me inquieta es la de nuestro fascismo ordinario, que nos ronda casi desde siempre, como una sombra rampante. Suponer que las verdades de uno son siempre superiores a las verdades ajenas, definir todo lo que desconocemos como algo maligno y peligroso, han sido en la Argentina exhalaciones de un narcisismo que se convierte fácilmente en agresión.

Cuando nos llegue la próxima crisis –tarde o temprano,

porque las crisis entran en la lógica de los procesos históricos–, los responsables arrojarán el peso de la culpa sobre los que están más indefensos: enfermos, analfabetos, bolivianos, paraguayos, invasores ilegales de terrenos, refugiados de las villas miserias. Lo hizo Hitler con los judíos, con los gitanos y con los polacos de Danzig. De otra manera, lo están haciendo los serbios con los musulmanes y también los clanes militares de Somalia con los nómades hambrientos. ¿Por qué no habrían de hacer lo mismo acá todos los que sientan amenazados sus privilegios?

¿Por qué no, si hasta lo hizo uno de los pensadores más lúcidos del siglo XIX? En 1870, Juan Bautista Alberdi cometió la torpeza de atribuir las dificultades nacionales a los "inmigrantes de países autoritarios y latinos": a los españoles, italianos y franceses que infectaban el Río de la Plata con "la brutalidad de las siete plagas". Si Alberdi caía en esos descalabros de la inteligencia, ¿qué podrá esperarse de jefes gremiales y patrones de empresa, descendientes de aquellos italianos o españoles "brutales", cuando las papas quemen en la Argentina y alguien deba pagar las cuentas del festín que estamos viviendo? Buscarán con el índice y señalarán como culpables a los bolivianos indocumentados, a los paraguayos en fuga, a los chilenos sin casa.

El fascismo ordinario se alimenta de la intolerancia, del silencio cómplice, pero sobre todo se alimenta de la generalización. Fascista es (aunque no lo sepa ni lo quiera) todo aquel que se niega a pensar en sus semejantes por separado y decide que son buenos o malos por su clase, por su apariencia, por lo que ha oído decir de ellos. La desesperanza engendra pánico, el pánico engendra agresión.

Auschwitz o el Holocausto son fotografías demasiado intolerables del fascismo como para que los hombres comunes se identifiquen con ellas. Un horror tan desmesurado sólo puede suceder (se imagina) una sola vez. La eficacia del personaje de Oskar Schindler (y, por extensión, la del film de

Spielberg) consiste en que su historia puede ser la de cualquiera: un vividor, un arribista, que en nombre de la solidaridad humana renuncia porque sí a sus privilegios y quema todo lo que posee ante el altar de su conciencia.

Las dos caras de la historia empiezan siempre de la misma manera: un hombre solitario (acaso en una cárcel de Munich, acaso en 1923) insulta en voz alta a la condición humana. Su vil prejuicio coincide con el de otro, y otro más. Es una señal casi vulgar del fascismo ordinario a la que nadie se opone ni concede importancia porque es un incidente pequeño, un ridículo desafío a la inteligencia. Y a la inversa: otro hombre solitario (tal vez en Cracovia, tal vez en 1940) decide salvar a la humanidad y, para lograrlo, comienza tendiendo la mano a un pobre ser que, a su vez, se agranda para tendérsela a otro.

Las metáforas sobre el bien y el mal que se despliegan durante las tres horas largas de *La lista de Schindler* tienen más de una correspondencia con la realidad argentina: de un lado están la intolerancia y el odio, como los que se expresaron hace dos años contra la embajada de Israel o hace menos de un mes, cuando un enjambre chillón abandonó el panal de los sindicatos para lanzar su aguijón contra los inmigrantes ilegales. Del otro lado está un país –este país–, fertilizado por infinitas sangres europeas, asiáticas y mestizas, cuya riqueza nace de esa mezcla y cuyas tradiciones son hijas de esa diversidad aluvional. La lección de Oskar Schindler es la del ario puro que salva a los diferentes y que transforma ese gesto en una razón de vida. Cuando se estrene el film de Spielberg, pero quién sabe cuántos argentinos querrán entender todo lo que dice.

POR UN PAÍS SIN GUETOS

Julio, 1994

La Nación Argentina se fundó como un acto de fe en el hombre. "La riqueza no reside en el suelo ni en el clima", escribía Alberdi en *Origen y medio de la riqueza*. "El territorio de la riqueza es el hombre mismo." Todos los actos de segregación, todas las semillas de barbarie que se enquistaron entre nosotros fueron empobreciéndonos hasta lo que ahora somos: un país con sueños de grandeza que cada dos por tres se golpea la frente contra el muro de la realidad.

Este país nació como una frontera abierta para todos los hombres de buena voluntad. No fue concebido como una suma de comunidades aisladas, condenadas a vivir en guetos. Pero esa declaración de principios no siempre coincidió con la hostilidad de nuestras leyes ni con la ferocidad con que vejamos y reprimimos a los Otros, por superstición, por ignorancia, por lisa y llana estupidez.

La comunidad judía fue, quizá, la que sufrió esos agravios con mayor severidad. Desde que los primeros núcleos migratorios judíos empezaron a organizarse en 1862 –treinta años antes de que el barón Mauricio Hirsch fundara las colonias entrerrianas–, esa comunidad padeció persecución, agresiones solapadas, calumnias de fanáticos. Ya de entonces le viene a la Argentina una fama de intolerancia que los tiempos, por desdicha, han confirmado.

En este país los justos y los solidarios suman millones. Son también millones, sin embargo, los que olvidan, los que callan ante las injusticias cotidianas, los que dejan pasar las ligeras llamas de antisemitismo que se oyen a cada paso y que de pronto, tal como sucedió el lunes 18, se convierten en la explosión atroz de la AMIA. Hay entre nosotros una larga historia de silencios, una tenaz resignación ante fatalidades inaceptables que desembocan, como ya nos ha sucedido, en dictaduras de pesadilla o en atentados abominables. Que esas desgracias se repitan, que las desventuras nos pasen más de una vez es una señal de alarma, no sólo para el gobierno –que, un poco tarde, ha pedido perdón– sino también para todos los argentinos civilizados que quieren un país mejor.

La Argentina lleva sobre las espaldas una larga historia de espantos antisemitas que no está de más evocar. Puede que las generaciones recientes no hayan leído las historias de la Legión Cívica, que en los tiempos de José Félix Uriburu desfilaba por las calles de Buenos Aires con los brazos extendidos al compás del estribillo "Haga patria, mate un judío". Puede que no recuerden el inhóspito nombre de Hugo Wast (o Gustavo Martínez Zuviría), que en los años del esplendor nazi escribió una retahíla de novelas antisemitas como *El Kahal, Oro o 666* y que luego, al ser nombrado ministro de Instrucción Pública en 1943, tuvo ocasión de imponer su ideología en las escuelas primarias y en la radio.

Han de ser también pocos los que recuerden que, en marzo de 1962, fanáticos de organizaciones que entonces se llamaban Tacuara y Guardia Restauradora Nacionalista raptaron y tatuaron con esvásticas uno de los senos de la joven judía Graciela Sirota, o que dos jóvenes judíos fueron "cocinados" con sopletes como parte de una escalada que el gobierno democrático de 1964 quiso atribuir, erróneamente, a "la lucha entre dos colectividades". Aquí vivieron sin ser per-

247

turbados criminales de estatura babélica como Eichmann y Mengele; por las calles del centro desfilaron, hace menos de cinco años, las huestes del módico Alejandro Biondini; no han pasado aún cuatro meses desde que se descubrió en el Tigre el imponente arsenal acumulado por otro nazi vernáculo, Alejandro Suckdorf.

Hemos consentido demasiado horror como para que nos consideremos inocentes. La pasividad, los indultos, las obediencias debidas, las miradas hacia otra parte, han creado entre nosotros suficientes caldos de cultivo como para que los terroristas de afuera (si es que son de afuera) encuentren fáciles apoyos entre los embozados terroristas de adentro. El horror antijudío conmueve a los argentinos cada vez que estalla. Pero, para ser francos, los brotes de odio que aparecen todos los días suelen no sublevarnos con la misma intensidad. Es como si, de tanto convivir con el horror, estuviéramos anestesiados. El jueves tuve que bajarme de dos taxis porque los choferes insistían en afirmar que los medios –"todos en manos de judíos, todos comprados por anunciantes judíos"– dan sólo una versión agrandada de la catástrofe.

No somos inocentes. Durante décadas hemos creado monstruos en nombre de la grandeza nacional, de la pacificación o de una falsa armonía entre contrarios. Y cuando los monstruos salen a la luz del día, lloramos o pedimos perdón. Además de esclarecer el inmenso crimen de la AMIA, hace falta esclarecer los pequeños crímenes de omisión o los silencios de conciencia en los que incurrimos todos los días.

Uno de los grandes filósofos de este tiempo, Emmanuel Levinas, ha escrito que el hombre es hombre (y no animal u oscura especie desconocida) porque tiene conciencia de la muerte y porque no puede anular su responsabilidad por el prójimo. Sin esa responsabilidad, no somos personas. Sin responsabilidad no hay ser. ¿Hasta qué punto, entre nosotros, esa responsabilidad estuvo aletargada o extraviada?

¿Por qué hizo falta un cruel mazazo como el del lunes 18 para que empezáramos a sobresaltarnos?

Y si volvemos a dormirnos, ¿qué podría hacer un judío argentino? ¿Resignarse a la indefensión? ¿Irse, para que después lo escarnezcan, como a tantos exiliados de la dictadura? ¿Enclaustrarse en un gueto? Un dirigente judío acaba de admitir que los controles en las entradas y salidas de las instituciones comunitarias son ineficaces pero que tampoco se puede "convertir a toda la comunidad en un búnker". "¿Y ahora cómo van a hacer?", le preguntaron. "Ahora", dijo, "vamos a tener que construir los bunkers".

Si eso sucediera, el estigma sería difícil de levantar. Sobre nuestra historia reciente pesan ya demasiadas cicatrices como para admitir otra. Una nación donde hay sectores de la sociedad que deben vivir en guetos para protegerse o para salvarse, no es una nación en serio: delata un Estado impotente, una población cómplice o insensible, una inseguridad asesina.

No merecemos ese país. Somos también –como volvimos a saberlo el jueves, en la plaza de los Dos Congresos– otro país. Es a las puertas de ese país a las que hay que golpear no sólo para exigir que se esclarezca la atroz matanza de la AMIA, sino también –y sobre todo– para alzar los brazos contra los antisemitismos cotidianos, contra las no personas a las que aludía Levinas, tan preocupadas por las "grandes cosas" y tan poco responsables con el prójimo.

El miedo a las víctimas

Agosto, 1994

Un mes después de la masacre del 18 de julio hay que admitir, con desaliento, que no quedan casi esperanzas de encontrar a los culpables. Quien haya leído alguna vez el itinerario de los atentados terroristas, sabe que las liebres saltan en las primeras dos semanas o desaparecen para siempre. Desdibujadas ya las frágiles huellas que el juez Galeano creyó haber descubierto en Caracas y en Ciudad del Este, disuelto el arrepentido Moatamer en las aguas de la única información que podía entregar –la de su huérfano arrepentimiento–, en las manos del país no ha quedado sino el agua escurridiza de la impunidad.

Como sucede con tanta frecuencia entre nosotros, los grandes crímenes pierden por el camino a sus responsables, o bien los responsables siempre hallan quien los perdone. Será por eso que la imagen argentina en el exterior es mucho peor de lo que el discurso oficial trata de hacernos creer. Durante las semanas que acaban de pasar, entre el fárrago de informaciones sobre Whitewater, Haití, el éxodo cubano y el impávido futbolista O. J. Simpson, la prensa norteamericana ha entretejido las estremecedoras historias de la calle Pasteur con retratos de una nación aquejada por un antisemitismo endémico y por nidos de nazis sin desmantelar. A los ojos del afuera, la Argentina es un país incurablemente enfermo de intolerancia y fanatismo.

Esa imagen es sin duda injusta, como todas las imágenes absolutas, pero no puede negarse que algunos rasgos de nuestro pasado reciente justifican la caricatura. Aunque acá hayan sido olvidados, en otras partes los diarios todavía se acuerdan de los obispos de la irrisoria iglesia inventada por José López Rega quien, en noviembre de 1974, luciendo cruces esvásticas en el pecho, celebraron una misa más o menos negra sobre la piedra fundamental del ex Altar de la Patria y ofrendaron hostias de mentira a tres mil escolares; se acuerdan de los tormentos ejecutados por oficiales de la dictadura al pie de la efigie de Hitler; del iracundo oficial carapintada encañonando a un fotógrafo con su pistola de reglamento, y además sacan a la luz, cuando viene al caso, nuestros debates casi medievales sobre el divorcio, el aborto y otras formas del libre albedrío humano.

Nada podría empeorar tanto esas imágenes como la impunidad a que parecen condenados los crímenes de la embajada de Israel y los del 18 de julio. Lo más grave, sin embargo, no es ya lo que puedan pensar afuera de nosotros sino lo que nosotros mismos estamos pensando sobre lo que somos.

Hace un par de domingos alabé en estas mismas páginas los reflejos argentinos de solidaridad. ¿Puede afirmarse ahora que somos un país solidario o habrá que matizar la idea explicando que nuestra solidaridad se detiene donde empiezan las fronteras del miedo? Como se sabe de sobra, los clubes no judíos se niegan a jugar al hockey o al baloncesto en las sedes judías, y a ciertas autoridades de la comunidad judía eso no les parece mal. Les duele, dicen, pero lo entienden. Creo que deberían enojarse. Que no deberían "entenderlo". Si nadie discriminara a nadie, si nadie tuviera miedo, el país seguiría siendo la unidad (o la voluntad de unidad) que siempre fue, y el tercer atentado que anunció y luego desanunció el gobierno sería una amenaza contra la nación entera y no, como parece ahora, contra sólo una de sus partes.

Si los vecinos de la manzana de Villanueva-Gorostiaga-Arribeños-Maure se hubieran abstenido de enviar a *La Nación* la espantada carta que ese diario publicó el 17 de agosto, quejándose porque una embajada "tan conflictiva" como la de Israel va a ser construida allí, a la vuelta de sus casas, tal vez no estaría tan claro para los terroristas que, en este país, las víctimas son blancos fáciles, leprosos de la sociedad, apestados que asustan a sus prójimos.

Éramos, hace dos domingos, un país solidario. Pero ahora somos, en este fin de agosto, una comunidad acobardada, moribunda de miedo. Esa es la clase de sal que la impunidad –la larga impunidad de los asesinos– sigue arrojando sobre las heridas abiertas de la nación. Mientras no se descubra a los culpables, habrá –es de temer– otras sales, otros tajos, otras ponzoñas.

No se sabe muy bien por qué, pero la sociedad tiene la sensación de que se ocultan datos, a pesar de que se haya pregonado el peor de todos: la amenaza de un tercer atentado. La sociedad no entiende bien (y lo que hago aquí es sólo recoger rumores sueltos de la calle, temblores oídos tanto en Buenos Aires como en Tucumán, Mendoza o Puerto Madryn) cómo hicieron los asesinos para comer, dormir y conspirar sin ser vistos en una ciudad donde los diferentes llaman tanto la atención. No se entiende bien por qué las investigaciones pusieron tanto énfasis en los iraníes cuando Hezbollah (si la culpa es de Hezbollah) puede rastrearse también en Siria, en el sur del Líbano, en Libia y hasta entre algunos mercenarios desocupados de Buenos Aires.

No hay que perder el tiempo con las pistas berretas, se oye decir. ¿Pero cuáles son ahora las pistas verosímiles? En la infinita telaraña de versiones, suele atribuirse el origen de los dos atentados antijudíos a compromisos políticos que no se cumplieron o a deudas electorales que no se pagaron, así como se insinúa que ciertas pistas no fueron investigadas a fondo por miedo a que salieran a la luz historias que debían seguir en la oscuridad. Ninguno de esos rumores, que tal vez sean absurdos, le hace bien al país, ninguno de ellos contribuye a mitigar el más severo y estructural de los daños causados por la explosión del 18 de julio: aquel que deshizo el centenario deseo de que la Argentina fuera un crisol de razas, convirtiéndonos ahora en un mosaico cuyos fragmentos se esquivan, se temen y tienen miedo a mezclarse.

¿Cómo salir ahora de nuestra larga historia de impunidades? Escondíamos las impunidades del pasado sin hablar demasiado de ellas, como se hacía con los idiotas en los altillos, pero ahora todos los fantasmas están afuera, acosándonos. El cuerpo del país fue violado no sólo por lo que somos sino también por lo que hicimos. Si no hubiéramos consentido ayer la impunidad, a lo mejor hoy sería más fácil encontrar a los culpables. Uno busca salidas aunque no se las ve. La única que nos queda es no olvidar, pero lo terrible es que también el olvido ha comenzado.

SOBRE DIOS Y SUS CARICATURAS

Abril, 1996

Al empezar la primavera de 1991, el jeque Omar Abdel Rahman comenzó a soñar con Dios. Una luz se le aparecía de pronto, en medio de otros sueños, hablándole con voz ronca e imperativa. Como el jeque era ciego y conocía la realidad sólo de oídas, al principio no entendió bien las órdenes que le daban. Se le exigía que destruyera túneles y puentes, desbaratara los rascacielos e incendiara las casas de los infieles en una isla a la que Dios –en los sueños del jeque– llamaba "la Perdición" o "el Mal".

A mediados del verano, la voz se volvió insistente, enloquecedora. Abdel Rahman convocó a cinco de sus acólitos y les pidió que formaran un ejército. Los hizo estudiar mapas, vigilar trenes, establecer horarios, almacenar explosivos. Lo que Dios quería –les dijo– era acabar con Manhattan, dominada por los enemigos del Islam. Se le ordenaba que nada quedara en pie: crestas de edificios, campanarios de iglesias, torres de comunicaciones. Después de la destrucción, sólo debería verse el calmo y liso horizonte de las aguas.

Durante meses, el jeque estableció un plan delirante. Imaginó torrentes de dinamita que explotaban simultáneamente en las torres gemelas del World Trade Center, en el Empire State y en el alto rectángulo de las Naciones Unidas;

vislumbró inundaciones en los dos túneles situados debajo del río Hudson, a la hora en la que se aglomeran millares de automóviles, "todos manejados por judíos e infieles". Soñó con puentes que se desplomaban al unísono en todas las riberas de Manhattan, desde Brooklyn hasta Queensboro, y que dejaban aislada la isla, vencida por el acoso implacable de las aguas. Después del largo horror, el jeque debía navegar en un barco negro, embanderado con la luna verde del Islam, hacia otra pequeña isla, donde se yergue la estatua de la Libertad. Allí, con una espada de fuego, cortaría de un solo golpe la cabeza de la estatua.

A mediados de febrero de 1993, Abdel Rahman recibió del cielo las dos señales que esperaba. Un anónimo soldado de Dios, al que los diarios describían como el *Unabomber*, había enviado una encomienda explosiva a un genetista del hospital Mount Sinai. La encomienda fue detonada antes de que pudiera abrirla el destinatario. En esos mismos días, la policía federal cercó las viviendas de una secta de fanáticos en las afueras de Waco, Texas. El asedio acabó en un incendio y una matanza caudalosa.

Esas señales le indicaron al jeque que no debía esperar más. Reunió a su ejército y ordenó la primera de las represalias: una bomba en los subsuelos de las torres gemelas, que debía derrumbar a una de ellas y –si la explosión producía un efecto dominó– a las dos. La operación tuvo un éxito sólo parcial, porque las torres eran más sólidas de lo que había supuesto. Cinco días después del atentado, uno de los soldados del jeque cometió un error de principiante, que bastó para que la policía descubriera la conspiración y los detuviera a todos.

Lo que empezó como tragedia está terminando como farsa. El jeque ciego, diabético y aquejado de presión alta, fue enviado a la cárcel federal de Springfield, Missouri: una ciudad cálida, de doscientos mil habitantes, en la que abundan las iglesias cristianas y los mosquitos. Como la condena es a prisión perpetua, el jeque pasó algunos meses en una celda de alta seguridad, en la que había lavatorio, inodoro, una mesa de comer, televisión y un aparato de radio. A ciertas horas eran cortados los suministros de agua y de luz, pero la luz no era importante para el prisionero, que entiende una sola lengua, el árabe, y no puede leer ni oír la radio norteamericana.

La situación se le volvió insoportable. Hace mes y medio se declaró enfermo y exigió que lo trasladaran al centro médico de la prisión. Desde allí, la semana pasada, lanzó un llamado universal a la violencia. "Mis guardias", dice en una carta, "tienen prejuicios raciales y religiosos. Revisan a cada uno de mis visitantes y, cuando ellos se van, me obligan a desnudarme y a mí también me revisan. No me permiten tener una radio de onda corta, con la que podría oír programas en árabe. Cortan el agua cuando estoy empezando a purificarme, antes de las oraciones. El pueblo del Islam debe acudir cuanto antes a mi rescate".

Dos respuestas instantáneas inquietaron a las autoridades de Springfield. Una llamada anónima al Colegio Evangélico de la ciudad anunció que en media hora iba a estallar una bomba si no se liberaba al jeque. Fue una falsa alarma. Ese mismo día, el jueves 18, las paredes del Instituto Central de Estudios Bíblicos y las de dos edificios cercanos a la prisión federal aparecieron pintadas con letreros en árabe: "Alá es el único Dios y Omar Abdel Rahman es su último profeta. Libertad o muerte". El mensaje no es sorprendente. En octubre de 1995, cuando lo sentenciaron, el jeque dijo, trazando con su mano derecha un largo arco que parecía abarcar toda la isla de Manhattan: "Ahora son ustedes los que deben cuidarse. No es a mí a quien están encerrando. Están encerrando la palabra de Dios".

Desde el principio de los tiempos, miles de hombres creyeron oír órdenes siniestras que provenían de Dios. Ciertos ejemplos son patéticos, como el de un profeta andaluz llamado Ibn al'Ram, que a mediados del siglo XIII declaró que demostraría su divinidad caminando sobre los aires desde Medina hasta La Meca, en el desierto de Arabia. Algo de Dios debía de haber en él, porque se lo tragó una tormenta de arena y nunca se lo volvió a ver.

Otros ejemplos son temibles: el de la Inquisición; el del ayatollah Jomeini y sus incontables llamados a la guerra santa; el de Gilles de Rais, uno de los capitanes favoritos de Juana de Arco, que enloqueció de arrogancia después de la muerte de la Doncella y se dedicó a beber la sangre de adolescentes vírgenes creyendo que eso lo convertiría en una reencarnación de Jesucristo.

Los argentinos también hemos sido fértiles en esa clase de locuras. Más de una vez me han vuelto a la memoria las frases de un siniestro coronel llamado Ramón J. Camps, que en un panfleto titulado *Punto final* escribió esta justificación de la tortura: "A veces, el Evangelio exige que se use la fuerza. Emplear la fuerza para doblegar la violencia permite la restauración del amor".

Esos pequeños dioses sólo florecen al amparo de la impunidad. Si uno cualquiera de los atroces crímenes de estos últimos años se hubiera descubierto o castigado, no tendríamos que lamentar ahora que verdugos como el médico Jorge Bergés se hayan convertido, idiotamente, en víctimas. Sin el indulto, sin la obediencia debida, sin las idas y vueltas ciegas en los casos de la AMIA, de la embajada de Israel y de María Soledad, quizá Bergés estaría indemne aún –como el jeque Abdel Rahman–, a solas con el repudio colectivo.

Esas caricaturas de Dios nunca son seres de una misma clase. Están los asesinos, los que se creen con derecho de vida o muerte sobre los demás hombres. Y además están los que protegen a los asesinos, justificándolos o perdonándolos, porque creen que su idea de la justicia debe prevalecer sobre la justicia de la sociedad entera.

MUERTES PARALELAS

Mayo, 1998

Toda verdad es siempre incompleta. Dentro de una verdad hay hechos que pueden ser demostrados y hay otros hechos imposibles de probar. Estos movimientos del azar, que modificaron los modos de pensar la realidad desde que el matemático Kurt Gödel los enunció en 1931, aparecen ahora a cada paso cuando se analiza el misterioso suicidio de Alfredo Yabrán. ¿Por qué hizo lo que hizo, si en verdad era inocente? ¿Cómo un personaje que siempre se había creído omnipotente puede quitarse de en medio sin ofrecer la menor resistencia?

No hay un suicidio igual a otro, pero el de Yabrán se parece extrañamente al que cometió en Londres el banquero Roberto Calvi, hace dieciséis años. También en la biografía de los dos hombres hay más de un punto de coincidencia.

Calvi era un modesto contable que, a partir de 1947 –cuando tenía sólo 26 años– se dedicó a fortalecer un banco de tercer orden, el Ambrosiano, hasta convertirlo en una de las mayores entidades crediticias de Italia. En 1967 el poder de Calvi ya era enorme, pero para expandirlo se asoció con el siciliano Michelle Sindona –quien estaba unido a las mafias de los Estados Unidos e Italia por una laberíntica red de intereses– y con un oscuro influyente llamado Licio Gelli, figura principal de la logia Propaganda Due. Ambos le prometían fáciles ganancias en América latina, a través de sus contactos con líderes políticos y jefes militares. "Sólo aceptamos entre nosotros a los que están en el vértice del poder", diría Gelli en 1978.

Uno de los negocios mayores de Calvi y Sindona era el lavado de dinero originado en el narcotráfico y la venta de armas. Los contactos internacionales de Gelli contribuyeron de manera decisiva a expandir sus imperios. Pero las ganancias fáciles y aluvionales eran también fuente de riesgos. Según el artículo que *The Cambridge Biographical Encyclopedia* dedica a Roberto Calvi, "un informe del Banco de Italia determinó, en 1978, que el Ambrosiano había exportado ilegalmente miles de millones de liras. En mayo de 1981, (Calvi) fue arrestado, declarado culpable y sentenciado a cuatro años de prisión, pero liberado gracias a una oportuna apelación".

A la inversa de Gelli, que disfrutaba de los honores –y los buscaba–, una de las obsesiones de Calvi era la discreción. El 18 de octubre de 1973, cuando Gelli recibió del presidente Juan Perón la Gran Cruz de la Orden del Libertador San Martín por su condición de Venerable Maestro de la Logia P-2, según consta en el Boletín Oficial de seis días más tarde, Calvi dio una de sus rarísimas entrevistas en Italia explicando que "a mayores responsabilidades económicas es imprescindible guardar mayor reserva y silencio. Quiero conservar mi perfil de hombre modesto, ser *una figura casi invisible*".

En mayo de 1982 –en esta historia, todo sucede en mayo–, el cuerpo de Calvi apareció colgado de una columna del puente Blackfriars, en Londres. En el bolsillo del difunto había una carta de la que conviene recordar dos frases: "Soy inocente" y "Muero para evitar mayores vergüenzas a mi familia". Como Yabrán, el banquero Roberto Calvi estaba huyendo –con desesperación– no se sabe de qué ni de quiénes. El Instituto para las Obras Religiosas –también conocido como Banco del Vaticano–, que dirigía el arzobispo Paul Mar-

259

cinkus, había rescatado al Ambrosiano mediante una serie de avales de providencia, pero la maniobra sólo sirvió para enlodar a las dos instituciones. Cuando el caso salió a la luz, el papa Juan Pablo II debió exigir la renuncia de Marcinkus. Los miembros argentinos de la logia P-2 también habían caído en desgracia: López Rega vivía fugitivo en Suiza, los ex hombres fuertes de la dictadura militar –Massera, Suárez Mason, Luis Betti– estaban en retirada o carecían de influencia. La propia dictadura argentina se desmoronaba ante la inminente derrota en las islas Malvinas. Solo y aislado, Calvi se resignó al suicidio.

El inmediato dictamen de la policía de Londres fue que se había ahorcado. Al año siguiente, sin embargo, los signos distaban de ser claros. El cuadro era más bien el de una venganza de la mafia o de lo que se conoce como "un suicidio inducido". Un cadáver expuesto al escarmiento público, en un lugar donde "las mareas fluyen y refluyen", con los pies a dos palmos de la tierra, eran indicios claros de que el banquero discreto y huidizo no había buscado aquella clase de muerte: algo o alguien lo había forzado. La *Cambridge Encyclopedia* informa que el veredicto original de la policía inglesa empezó a debilitarse en 1983, cuando aparecieron nuevas y aún secretas pruebas. A fines de 1984, el caso fue reabierto.

Aun ahora, quince años después, nadie conoce el lado oscuro de esa historia. La verdad es esquiva; el azar, en cambio, es siempre menos parco. A comienzos de este mes de mayo, el ex monje negro de la logia Propaganda Due, Licio Gelli, se fugó misteriosamente de la prisión a que estaba condenado, en su propio domicilio. ¿Cuál es ahora el poder de ese hombre que ya ha cumplido 79 años, y cuyo consejo es tomado como infalible por los sobrevivientes de las extremas derechas? ¿En qué se siente su influencia? La fortuna de Gelli sigue siendo inmensa, inabarcable, y sus lazos con los vendedores de armas, los narcotraficantes y los lavadores de dinero se mantienen intactos, según han advertido los servicios de inteligencia de Italia y los Estados Unidos. Pero el poder político ya no lo adula como antes, en ninguna parte. Gelli huye ahora, nadie sabe hacia dónde.

No hay elementos que permitan asociar el suicidio de Alfredo Yabrán con el de Roberto Calvi. Nada, salvo unas pocas semejanzas en el estilo de vida –la discreción, el odio a las fotografías, el perfil bajo– y en el estilo de muerte: los dos "hombres invisibles" se vieron o se ven ahora expuestos a una luz pública tenaz e intensa, como si fueran jefes de Estado. Los dos, también –al igual que Gelli–, hicieron algunos de sus mejores negocios en la Argentina.

Dieciséis años separan la muerte de ambos personajes, cuyos nombres aparecen unidos por hilos que son simples conjeturas. Que sus historias sean paralelas parece sólo un desplante del azar. Pero, tal como dijo Borges en su memorable *Poema de los dones*, "Algo, que ciertamente no se nombra/ con la palabra *azar*, rige estas cosas". Tal como suceden las muertes en la Argentina, es difícil saber qué es ese Algo, o ese Alguien.

COMO DIOS MANDA

Setiembre, 1994

La Argentina siempre se creyó ajena a las tragedias que el exceso de población causa en otras latitudes. En el siglo XIX llamábamos desierto a la pampa húmeda y aun ahora se puede vagar durante horas en auto por la Patagonia o por las fronteras áridas de Córdoba, Santiago del Estero y Catamarca sin ver un alma.

Un país colmado de seres humanos fue la obsesión tanto de Alberdi como la de Perón, pero mientras el General (y sobre todo Isabelita) recomendaba hace dos décadas "tener todos los hijos que manda Dios", Alberdi introdujo en 1872 una idea más compleja: "Gobernar es poblar", escribió, "en el sentido que poblar es educar, civilizar, enriquecer, mejorar". Si se puebla a ciegas, decía Alberdi, "se corrompe el país, se lo embrutece, se lo empobrece; en fin, se lo despuebla".

Las aguas han vuelto a encresparse en vísperas de la Conferencia sobre Población y Desarrollo, que comienza mañana en El Cairo, pero ya estaban agitadas hace dos meses, cuando los convencionales constituyentes se aprestaban a discutir el artículo sobre la llamada "defensa de la vida". Sólo unas pocas voces laicas se han alzado aquí contra la posición del gobierno argentino, que condena el aborto, no protege ninguna práctica anticonceptiva y establece que los derechos de la persona humana comienzan en el momento preciso de la concepción.

Esa idea es, en sustancia, la misma que preconizan el papa Juan Pablo II (y los obispos católicos de todas partes, por supuesto), así como los teólogos más extremos de la universidad islámica de Al Azhar, en El Cairo, y de las sectas jasídicas de Brooklyn. Lo que todos ellos invocan es una obediencia absoluta a las leyes de Dios, a principios morales básicos y a la idea tradicional de familia. ¿Pero cuáles son, en verdad, las leyes de Dios? Y cuando se habla del momento de la concepción, ¿en qué concepción se piensa?

Las leyes de Dios exigían, hace apenas tres siglos, que la tierra fuera el centro del universo y que el sol girara a su alrededor; suponían que el mundo tenía menos de cincuenta y cinco siglos y que el hombre había sido creado por un soplo o una emanación del espíritu divino. Afirmar lo contrario deparó la hoguera y los hierros candentes de la Santa Inquisición a miles de hombres lúcidos, y sumió en el escarnio o la cárcel a los discípulos de Darwin, cuya tesis sobre la evolución de las especies ya ningún eclesiástico discute. Las leyes de Dios han ido cambiando –por fortuna– al compás de la ciencia, y no podría vaticinarse hoy lo que esas leyes dirán mañana sobre el momento en que el alma del hombre entra por primera vez dentro del óvulo recién fecundado.

Lo que para ciertas religiones son verdades indiscutibles, para otras son signos de una brutalidad sin nombre. Algunas sectas islámicas extirpan el clítoris de las adolescentes y suturan en parte los labios menores de la vagina porque creen que así lo ordenan algunas *suras* del Corán. La costumbre es aberrante para un católico argentino, pero forma parte de la "moral básica" y de "la idea tradicional de familia" de miles de sudaneses, tunecinos y etíopes. Inversamente, la evangelización de las islas japonesas fracasó en la colonia de Faifo hacia 1614, porque los civilizados señores del lugar creían que el acto de comulgar era una ceremonia caníbal intolerable. Hay veces en que nosotros somos el Otro.

Antes de condenar toda opción de aborto, ¿por qué no definir de qué clase de concepción se habla? Los documentos del Episcopado, tan semejantes a los del Ministerio de Justicia y a los que produjeron las academias de Medicina y Derecho, no señalan ningún matiz. Para todos ellos, la concepción es una. ¿Qué harán, entonces, las chicas de doce años embarazadas por padres que con frecuencia son borrachos o sifilíticos? Esos casos, de los que hay millares por año en el Gran Buenos Aires y en las regiones rurales, ¿tienen que ver con "la idea tradicional de la familia"? ¿Qué clase de vida es la que se defiende? ¿Vidas condenadas al abuso, a la miseria, a la prostitución, a la peste?

Dos funcionarios del gobierno explicaron, la semana pasada, que los abortos se evitarán mejorando la educación y los servicios de salud. Ya que ninguno de esos dos rubros produce efectos electorales inmediatos, ¿cuándo sucedería tal milagro? Y aun en caso de que fuera pronto, ¿qué educación o servicio de salud defenderá a las víctimas inocentes del doble castigo que nuestra "moral básica" les inflige: primero, la violación o el estupro domésticos; después, la responsabilidad de cuidar a otro ser? ¿Qué docencia podría salvar de la catástrofe a las mujeres violadas por dementes o por criminales? Las leyes de Dios, por claras que sean, nunca son absolutas, porque el ser humano no lo es. Cada realidad tiene otro código, y jamás hay un caso que sea igual al otro.

Durante el tercer gobierno de Perón, eran los nacionalistas de izquierda quienes veían en el control de la natalidad ciertos residuos de "imperialismo" o cierta "amenaza colonial". Ahora, es la cúpula del Episcopado argentino la que está usando esas expresiones. No es ése, sin embargo, el lenguaje "tradicional" del Vaticano. Juan XXIII y Pablo VI solían hablar con menos seguridad y más compasión que el cardenal Antonio Quarraccino.

En 1963, poco antes de morir, el papa Roncalli creó una comisión de siete miembros para que lo aconsejara sobre la anticoncepción. Un prelado de su círculo íntimo, Igino Cardinale, explicó que lo había hecho "no por razones demográficas, sino para verificar la solidez de la doctrina". Pablo VI amplió después la comisión a sesenta y ocho miembros –incluyendo en ella a siete matrimonios–, escribió la encíclica "Populorum Progressio" –para estimular a los obispos a trabajar con los pobres– y tuvo el coraje de afirmar, en octubre de 1965, después de uno de sus discursos en las Naciones Unidas, que "la Iglesia" debía "encontrar una respuesta más imaginativa de las que ya ha dado al problema del control de la natalidad. No podemos seguir guardando silencio".

Ahora no hay tal silencio sino las mismas respuestas cerradas que Pío XII solía dar antes de la Segunda Guerra, cuando los Papas no salían a ver el mundo. Invocando la "defensa de la vida", el gobierno argentino secunda tal posición, en la que los principios están por encima de la realidad.

Cada vez que leo u oigo esas cruzadas de fe me acuerdo de una chica de quince años que lloraba desconsolada ante las puertas de un dispensario de Ranchillos, Tucumán, en octubre de 1974. Llevaba un hijo a la espalda, colgado de una bolsa de arpillera, y otro de pocas semanas prendido de un pechito escuálido. Víctima de incesantes violaciones que su propia madre consentía, la chica había acudido en busca de píldoras anticonceptivas. Los enfermeros del dispensario no quisieron o no pudieron ayudarla, porque una orden dada por López Rega exigía entonces –como ahora– tener todos los hijos que "Dios manda". La chica se arrojó al día siguiente bajo las vías del tren, con los dos hijos. El mayor sobrevivió, sin piernas.

No lo creo a Dios capaz de "mandar" semejantes horrores a los países que se toman en serio los estudios hechos para la Conferencia sobre Población. Pero acá, en la Argentina, donde se tardó tanto en autorizar el divorcio, a Dios se lo sigue haciendo "mandar" cualquier cosa.

EL PRECIO DE SER CÓMPLICE

Agosto, 1997

Para que un culpable pueda salir indemne de cualquier acto de justicia es preciso que detrás de él haya una vasta red de cómplices. No hay culpable a salvo si a la vez no hay muchos cómplices: beneficiarios de favores, padrinos, sicarios, guardaespaldas, voceros, secretos albañiles de la ratonera que le sirve de protección. Si el culpable deja de ser invulnerable, todos sus encubridores corren peligro.

Durante las semanas que pasé en la Argentina tuve la sensación de que el país estaba dominado por un espeso tejido de corrupciones: todos los crímenes o estafas sin descubrir, aun los más escandalosos y flagrantes –como el atentado a la AMIA y a la embajada de Israel, la ejecución mafiosa de José Luis Cabezas en Pinamar y las causas aún abiertas contra Ibrahim al-Ibrahim, Matilde Menéndez y decenas de funcionarios próximos al presidente Menem– parecían estar atados entre sí. Ya no se trata de lo que la gente sabe o no sabe, sino de lo que la gente cree. La gente cree a ciegas aquello que le parece más próximo a la verdad. En una cultura como la argentina, construida sobre una larga maraña de falsías oficiales, la verdad es aquello que la gente acepta como tal. La colectiva falta de fe en la Justicia ha engendrado el dudoso principio de que toda figura pública con una imagen culpable tiene –para corregir esa imagen– que demostrar su inocencia.

Si uno solo de los crímenes se esclareciera –se oye decir– todos los demás saldrían a la luz. La sensación de que algunos privilegiados gozan de plena impunidad ha permitido que la sensación de inseguridad crezca aceleradamente. Los argentinos estamos volviéndonos paranoicos. En los colectivos, en los cafés y, por supuesto, en las conversaciones de los periodistas, siempre se menciona a un culpable preciso. O, para explicarlo mejor, se habla de un Gran Culpable y de un Gran Cómplice, al que se menciona también como el gran beneficiario de ese tejido de corrupciones y, al mismo tiempo, como el gran prisionero. Pero nadie tiene pruebas suficientes. Si alguien hablara, quizás aparecerían las pruebas. No hay quien se atreva, sin embargo. La gente tiene miedo de ese poder secreto que parece estar en todas partes y que ha contaminado el aire del país. Los periodistas, que son los que disponen de más datos, han dibujado más de una vez, casi siempre entre líneas, ese feroz poder mafioso que se agazapa en la oscuridad. Pero no saben cómo lo pueden tocar ni cuándo podrán hacerlo sin jugarse la vida.

Los últimos días de julio tuve entrevistas informales, en Washington, con tres figuras notorias de la política norteamericana, dos de los cuales son miembros del Parlamento. Los tres, que llevan años defendiendo el modelo económico argentino y lo que ellos ven como una "clara modernización" de nuestra sociedad, se mostraron de pronto alarmados por la cada vez más acentuada imagen de corrupción e impunidad de personajes cercanos al gobierno.

Todos habían oído alguna vez, en los últimos meses, la versión de que algunas empresas del llamado "grupo Yabrán" nacieron y crecieron con el dinero sucio de represores de la última dictadura militar. A los oídos de todos llegó también el rumor de que esas empresas contaron con el amparo de funcionarios del gobierno radical y, sobre todo, del actual gobierno menemista, pero ninguno de ellos les dio importancia. En los pasillos del poder de Washington circulan a diario cientos de noticias como ésas. Pero los vínculos entre militares de la dictadura y empresas de Yabrán denunciadas a fines de julio ante el juez español Baltasar Garzón hicieron temer a los tres funcionarios norteamericanos por el destino futuro del presidente Menem.

¿Qué va a pasar con él cuando termine su mandato?, se preguntó uno de los parlamentarios. Si no limpia ahora mismo su propio terreno contaminado, puede esperarle una vida de fugitivo, como la de su ex colega mexicano Carlos Salinas de Gortari. "El mayor problema de Menem ahora", me dijo el otro, "es que le garanticen una retirada en paz. ¿Pero quién podría darle esas garantías? No se las va a dar su propio aliado Eduardo Duhalde, porque no habría peor lastre para Duhalde que hacerse cargo de los compromisos de su antecesor. Tampoco se las van a dar los radicales ni los dirigentes del Frepaso. Alfonsín ya no es para Menem un aliado confiable. El ex Presidente tiene la suficiente conciencia histórica como para saber que no puede firmar otro Pacto de Olivos. ¿Quién podría hacerlo, entonces? El único que podría hacerlo es Alfredo Yabrán. No hay nadie más en la Argentina que puede ofrecerle al Presidente su cabeza a cambio de una transición institucional limpia".

Pero si lo que se dice de Yabrán fuera verdad, si fuera cierto que Yabrán encarna un poder tentacular y mafioso que ha enredado a cientos de oficiales de seguridad y de hombres muy próximos a Menem, jamás concedería tanto –ni su cabeza ni su indemnidad–, porque la fuerza de esa clase de personajes consiste en retener bajo su dominio a todos los que le deben algún favor, en volverlos cada vez más y más culpables. Cuanto más culpables sean los cómplices, tanto más invulnerable será el jefe.

Quien está pagando el más alto precio por los crímenes y corrupciones sin esclarecer es la propia Argentina. No sólo empieza a declinar a toda velocidad el prestigio alcanzado durante la democracia, sino que también –adentro– cunde el escepticismo. Son cada vez menos los que siguen teniendo fe en las instituciones y en la Justicia, si es que acaso quedan algunos. Como el país ha aprendido en carne propia, lo que se gana en un mes a fuerza de sacrificios, la corrupción puede dilapidarlo en un día.

Hay ciertos síntomas inquietantes, como la aparición de afiches y revistas insidiosos contra periodistas, ex funcionarios y adversarios políticos del gobierno, cuya difusión ha de costar mucho dinero. Parecieran cortinas de humo que tienden a velar –o a distraer– los crímenes y graves casos de corrupción que tardan tanto en resolverse: a ocultar, por lo tanto, las verdaderas noticias.

Para las tres personalidades norteamericanas con las que hablé en Washington, el mayor peligro que afronta ahora la Argentina es que los grandes crímenes sigan sin aclararse: el de Cabezas, que lleva ya seis meses, y el de la AMIA, que data de hace tres años. Todo el sistema quedaría impregnado de sospecha si continúa la impunidad. Mientras no se descubra a los culpables –dicen– puede haber más víctimas. Y cuantas más víctimas haya, habrá también más cómplices y será, por lo tanto, menos fácil llegar a la verdad. Cuando hay una historia de ruindad, todos saben cómo empieza pero no cuál será su fin, si es que puede haber alguno.

La inseguridad en el horizonte

Octubre, 1996

Casi no hay ser humano, en las grandes ciudades de América latina, que no haya sido víctima o testigo de un robo en los últimos cinco años. Los habitantes de las clases medias y altas construyen sus casas detrás de altos muros erizados de vidrios, en urbanizaciones protegidas por sistemas de vigilancia tan sofisticados como los de las prisiones para criminales peligrosos. Sólo en São Paulo, Brasil, el número de policías privados triplica el de las fuerzas regulares de seguridad. No hay ya lugares seguros: ni los restaurantes de lujo ni las calles céntricas a mediodía ni las avenidas de los cementerios. Todo ha sido violentado más de una vez por bandas organizadas o por asaltantes amateurs que a veces atacan sólo por desesperación.

Explicar y entender estas desgracias es una tarea sin fin. Las grandes revistas brasileñas como *Veja* e *Isto E*, los programas de televisión de audiencia masiva como el de Mariano Grondona en Buenos Aires y el de Nelson Bocaranda en Caracas llevan semanas dedicando al tema sus portadas o sus segmentos centrales, sin que nadie haya ofrecido todavía una respuesta clara, tal vez porque la respuesta no existe. Mientras tanto, el miedo sigue allí, no en la penumbra sino a la luz del día.

A comienzos de julio, el profesor de inglés Kevin Ross, al que le habían robado su automóvil modelo 1984 cuando se detuvo ante un semáforo en el centro de Caracas, viajó en la aséptica y bien organizada línea de subterráneos que une Catia con Pro Patria, en la capital venezolana. Iba despreocupado a visitar a un amigo en el hotel Hilton. Al bajar en la estación Bellas Artes, se demoró en el andén atándose los cordones de los zapatos. Cerca de una de las puertas de salida, oculto en un recodo sin luz, divisó a un hombre joven, extremadamente pálido, que parecía a punto de desmayarse. Educado en la solidaridad, Ross se acercó para ofrecerle ayuda. Para su desencanto, el hombre lo rechazó con acritud, de un modo casi insultante. Llevaba un impermeable en el brazo (lo que a Ross le pareció raro, porque en Caracas nadie usa esa prenda, ni siquiera en la estación de lluvias) y tenía el cuerpo encorvado, como si lo afligiera un dolor imborrable. Ya se retiraba Ross, ofreciendo disculpas, cuando le pareció que el hombre tenía una herida en el vientre. Había alcanzado a distinguir, debajo del impermeable, unos lamparones húmedos de sangre.

Se alejó del andén en silencio y, en el piso de arriba, al encontrarse con un guardia, le contó el incidente. "Ese hombre está herido y no quiere que lo ayuden", dijo. "¿Herido?", repuso el guardia, bajando a toda marcha las escaleras mecánicas. "No sea ingenuo, *man*. El tipo es un atracador y se nos está escapando."

Como en un sueño, Ross vio que el presunto herido, con súbita agilidad, se escurría en el vagón del tren que acababa de parar en la estación. Vio también al guardia atrapándolo a último momento por el cuello y golpeándolo en el andén. Vio por fin –ahora con claridad– la mancha de sangre en el vientre. Pero la sangre no era del fugitivo. Debajo del impermeable, el hombre del que Ross se había compadecido ocultaba una mano enjoyada, de mujer, que había seccionado sin piedad al no poder arrancarle los anillos.

A comienzos de 1982, antes de que se desplomara la moneda venezolana, era frecuente que los automovilistas de Caracas condujeran sus vehículos con las ventanas abiertas y con el codo asomando fuera de la puerta. Ahora, todos andan con el seguro puesto, ocultos detrás de vidrios polarizados, sin detenerse ante los semáforos rojos ni ante las trampas cazabobos que a veces se les cruzan en medio de la calle (valijas abandonadas, billeteras, cajas de cartón, maniquíes que parecen personas dormidas). Los esquivan y siguen adelante. Tampoco nadie se detiene ante los semáforos rojos en las noches de São Paulo, de Rio de Janeiro o de los suburbios solitarios de México. Las calles cerradas con barreras o con cepos de púas erizadas, las garitas de vigilancia a la entrada de los barrios elegantes, los altos muros que no permiten ver las luces de las mansiones, son un espectáculo usual tanto en México y Guadalajara como en Bogotá, Medellín, Cali, Caracas y las más populosas ciudades brasileñas.

En Buenos Aires, cuyos habitantes se enorgullecen de que las mujeres puedan caminar solas a la madrugada por calles solitarias, la plaga se ha presentado de repente. Media docena de restaurantes, pizzerías y pubs fueron asaltados en una semana –la primera de julio– por adolescentes bien vestidos, que actuaban a cara descubierta y esgrimían revólveres calibre 38. A fines de agosto, la policía descubrió en el barrio de Saavedra, no lejos de la avenida General Paz, una escuela de ladrones, donde dos émulos de Fagin –el perverso explotador de huérfanos en *Oliver Twist*, la novela de Dickens– adiestraban a muchachitos de entre 14 y 17 años para que robaran restaurantes, seguros de que, si arrestaban a sus discípulos, los iban a liberar poco después, por falta de antecedentes.

"La muerte golpea a nuestras puertas" fue el título que la revista *Veja* dedicó, en su edición del 21 de agosto, al sangriento asalto de una cervecería, frecuentada por jóvenes de la clase media de São Paulo. El atraco empezó como una imitación vil de la primera escena de *Pulp Fiction*, pero el estrago final no fue el mismo que el de la película: un dentista de 25 años, que al pasar por allí creyó ver a un amigo a través de las ventanas, fue recibido por dos balazos en el pecho cuando franqueó la puerta. A un estudiante que se enredó, por los nervios, con el cierre de su reloj pulsera, lo apremiaron con un tiro en el hombro. Cuando los cinco asaltantes se retiraban, dispararon contra los vidrios: una bala atravesó las costillas de una joven de 23 años y la mató antes de que la ambulancia llegara al hospital.

El arzobispo de São Paulo y algunos generales retirados de Brasil suponen que la causa son las drogas, traficada en las calles a plena luz. En México y en Venezuela, algunos viejos comisarios creen lo mismo, pero además aducen que se debe contratar a más policías y mejorar el salario de los que ya están. Los sociólogos y asistentes sociales, tanto en Chile como en Argentina, Brasil y México señalan que aumentar la represión empeoraría las cosas. Lo que pasa, dicen, es que el reparto de la renta es injusto: las políticas económicas de ajuste engendran, al mismo tiempo que la estabilidad de la moneda, el desempleo y la delincuencia desesperada.

Después de las atrocidades de las dictaduras, nuevas formas de miedo, de inseguridad y de humillación humana se han instalado en América latina. Y como en aquellos tiempos ominosos, la barbarie del ojo por ojo y del terror oficial como sanción contra el terror marginal, son las únicas e indignantes salidas que se proponen. A los hombres les cuesta aprender de su pasado. Tal vez por eso se pierden con frecuencia en los laberintos del futuro.

5
Una dinastía sudamericana

ESAS COSAS PASAN

1994

A medida que el tiempo pasa, el presidente Menem se parece más al ex presidente Reagan. A los dos la gente les cree casi todo lo que dicen, aunque sea lo contrario de lo que dijeron el día anterior. Para hablar de Reagan, voy a usar el tiempo presente en vez del pasado, aunque también podría emplear el futuro. Con él, al fin de cuentas, todo da lo mismo. Reagan y Menem dan por sentado –tal como hacían los nominalistas del siglo XIV– que las palabras no se refieren a existencias objetivas. Suponen que son *flatus vocis*, meras declaraciones verbales. Las frases que lanzan a los vientos pueden tener distintos y hasta opuestos sentidos, o pueden no tener ninguno.

Menem anuncia que ha declarado la guerra sin cuartel contra la corrupción. ¿Cómo no creerle, si lo hace al mismo tiempo en que Amira Yoma es sobreseída por "falta de pruebas"? Levanta la bandera de la decencia. ¿Será por eso que cae inmolada la titular del PAMI o es quizá porque perdió la elección? Reagan hacía esas cosas. En 1987, el ex Presidente declaró que se investigaría "hasta las últimas consecuencias" a los funcionarios complicados en el affaire ilegal conocido como "Irán-contras" o "Irangate", que consistía en la venta clandestina de armas al gobierno enemigo del Ayatollah para financiar en secreto a los contras nicaragüenses. Mientras Reagan y Bush estuvieron al mando de la nave, poco o nada se supo. Después, en 1993, se demostró por fin que Reagan conocía todos los detalles de la operación y que "las últimas consecuencias" terminaban en él. Su popularidad, sin embargo, no decreció ni un milímetro. ¿Cómo explicarlo? Los analistas políticos suponen que el norteamericano medio no puede digerir una noticia tan grave. Es como si la casa se le cayera encima. Prefiere mirar para otro lado, no darse cuenta, creer que jamás sucedió lo que ya ha sucedido.

En la historia del poder aparecen siempre esos jefes providenciales a los que ciertos votantes perezosos siguen más allá de todo bien y de todo mal. Usan el lenguaje con impunidad, porque imaginan que la gente olvida los discursos con rapidez (lo cual es cierto) y que tiene menos inteligencia que sus dirigentes, lo que en el caso argentino suele ser al revés.

Reagan no podía justificar ante sus electores transacciones inmorales como las del "Irangate", porque tanto el equilibrio de los tres poderes como los prejuicios puritanos de su país no se lo hubieran permitido. Prefirió entonces mentir (o mentir a medias) con la esperanza de que no lo descubrieran. Lo descubrieron, pero tarde.

El presidente Menem, en cambio, es más arriesgado. Declara que algunos episodios gravísimos no tienen importancia y, cuando se demuestra que la tienen, patea la pelota para otro lado. Su actitud ante el asesinato del soldado Omar Carrasco fue, en ese sentido, ejemplar. Primero reaccionó ante el hecho con tres palabras sorprendentes: "Esas cosas pasan", lo que podría significar también: "Los crímenes como ése son normales" o "Si pasan esas cosas, no hay modo de impedir que vuelvan a pasar". Luego, le echó la culpa a "periodistas subversivos" que insistían en abrir heridas de discordia entre el pueblo y sus fuerzas armadas. Eso era ya más difícil de interpretar: ¿los abusos y crímenes en las guarniciones se cometen sólo porque alguien tiene la osadía de denunciarlos, o es que alguien, por denunciarlos, se convierte en "periodista subversivo"? Y además, ¿qué significa un "periodista subversivo?" Para el régimen cuyo lenguaje ahora reproduce, el Presidente fue también, en los primeros años de la dictadura, un compañero de ruta de la subversión. Su libertad se demoró algunas semanas en julio de 1978 porque un brigadier informó (erróneamente) que Menem mantenía contactos con la guerrilla riojana.

Por fortuna, desde la orilla que menos se esperaba, el jefe del Estado Mayor del Ejército situó el grave episodio del soldado Carrasco en el lugar adecuado. No dijo: "Esas cosas pasan". Dijo: "Esas cosas no debieran pasar. Si alguien tiene datos sobre el crimen, sería una cobardía que los callara".

Como a Reagan, al presidente Menem le hubiera gustado ser periodista. Tal vez no en la prensa escrita, porque eso exige una relación con el lenguaje y una minucia en la búsqueda de los datos precisos que no condice, tal vez, con el carácter de ninguno de los dos. Pero en la televisión, ¿qué duda cabe? Ambos comunican sus ideas con cierta destreza, ambos son convincentes y, en el caso de Menem, ¿cómo no recordar que más de una vez se puso en el lugar de los entrevistadores y hasta condujo (a medias) algunos de esos programas de entretenimiento informativo?

Por suerte, el periodismo no se les dio. Reagan, como se sabe, confundió más de una vez Bolivia con Brasil. Debió de aprender esos errores en los libros de su autor favorito, Louis L'Amour, cuyas obras completas no se consiguen en las bibliotecas de los Estados Unidos (como tampoco, dicho sea de paso, las de Sócrates). Pero tales errores son inofensivos. Lo hubieran echado de su primer trabajo en un diario (o en una radio y hasta quizás en algún canal de televisión) si se hubiera puesto a repartir rumores con ventilador, como hizo nuestro presidente después de las elecciones del 10 de abril. El 12 o el 13 dijo que había una denuncia de fraude "comprobado" en Chos Malal, "donde aparecen votos del

Frente Grande que superan el número de votos en por lo menos dos urnas". Pero no había ninguna denuncia, o la denuncia aludía a otro lugar. Un juez federal tuvo que aclarar cómo eran las cosas.

Menem insistió por otro lado: "Hay un rumor por ahí, *no sé hasta qué punto puede ser cierto*, de que (Jesús Rodríguez) habría dispuesto que su gente vote por el Frente Grande". Es el Presidente de la República quien habla, no un aprendiz de entrevistador. Alguien con responsabilidades tan extremas no puede echar al aire historias que "no sabe hasta qué punto pueden ser ciertas". En eso, Menem supera a Reagan: el ex mandatario norteamericano (que ahora está repentinamente canoso) nunca se hubiera animado a lanzar versiones sin pruebas. Cometía desatinos peores, pero no ésos.

Tales de Mileto, uno de los filósofos anteriores a Sócrates, escribió –ése sí– que la responsabilidad es la condición –más que la cualidad– central del hombre político. "Gobierna pensando en los otros", aconsejaba Tales; "habla midiendo los límites de tu vergüenza". Maquiavelo cambió las reglas del juego al preconizar que una ley beneficiosa para el gobernante vale más que una ley responsable con los gobernados. La tesis de Maquiavelo se perpetuó en la *Realpolitik* e impregnó los discursos autoritarios de los años 80. Reagan tomó la idea de allí.

Se empieza por las impunidades del lenguaje, por afirmar con un labio lo que se borra con el otro, y se termina quién sabe dónde. Francis H. Bradley, un filósofo inglés que le gustaba mucho a Borges, escribió en sus *Ethical Studies* que nadie tiene tanta conciencia de su Yo como el gobernante; y por eso mismo, nadie sabe mejor que él cuándo puede ser sancionado por lo que dice o hace. Reagan esquivó esa ley con habilidad inédita. Supo que podía ser sancionado y, sin embargo, siempre estuvo seguro de que no lo sería.

Menem también sabe cuál es su límite. Con estabilidad

podrá hacer y decir lo que quiera. Si la estabilidad se cae, la gente dejará de mirar para otro lado. Lo que para los Estados Unidos es un problema de principios, para los argentinos es una simple cuestión de supervivencia. Como diría Reagan (¿o era Menem?), esas cosas pasan.

FIN DE FIESTA

Octubre, 1997

Las elecciones del domingo 26 serán históricas no por sus resultados sino porque ese día se acabará la fiesta menemista. Las cifras importan menos que las lecciones de las semanas previas. Gane quien gane, la Argentina ha expresado ya su voluntad de cambiar el estilo de vida que el Presidente impuso hace poco más de siete años, cuando el gobierno actual inició su audaz vuelo de crucero.

Si en mayo de 1994 Menem conquistó la reelección a pesar del creciente descontento y de la caída libre de su popularidad fue porque los votantes concedieron un voto de confianza a la estabilidad que el Presidente reivindicaba como un triunfo personal. Esta vez, sienten que la estabilidad es algo que la nación debe más a su propio sacrificio que a un acto de voluntad política y, de algún modo, quieren que las cuentas queden claras. La Argentina era otra en 1989, y ahora que está por mudar de piel, tal vez no sea inútil mirar hacia atrás y contemplar las ruinas del festín.

¿Quién era Menem entonces? Elegido en mayo de aquel año con el 49 por ciento de los votos, alcanzó el poder sin revelar programa alguno de gobierno y sin que tuviera necesidad de hablar demasiado. Como el fundador de su partido –Perón–, Menem había brotado casi de la nada. Un año antes, en 1988, era sólo el gobernador folklórico de la provincia más pobre de la Argentina. Educado en la fe islámica, resignado a un matrimonio que sobrevivía con dificultad a separaciones cada vez más frecuentes y estrepitosas, su afán por copiar la estampa bárbara de Juan Facundo Quiroga suscitaba el desdén y hasta la burla de los políticos respetables. Su tardía conversión al catolicismo lo tornaba sospechoso para la jerarquía de la Iglesia; su populismo irritó a los comandantes de la dictadura, que lo confinaron en diversas prisiones desde 1976 hasta 1981.

Pero a los pocos meses de asumir el poder, Menem ya era considerado por el clero y los altos oficiales del Ejército como un hijo de sus propias legiones; los empresarios lo adulaban y trataban de fotografiarse a la luz de su aureola. El nuevo presidente, que había llegado al poder como un *outsider*, estaba creando en la Argentina una nueva cultura, y el país lo aplaudía. De acuerdo con sus códigos, importaban más el fin que los medios, el éxito que los sacrificios, los privilegios más que la solidaridad. Eran valores pragmáticos, completamente novedosos en una sociedad que había engendrado a utopistas como Evita y el Che. En la Argentina de los 90, alcanzar el éxito llegó a ser –sin embargo– insuficiente. Para gozar de la fiesta menemista, era preciso exhibir el éxito.

El propio Presidente comenzó dando el ejemplo. A fines de 1992 ordenó pagar sesenta y seis millones de dólares por el Boeing 757 que desde entonces lo lleva de una a otra parte del mundo. El avión fue dotado de sofisticaciones que desconocían hasta los gobernantes de las siete grandes potencias económicas: ducha de agua caliente que elimina el vapor, salón de peinados, monitores con videocasetera en los veinte asientos y suites con sistemas completos de comunicación. A fines del año siguiente sucedieron las refacciones por tres millones en la residencia de Olivos y la compra, por dieciséis millones, del helicóptero S-70 Black Hawk, uno de los treinta aparatos de ese tipo que había entonces en el mundo. "El Presidente merece esos lujos y más", se dijo entonces en la Cámara de Diputados, sin pensar en que la palabra lujo era ya una denuncia.

El ejemplo presidencial se expandió a la velocidad de la luz. Desde entonces, una vasta *nomenklatura* de nuevos ricos se dedicó alegremente a tirar manteca al techo: abundaron los concejales y los jefes de reparticiones públicas que exhibían en sus livings obras de arte compradas por catálogo en Sotheby's o Christie's, que derrochaban piletas olímpicas, saunas privados y jacuzzi babilónicos. Más de un funcionario, embriagado por la impunidad del poder, cometió algún error grave y debió someterse a la vergüenza pública de un juicio. Casi todos, alentados por jueces complacientes, fueron absueltos. Y en cada ocasión el Presidente declaró, remando contra las evidencias: "No hay corrupción en el país". Miles de electores recordarán esa frase el domingo 26.

Cada momento histórico encuentra en un diario o en una revista su reflejo perfecto. El decenio de Guido, de Illia y de Onganía quedó retratado para siempre en los semanarios *Primera Plana* y *Gente*; los años de fuego de Lanusse y Cámpora tuvieron su espejo en *La Opinión*; los de la dictadura en las revistas de la editorial Atlántida. El estilo de Menem quedó cristalizado en las páginas de *Caras*, que reprodujeron la casa de mil metros cuadrados para los veranos de Emir Yoma en Punta del Este, los cumpleaños pantagruélicos de Bernardo Neustadt, las abrumadoras cirujías que Zulema solía hacerse antes de sus tragedias, las preocupaciones sociales de Jorge Triaca en su castillo de Pinamar, los llantos de Amira, los teleteatros estridentes de los Fassi Lavalle, de Adelina y de María Julia.

Otro de los lenguajes que la década menemista legará a la historia es el de los grandes crímenes sin resolver, el mayor de los cuales es el de la AMIA. En los Estados Unidos, esos crímenes son los que más sombra arrojan sobre los éxitos económicos del elenco gobernante.

En poco más de ocho años, la mayoría de los argentinos ha sufrido ya, de manera irreparable, transfusiones de sangre menemista. Nos guste o no, se nos han ido durmiendo la capacidad de asombro, la capacidad de participación, la capacidad de indignación, a la vez que tenemos el paladar estropeado por la frivolidad y el cholulismo. En esa obra maestra de metamorfosis cultural, Menem tardó menos que Rosas y menos que Perón, pero quizá la historia no le haga justicia y lo recuerde menos también que a esos precursores.

Francis H. Bradley escribió en sus *Ethical Studies* que nadie tiene tanta conciencia de su Yo como el gobernante; y por eso mismo, nadie sabe mejor que él cuándo puede ser sancionado por lo que dice o hace. Si el Presidente teme lo que puede sucederle a sus candidatos el domingo 26, es porque sabe. Y si no teme, es porque cree que los demás no saben lo que él sabe.

Hay una línea, en los *Cuartetos* de T. S. Eliot, que refleja muy bien la atmósfera de este fin de fiesta: "People change, and smile; but the agony abides" ("La gente cambia y sonríe, pero la angustia sigue allí"). Es una línea abrumadora, y sin embargo, se la ve amanecer a diario sobre la Argentina, donde los tiempos están a punto de ser otros.

La sangre menemista

1994

La historia argentina es caudalosa en presidentes mega-
lómanos, en vocaciones autoritarias, en intolerancias a veces asesinas. Pero jamás, desde la Primera Junta en adelante, se había dado el insólito caso de un gobernante que, como
Carlos Menem, haya consolidado su poder en cuatro años
sin respetar las alianzas o compromisos previos, como era la
costumbre, sino desprendiéndose poco a poco de todos ellos.
Menos frecuente que los sectores desplazados (casi toda la
sociedad, en rigor) acepte ese absolutismo como un hecho
natural al que es necesario resignarse.

Antes de Menem, hubo dos corporaciones (o instituciones, o como quiera llamárseles), sin cuyo consentimiento era
difícil manejar el país: la Iglesia Católica y las Fuerzas Armadas. A un costado de las dos –pero no debajo– los jefes de las
grandes empresas añadían sus propios dibujos al telar del
poder, ya fuera encumbrando a ministros/testaferros como
Martínez de Hoz, o derribando a presidentes que navegaban
contra la corriente de sus intereses, como sucedió con Arturo Illia en 1966 y como parece haber sido, en 1989, el caso
de Alfonsín.

Menem es, quizás, el primer mandatario que ha logrado
disminuir a su ínfima expresión el papel tutelar que la Igle-

286

sia y el Ejército tenían sobre el manejo de la Nación. Eso no tiene nada de malo (más bien es un punto a su favor); lo deplorable es que ha ocupado ese espacio con valores (o desvalores) todavía más retrógrados. Como bien escribió Alberdi en 1872, la democracia es también, o sobre todo, una cuestión de forma. Por suponer que la forma es algo secundario, "la América está sin un gobierno serio y eficaz desde hace cincuenta años".

Si bien es cierto que la Iglesia y el Ejército quedaron heridos en un ala después de la última dictadura, se mantuvieron respirando a pleno pulmón durante la administración de Alfonsín: el Ejército hizo trastabillar al ex Presidente, como se sabe, con tres cuartelazos, a los que sobrevivió después de pronunciar las frases más infortunadas de su mandato; la Iglesia, por su parte, le hizo la vida imposible con la ley del divorcio, en la que los argentinos llevábamos varias décadas de atraso.

Con Menem, en cambio, la Iglesia ha mostrado la mansedumbre de un cordero, tal vez porque tiene las manos atadas para expresar cualquier otro sentimiento. ¿Qué hubiera hecho la Iglesia hace diez años o menos con un presidente que decide su separación conyugal a los pocos meses de asumir el cargo? A Raúl Alfonsín lo reprendían desde los púlpitos por mucho menos. Ahora, en cambio, los obispos elaboran sus críticas con lenguaje de orfebres, y si por la mañana se lamentan por "lo pesado del costo social", a la noche del mismo día van –algunos de ellos– a comer con el Presidente en Olivos, pero para hablar de otra cosa.

¿Y los sindicatos? Esa es otra historia de no creer. Sólo aquéllos que se han plegado a la voluntad presidencial tienen voz, aunque no velas en el entierro. A los demás, Menem los trata como si no existieran. Roídos los tuétanos de la Justicia, asfixiados los legisladores por presiones que les caen encima como un cielo raso cotidiano, el único poder real que mantiene su influencia sobre el Presidente es el de las corporaciones económicas. Se oye decir (y se lee) que Menem puede gobernar cómodo porque sirve a los intereses de esos sectores. Si no les sirviera (se oye), ya le habrían movido el piso. No es tan seguro: tal como van las cosas, lo más probable es que el Presidente conseguiría un piso en el que podría seguir, impasible. ¿A quién se le hubiera ocurrido que era posible administrar la Argentina sin erosionar los privilegios de los dueños de campos? Menem no sólo pateó ese tablero: también se dio el lujo de asistir a la Rural sin que lo silbaran, aunque ha quedado debiéndole ese favor a las fuerzas, también agrarias, que salieron a protegerlo desde el Mercado Central.

Nada de lo que aquí se dice es nuevo ni original. Lo único sorprendente de todo esto es que Menem haya logrado, con una popularidad muy inferior a la de Perón o Yrigoyen (que siempre sumaron más del cincuenta por ciento de los votos) un poder menos compartido y, por lo tanto, más tentado por la arbitrariedad. A Yrigoyen lo volvieron loco las agitaciones obreras de la primera presidencia; en la segunda, la desconfianza del Ejército y de los pontífices empresarios acabó por voltearlo. Perón fue en extremo complaciente con la Iglesia durante su primer período. Pero la Iglesia misma lo aniquiló cuando, en el período siguiente, lanzó su inesperada declaración de guerra. Se sabe de sobra hasta qué extremos fue Perón intolerante con los sindicatos que desobedecían sus órdenes o con la prensa independiente. Pero con las agresiones físicas era hombre precavido. La vez que se atrevió a gritar "¡Leña!" desde la Plaza de Mayo, lo pagó muy caro: ése fue el principio de su fin. Y es por consentir a la Triple A que ahora le está faltando el pedestal a su estatua.

Menem parece estar en otra cosa: da la sensación de que la historia le importa un bledo. Construye no como un arquitecto sino como uno de esos albañiles de pueblo chico que trabajan sin plomada, levantando las paredes a ojo y pateando los estorbos para el costado. De sus penurias con los militares aprendió mucho de lo que sabe: es socarrón, responde a las críticas con indiferencia superlativa, preocupado sólo por mantenerse a flote, aunque los socios se le vayan cayendo. Los militares le enseñaron, a golpes, la lógica del sobreviviente. Ahora él se la está enseñando al resto de la sociedad. Le tuerce el cuello a los servicios públicos, despluma al Estado vendiéndolo con apuro, y con el kikirikí de la estabilidad convence a medio país (o al cuarenta por ciento) de que estamos en el Primer Mundo. Eso es sobrevivir, pero con las alas cortadas.

Las opiniones del periodismo, por ácidas que sean, dejan indiferente a Menem. Sólo se lo ve lastimado cuando los hechos acumulados por el periodismo lo desenmascaran. Al Presidente le irrita que la realidad sea tan audaz como para oponérsele. Si no es posible cambiar a la realidad silenciándola, como sucedió con todos los escándalos que le silbaron al lado de la cabeza, alguien de su entorno (¿o acaso un adulador espontáneo?) intenta enderezarla a golpes y con amenazas. El poder que ciertos funcionarios del gobierno atribuyen ahora a la prensa deriva de un hecho simple: la prensa es el único reflejo verdadero que le queda a la realidad en la Argentina. Y eso es lo que desespera al albañil que hay en Menem: por más que patea y patea ese estorbo, sigue ahí, enhiesto, reflejándolo.

El Presidente apuesta todo lo que tiene a que, el domingo próximo, los votos van a darle el caudal que todavía le falta para afianzar y (si puede) eternizar su poder. Por eso la del 3 de octubre no es, aunque lo parezca, una elección cualquiera. Si la gana por un margen claro, el Presidente va a exprimirla al máximo para rehacer el país a su imagen y semejanza.

En poco más de cuatro años, una parte de nosotros ha sufrido ya, de manera irreparable, transfusiones de sangre menemista. Menem ha terminado convenciéndonos de que nosotros ponemos el voto y él hace lo demás. La Argentina entera se ha convertido en un suburbio de Anillaco.

El actual presidente ha conservado la fachada de las instituciones pero las ha vaciado de sus esencias al cambiar las reglas del juego político y las normas de convivencia. Como diría Alberdi, ha hecho trizas "la forma". Para llegar tan lejos, enarboló tan solo dos banderas sencillas: la del mercado libre e impiadoso (aunque estable) y la de una oposición a la que le faltan osadía y proyectos alternativos.

El domingo que viene se juega nuestra suerte, si es que todavía nos queda alguna. Después de diez años de democracia, lo menos que nos merecemos los argentinos es un país en serio. Tal como dice Henry James en la última, admirable frase de *Las alas de la paloma*, "Ya nunca más seremos lo que éramos". Eso es verdad, pero todavía nos queda la oportunidad de ser mejores.

Para seguir siendo el rey

Octubre, 1994

Respetuoso de los cambiantes tiempos que le ha tocado vivir, el presidente Menem no ha podido profesar fidelidad a las ideas. En cambio, se ha mostrado siempre fiel a una misma línea de gestos y ademanes. "La investidura no me hará un hombre distinto del que ya soy", declaró cuando lo eligieron. Y eso es verdad: sigue siendo, en esencia, el hombre que ya era entonces. Que cultivara patillas en 1988 y que ahora prefiera cultivar el jopo no indica que sus inquietudes capilares hayan cambiado. Lo único que ha hecho es poner las inquietudes en otro lugar.

El poder ha estimulado su formidable instinto de conservación histórica pero no ha modificado sus costumbres deportivas y sentimentales ni ha mellado sus reflejos políticos. Cuando se propuso ser presidente, pactó con todos los que podían facilitarle el camino. A nadie debe sorprender que en la lista figuraran a la vez los Montoneros y Bunge & Born, Muhammar Khadaffi y los asesores de George Bush, Noriega y la DEA. La lógica de su proyecto (como tan a menudo sucede entre los políticos) ha consistido siempre en llegar a la meta, sin preocuparse por los despojos de moral que van quedando en el camino. Es la lógica que Maquiavelo expuso en sus *Discursos* y, de algún modo, la que Perón defendía en sus clases de conducción política. Decía Maquiavelo: "Cuando se trata de salvar a la patria" (o de salvar el poder del Príncipe), "hay que olvidarse de la justicia o de la injusticia, de la piedad o de la crueldad, de la alabanza o del oprobio y, dejando de lado toda consideración ulterior, es necesario actuar, con gloria o con ignominia". La consigna del General era menos cínica: "Para construir un movimiento político hay que mezclar el oro con la porquería. Si sólo pusiéramos oro no llegaríamos a ninguna parte".

Aunque Menem lo niegue, el próximo paso de su proyecto político es la reelección. En este momento las cartas están a su favor y no tendría que esforzarse demasiado para ser reelecto. Ningún jugador en su situación dejaría pasar una mano tan favorable. ¿Pactos con el diablo, abrazos con los enemigos, promesas y arrepentimientos? Lo hará todo, puesto que siempre lo ha hecho. Si lo único que le interesa es *llegar*, ¿para qué va a complicarse la vida pensando en los compromisos que asuma? Después que llegue, ya verá cómo hace para pagarlos.

Lo que habría que preguntarse desde ahora es para qué quiere Menem la reelección. ¿La quiere sólo para perpetuarse cuatro años más en el poder o la quiere para corregir y aumentar su imagen histórica? Se podría obtener una primera respuesta examinando lo que deseaban sus precursores. Para la reelección por dos períodos consecutivos sólo hay un par de ejemplos: el de Rosas y el de Perón.

Ambos negaron al principio –como Menem lo está haciendo ahora– que tuvieran el menor deseo de seguir en el gobierno. Cuando a Rosas le ofrecieron la suma del poder público en 1835 –lo que constituía una especie de reelección encubierta–, pidió doce días para pensarlo. El 4 de abril, por fin, anunció que aceptaba el cargo a pesar de las "costosas" consecuencias, del grave daño para su "salud debilitada" (murió cuarenta y dos años después) y del perjuicio a sus intereses. Se quedó en el poder casi dos décadas, pero aquéllos eran otros tiempos.

Perón fue mucho más astuto. Primero logró que se aprobara la reforma de la Constitución con argumentos parecidos a los que ahora está empleando el Presidente: "No podemos aceptar en esta época de navegación estratosférica una Constitución creada en la época de la carreta". Luego, para calmar el avispero sobre la reelección presidencial, se declaró enfáticamente contrario a la reforma del artículo 77. "La reelección es peligrosa", dictaminó, "porque abre el camino a las dictaduras". Después dijo que lo habían convencido de su error: "Si el pueblo elige, debe elegir sin ninguna clase de limitaciones", aunque advirtió que él no tenía el propósito de entrar en la carrera.

Eduardo Colom ha contado que cuando los convencionales constituyentes de 1949 decidieron dejar el artículo 77 tal como estaba en 1853 (es decir, permitiendo que el presidente y el vice fueran reelegidos, pero con un período de intervalo), Perón se puso como loco. Sus rechazos habían sido mal interpretados. Tuvo que levantarse Evita en medio de la noche y llamar a diestra y siniestra por teléfono para reparar el daño.

En el lenguaje argentino del poder, la búsqueda de la reelección parece estar condenada a que se la presente como un sacrificio en aras del bienestar nacional y como un clamor de las mayorías aceptado a regañadientes por la víctima. Afirmar que Rosas y Perón querían ser reelegidos sólo para saciar su apetito personal de poder sería simplificar y falsear la verdad. Querían ser reelegidos para afianzarse en el poder y para acrecentar el que ya tenían. Pero a la vez deseaban ese poder para imponer el proyecto de país que habían diseñado y que, al menos en el caso de Perón, contaba con el apoyo aplastante de los electores.

Esa parece también la situación de Menem. ¿Para qué necesitaría más poder –puede preguntarse uno– si ya tiene todo el que quiere? Ejerce un control visible sobre las decisiones políticas de la Justicia; ha domesticado a las Fuerzas

Armadas mediante un portentoso acto de malabarismo (con una mano les ofrendó el indulto, con la otra les estranguló el presupuesto); ha convencido a los sindicatos y a los empresarios de que nadie los representa mejor que él: a unos con argumentos peronistas y a los otros con argumentos liberales, que tal vez sean opuestos. Y a la vez, ha logrado retener un considerable índice de popularidad aun en los sectores más castigados por el alto costo de la vida, los salarios insuficientes, el deterioro de la enseñanza, de la atención hospitalaria y de los servicios públicos. Parece un milagro pero es la verdad: aun los que se mueren de hambre volverían a votar a Menem, porque él los ha convencido de que nadie podría gobernar mejor. Después de largos y aterradores años de inflación, el Presidente ha instalado en el país la idea de que la estabilidad es un valor supremo. Tal vez lo sea. Lo malo es que los otros valores han quedado borrados de un plumazo. Son pocos los argentinos que piensan la realidad en términos de futuro y de civilización política antes que de ventaja económica. Son también pocos los que tienen fuerzas para pensar en ésa u otras opciones.

Entonces, una vez más, ¿para qué querría Menem ser reelegido? No porque necesite más poder, sino porque le hace falta más tiempo. ¿Y para qué quiere más tiempo? No para ejecutar un proyecto político, puesto que el proyecto de país en marcha no le pertenece (en el sentido en que el proyecto peronista pertenecía a Perón y el proyecto de la Federación era de Rosas), sino porque en la lógica menemista de los gestos nada de lo que hagan los hombres está completo si no disponen de una segunda oportunidad. O, dicho en los términos de un corrido mexicano: para seguir "siendo el rey".

En esta fase de su gobierno, Menem está subordinado a un solo factor o, si se prefiere, a una sola persona: el ministro Domingo Cavallo. Estar subordinado a alguien que uno mismo eligió resulta siempre incómodo y, a la larga, intolerable. Desde lejos –sobre todo desde los Estados Unidos– la situación se ve clara: sin Cavallo, Menem seguiría siendo quien es, pero sin él no podría estar donde está. Es una dependencia mucho mayor de la que haya conocido cualquier otro presidente argentino, con la única excepción de la cándida Isabel y de su López Rega desalmado.

Cavallo es el ejecutor del proyecto que el Presidente enarbola como propio aunque ese proyecto, en verdad, sea sólo parte de uno mucho mayor: el que el Fondo Monetario Internacional y la Secretaría del Tesoro norteamericana han diseñado para conservar la calma y cierta forma de democracia en lo que Washington llama su "patio de atrás", América latina. Aunque el proyecto es de dominio público, para su ejecución cabal hace falta un experto. No lo eran Rapanelli ni Erman González. Cavallo, en cambio, representa el papel a la perfección.

En la lógica de sus gestos, Menem no concibe estar a la sombra de nadie ni –mucho menos– ser segunda figura de ningún ministro. Su certero instinto político ha de advertirle, sin duda, que cuando los de afuera le prodigan aplausos, no sólo aplauden su buena letra con el FMI y con las consignas liberales. También aplauden la escrupulosa caligrafía de Cavallo.

Para eso Menem quiere una segunda oportunidad. Para demostrar que, cuando el gobierno cabalgue de nuevo, él será el único jinete. Necesita llegar a la Historia galopando solo. Aunque se estrelle.

LA OTRA REELECCIÓN

Mayo, 1995

Sólo esta noche se sabrá si los argentinos hemos decidido que Menem nos gobierne por un segundo período consecutivo. En 1951, cuando el candidato oficial era Perón, nadie dudaba de los resultados finales. Lo que se discutía entonces eran enigmas menores: si ganaría o no en la Capital Federal, si alcanzaría el 60 por ciento, si las mujeres (que votaban por primera vez) lo preferirían en la misma proporción que los hombres.

El 11 de noviembre de 1951 llovió casi todo el día en Buenos Aires, pero no por la noche, cuando en los barrios pobres se destaparon sidras para festejar la victoria de Perón por dos a uno contra el bimonio Balbín-Frondizi. Aunque la Argentina sufría ya las primeras brumas de la peor crisis económica desde 1930 (nada, si se la compara con la de ahora), y aunque Evita empezaba su agonía de ocho meses, los comicios –como se decía entonces– eran un acto de felicidad, de optimismo. El país elegía para estar mejor, no para seguir como siempre.

En Tucumán, donde yo vivía, ese domingo nos azotó una tempestad de polvo. Después de un mes atroz, en que el calor había rajado el vidrio de los termómetros, se vio llegar de pronto un viento espeluznante, que venía desde el río Bermejo. En las trenzas del viento volaban pájaros muertos, mangas de langostas desorientadas, varas de sauces y chapas de zinc que degollaban todo lo que les salía al paso. Hacia el mediodía, desde los campos, aparecieron en la casa de mi abuela unas mujeres enlutadas que rezaban el rosario con los hijos en brazos. Los cuartos, invisibles tras los velos de polvo, se impregnaron en seguida de olor a leche de madre y a pañales rancios. Mi abuela, que era gorda y asmática, dirigía los rezos desde una mecedora repitiendo, cada tanto: "Castigo de Dios, castigo de Dios".

En una familia de radicales y conservadores, todos conocíamos la razón de ese castigo que nos estaba cayendo a todos. Era porque Perón, a quien mi abuela odiaba, quería perpetuarse en el poder, y porque Evita –según ella– fingía estar enferma para que a su marido lo votaran por lástima. Mientras mi abuela entonaba su letanía de los castigos, la radio iba contándonos lo que pasaba en Buenos Aires.

Perón votó a las ocho de la mañana, vestido con un traje de seda azul, camisa blanca y corbata moñito a lunares. En la escuela que le tocaba –Coronel Díaz 2180– no se habían apilado todavía las boletas y, mientras esperaba, el Presidente se entretuvo posando para los fotógrafos con esa sonrisa inmensa que él se ponía y se quitaba cuando le daba la gana.

En marzo de 1951, quince meses antes de que terminara su mandato, el Presidente había decidido acelerar las elecciones. Tendrían que haber sido en febrero del 52, pero la fiesta económica ya no daba para más. Había que apretar fuerte los cinturones. Se decidió, entonces, que fueran en noviembre. Perón ni siquiera necesitó hacer campaña. Otros la hicieron por él.

La primera, como siempre, fue la Iglesia, que tres años después se convertiría en su enemiga mortal. El 31 de julio, el Episcopado emitió una pastoral que ordenaba a los católicos "votar por los que parezcan más aptos para procurar el mayor bien de la Religión y de la Patria, aunque no pertenezcan al partido propio". Eso afectaba a los radicales, que cuatro años antes habían cerrado filas contra la ley de enseñanza religiosa.

El segundo fue el general de caballería Benjamín Menéndez, un aficionado a los golpes que se alzó contra el gobierno el 28 de setiembre. Aunque la rebelión duró menos de diez horas, dejó un tendal de presos y fortaleció a Perón. Dos semanas después, el Presidente dijo por radio que, después de mucho averiguar quién estaba detrás de los golpistas, ya lo había descubierto. "¿Saben a quién encontré?", preguntó, satisfecho. "¡A los Estados Unidos! ¡Otra vez los Estados Unidos!". Después de eso, la campaña se organizó sola bajo el mismo lema de cinco años antes: "Braden o Perón".

Otros que hacían propaganda todo el tiempo eran los hermanos Sojit, que transmitían los partidos de fútbol, y Fangio, que ganó el campeonato mundial de automovilismo el 28 de octubre y le dedicó el triunfo al Presidente.

La heroína de la jornada fue, sin embargo, Evita. Aunque los enfermos y los muertos siempre han sido una eficaz arma de batalla en las elecciones argentinas, esa vez el país estaba conmovido hasta la médula por las agallas de una mujer que no se dejaba vencer por ninguna fatalidad. Gracias a un permiso de la Junta Electoral, Evita votó a las once de la mañana. Seis días antes, al internarse en el policlínico de Avellaneda donde el cirujano George Pack la operó de un cáncer ya sin remedio, había grabado un mensaje conmovedor y violento en el que decía que "no votar por Perón era traicionar a la patria".

También las mujeres que acompañaban a mi abuela en los últimos estragos de la lluvia de polvo debían estar rezando en secreto por la curación de Evita. Hacia las diez de la noche, la radio anunció que Perón había ganado en la Capital por 832 mil votos contra 607 mil de los radicales, aunque, por un complicado enredo con las circunscripciones electorales, los peronistas consiguieron veintitrés diputados y sus adversarios sólo cinco.

El Presidente necesitaba un poder casi absoluto para imponer sus medidas de austeridad. Lo obtuvo ese domingo, y al día siguiente se acabó la fiesta. Entre noviembre y junio de 1952, el poder adquisitivo del salario se vino abajo, se dejó de comer carne una vez por semana, empezaron los apagones eléctricos en todo el conurbano y el único pan que se comía era gris, sucio, de ceniza, para que se pudiera exportar más trigo. En las cuatro décadas que siguieron, los argentinos fuimos acostumbrándonos a privaciones mucho peores, pero en aquellos tiempos de orgullo y derroche (no el derroche de sólo unos pocos privilegiados, sino el derroche de todos), ajustarse el cinturón o "pasar el invierno" eran realidades imperdonables.

Perón no perdió popularidad porque el trabajo sobraba, después de todo, y porque Evita se estaba muriendo. Al revés de lo que creía mi abuela –que el 11 de noviembre a medianoche tuvo el peor ataque de asma de su vida–, las mujeres amaban a Perón porque se identificaban con Evita, y siguieron votándolo a raudales. En 1951 ganó en casi todas las mesas femeninas y el porcentaje final de su victoria fue, allí, superior al 64 por ciento. En mi casa contaron que a tres maestras las echaron de sus escuelas porque, al meter su voto en la urna, el sobre se les había rasgado, dejando al descubierto las siglas de la UCR, pero aunque entonces me indignó la noticia, ahora creo que ésos eran inventos de mi familia contrera.

Un mes antes de las elecciones, Perón había vaticinado que así como había ganado la primera vez con los hombres, iba a ganar la segunda con las mujeres y la tercera con los niños. La profecía se le cumplió veinte años más tarde, en el 73, poco antes de que empezaran los tambores de la infamia cuyos ecos siguen oyéndose.

¿TE ACORDÁS, HERMANO?

Abril, 1994

Como Rosas en 1834 y Menem en 1992, también Perón anunció al país que no aceptaría ser reelegido. Y como a Menem, nadie lo tomó en serio. Pero su continuidad como presidente estuvo a punto de frustrarse en 1949 por un guiño de falsa modestia que no entendieron los constituyentes. Si no fuera porque Evita lo rescató del pantano, otros vientos hubieran soplado en aquellos años alegres de la historia argentina.

El 11 de mayo de 1948, cuando Perón ya había acumulado el poder que necesitaba para reformar la Constitución (el justicialismo controlaba todas las bancas del Senado y más de dos tercios en la Cámara de Diputados), inauguró las sesiones parlamentarias con un discurso de tres horas en el que aludió, como de paso, a la reelección del Presidente. "Es peligrosa", dijo, "y abre el camino a las dictaduras".

Como era de suponer, la corte de aduladores puso el grito en el cielo. Se invocó el antecedente de Hipólito Yrigoyen quien, por respetar los seis años de intervalo había llegado demasiado viejo a su segundo período. Héctor Cámpora, que era el nuevo presidente de la Cámara de Diputados, adujo que la democracia argentina sería imperfecta si uno de los artículos de la Constitución impedía que el pueblo expresara su libre deseo de perpetuar al Presidente en el mando. En señal de desagravio, presentó un proyecto en el que pedía para Perón el título de "Libertador de la República".

Las elecciones para la reforma arrojaron el triunfo abrumador que el peronismo esperaba: ganó en todos los distritos y consagró a 110 convencionales (61,38 por ciento de los votos) contra 48 de la oposición (26 por ciento). En la pugna personal, el candidato más popular fue Domingo A. Mercante, gobernador de Buenos Aires: obtuvo medio millón de sufragios, aventajando de lejos a Cámpora –quien llegó en vigésimo lugar– y arrebatándole así la presidencia de la Convención.

Perón había encomendado un primer proyecto de reforma a su secretario de Asuntos Técnicos, el catalán José Figuerola, quien impuso al justicialismo el acento corporativista que tuvo en los primeros años. Tardó seis meses en el estudio y ofrendó al General un trabajo impresionante, que ponía en manos del Estado el control absoluto de la producción. Eran otros tiempos, por supuesto.

Figuerola era un obsesivo del orden. Su plan analizaba en las columnas de la izquierda cada artículo de la vieja Constitución y, en las columnas de al lado, las modificaciones que se sugerían. Tres anexos examinaban las ventajas de cada cambio, estudiaban los antecedentes parlamentarios y clasificaban por materias una decena de constituciones extranjeras. Era un total de mil páginas, con un índice analítico de 105 mil fichas. En 1970, Perón aún solía evocar con orgullo aquel aluvión de cifras y detalles.

Flanqueado por las imponentes estadísticas de Figuerola, el Presidente recibió el 11 de enero de 1949 a los convencionales de su partido. Su tono, alentado por la victoria electoral, ya era otro: "Contra mi voluntad, el proyecto de reforma prevé mi reelección", dijo. "No se trata de que la acepte o no la acepte. Al ritmo en que trabajo, creo que cuando termine mi período no voy a quedar en condiciones. Pero a nuestro movimiento no le faltan los hombres que puedan reemplazarme con ventaja."

A mediados de enero, Evita dejó caer en los oídos de Perón las críticas contra el proyecto corporativo de Figuerola que se acumulaban en todos los rincones del justicialismo, y el secretario de Asuntos Técnicos se vio forzado a renunciar. El artífice de las nuevas reformas fue Arturo E. Sampay, un profesor de Derecho Constitucional que, al comenzar las reuniones plenarias, introdujo en su discurso una ardorosa defensa de los derechos humanos y de la democracia social. Inhábil en los trucos de la política, cometió una torpeza. Dio a entender que se podía modificar el artículo 77 (que impide reelegir al presidente y al vice a menos que haya un período de intervalo) sólo para permitir un segundo mandato de Perón. Después de eso –insinuó– el artículo podía volver a su lugar.

La frase desató un incendio. Moisés Lebensohn, adalid de los radicales, advirtió que si la Constitución se reformaba sólo para permitir la reelección del presidente, todo el proceso era una farsa. "Desistimos de continuar el debate", dijo. "Los radicales se van." Los cuarenta y ocho convencionales opositores abandonaron la sala, obligando a que la nueva Constitución fuera sancionada sólo con los votos peronistas. En medio del tumulto, Mercante conservó la calma. Hizo sonar la campana y levantó las manos: "Señores", dijo. "Sigue la sesión."

El gobernador de Buenos Aires no sabía que también su muerte política se avecinaba. Las insistentes negativas de Perón a ser reelegido alentaron el rumor de que Mercante podía sucederlo. Era la tercera figura del peronismo y el más eficaz de los administradores provinciales. A diferencia del jefe del movimiento, no desatendía los consejos de la oposición. Esa actitud condescendiente suscitaba recelos e iras secretas. Al final, precipitó la ruptura.

A comienzos de febrero de 1949, un grupo de convencionales peronistas acudió a la quinta de Olivos para almorzar con el Presidente. Eran cinco o seis. Querían sondearlo sobre la reelección. Necesitaban salir de allí con una idea clara. Estaban Cámpora, Mercante, el diputado Emilio Visca, el ministro Rodolfo Valenzuela. Hacia los postres, alguien (quizá Cámpora) pronunció un breve discurso contra el artículo 77. Perón meneó la cabeza: "No, señores", dijo. "Ese artículo está muy bien. Protege al país de gobernantes con ínfulas monárquicas." Y observó a Mercante con el rabo del ojo. Valenzuela sugirió entonces que se insertara una cláusula provisional, que autorizara al Presidente ser reelegido "por esta única vez". "No", volvió a decir Perón. "Yo dejaría las cosas tal como están."

Perón usaba entonces, como siempre, un lenguaje sesgado, indirecto, que exigía la insistencia o el ruego de los demás. Sus *no* eran con frecuencia *sí*, pero también podían ser *no* muy enfáticos. La política era, como él solía decir, "una cuestión de hermenéutica".

Los convencionales se marcharon de Olivos convencidos de que Perón no quería reformar el artículo 77. Esa misma tarde retiraron el tema de las comisiones. Uno de ellos deslizó la noticia a un reportero de *La Nación*, que la publicó al día siguiente en primera página: "El peronismo ya no insiste en la idea de la reelección".

Evita le contó al diputado Eduardo Colom que Perón no durmió esa noche. "Se la pasó", le dijo, "dando vueltas en la cama. A veces se ponía de pie y despotricaba contra Mercante. Lo acusaba de intrigar para quedarse con la sucesión presidencial. ¿No se dan cuenta de que en estas cuestiones, uno tiene que hacerse de rogar?", decía. Poco antes del amanecer, Evita llamó por teléfono al diputado Ángel Miel Asquía y le ordenó que llevara adelante la reforma del artículo 77. "Si Perón deja de ser presidente en el 52", le dijo, "el país se va a la mierda". *La Nación* tuvo que corregir un día después su noticia de primera página: "El sector peronista sigue en favor de la reelección".

Quien pagó los platos rotos de la historia fue Mercante.

Perón lo recibía a regañadientes y, en 1953, lo expulsaron del movimiento que había contribuido a fundar "por inconducta partidaria y deslealtad".

En 1970 le pregunté a Perón si aquel desencuentro de 1949 fue lo que desencadenó la caída en desgracia del gobernador. López Rega, que siempre andaba por allí, se apresuró a contestar que no: "Lo que pasaba", dijo, con su tradicional delicadeza, "es que el tipo había metido la mano en la lata". Perón lo corrigió: "Lo acusaron de despilfarrar fondos de la provincia", dijo. "Pero Mercante no cayó por eso, sino por nepotismo. Metió a toda la familia en el gobierno. Tenía un hermano allí, un sobrino y tres o cuatro cuñados. La provincia de Buenos Aires se convirtió en un negocio de familia. ¡Cómo sería, que a la casa de gobierno de La Plata la llamaban 'la Flota Mercante'!"

Perón no soltó la carcajada, como solía hacer en esas ocasiones. Habló con tono melancólico. En 1970, la Constitución reformada, que le había permitido gobernar tres años más, yacía en el olvido. Como ahora.

LA TERCERA

Mayo, 1995

Cada vez que hay una elección en la Argentina me pongo a pensar en la próxima. Será porque cuando llega el domingo ya las cartas están echadas y el nombre del vencedor se ha definido en la conciencia de la gente. Sin embargo, no es la elección que viene la que me inquieta sino la otra: la que toda la clase política está esperando con la respiración en suspenso.

El factor más imprevisible de 1999 es el presidente Carlos Menem. He hablado con tres o cuatro de los mejores especialistas norteamericanos en la Argentina y todos ellos creen que, tarde o temprano, Menem encontrará los recursos que hacen falta para ser reelegido. "Imagínatelo solo, retirado del poder, rumiando su silencio en Anillaco o en Buenos Aires", me dijo un periodista de Washington, la semana pasada. Esa idea es, en efecto, inverosímil. No coincide con la personalidad de Menem ni con su historia.

"¿Para qué querría quedarse cuatro años más en el gobierno?", reflexioné. "Si lo hace, terminará desgastado."

"Ya está desgastado", me contestaron: "Por las desgracias personales y por las peleas internas. Le fallan las fuerzas. Tal vez en el fondo de su corazón esté deseando irse. Pero no puede".

Recordé lo que le sucedía a Perón en 1971, cuando la inercia de los hechos –de la realidad que él mismo había ido creando– lo forzaba a dar pasos que no deseaba. No es la misma historia, por supuesto. Perón tenía entonces 76 años y Menem tiene ahora diez menos, pero el primero había pasado una temporada larga de tregua, lejos de las zozobras del mando, y el segundo vive desde hace mucho en un sobresalto incesante.

Perón estaba cómodo en su retiro de Madrid. Se había acostumbrado a las visitas dominicales de los amigos, a los perritos y a los árboles de la quinta. Pulsear con Vandor o mandar casetes a los sindicatos era para él una diversión menor, que mantenía en pie su monumento. Creo –y esta es una certeza bien fundada– que no tenía ganas de volver, y que era sincero cuando se declaraba amortizado y sin ambiciones de poder. Las "formaciones especiales"–a las que alentaba– y los desafíos de Lanusse –su némesis–, así como los intrincados intereses de López Rega y de sus aliados políticos, lo metieron en una red de la que no supo cómo salir.

Menem también está dentro de una red, aunque de otra índole. Son raros los jefes de Estado que, en los últimos diez años, no han sido manchados por sospechas de corrupción o de debilidad con los corruptos. Hasta Felipe González tuvo que pelear contra esa clase de fantasmas. La sombra de Salinas de Gortari no deja dormir a más de uno. Hace apenas tres navidades, Salinas era el máximo ejemplo de la modernización latinoamericana y el candidato cantado a cualquier cargo internacional de importancia. Ahora está fugitivo no se sabe dónde, con un hermano sospechoso de crímenes y robos que superan los cien millones de dólares. Carlos Andrés Pérez ha purgado más de dos años de cárcel por disponer de 17 millones de fondos reservados, algo que era normal hacer en otros tiempos, y que más de un presidente ha de estar haciendo ahora. Ernesto Samper acaba de salvar en

Colombia su pellejo político, pero la clase empresaria sigue pidiendo a gritos que lo depongan.

Ni qué hablar de Collor de Melo, cuyo socio principal fue asesinado hace ocho días. O de Rafael Caldera, que debió desplazar del gabinete a su hijo mayor cuando lo amenazaban con una investigación estrepitosa. O de los escándalos que tuvimos y aún tenemos en casa, atestiguados por libros que suman ya medio centenar y cuyas acusaciones no se han disipado.

Para demostrar su independencia del poder político, la justicia saca la cabeza en todas partes. En Bogotá, en México o en Buenos Aires, día por medio hay un juez o un fiscal insobornables que aparecen con documentos de miedo bajo la manga. Los que pasaron por el poder sólo parecen estar seguros cuando se mantienen en el poder. Menem lo sabe y, aunque tenga la conciencia limpia, detrás de él no hay ningún heredero que le cuide las espaldas.

En estos tiempos, ya nadie cuida las espaldas de nadie. Salinas debió creer que Zedillo iba a protegerlo hasta las últimas consecuencias y es posible que no le faltara razón. Pero la inercia de los hechos hizo que Zedillo dejara a su predecesor inerme y expuesto. La ley suprema de la supervivencia política consiste en no inmolarse jamás para salvar a otro, a menos que ese otro esté por encima. Y ése no es el caso de los presidentes que se van.

Si Menem se queda cuatro años más –y los expertos norteamericanos con los que hablé están seguros de que no tiene alternativa–, lo que se planteará entonces es, más que un problema institucional, un problema de voluntad. El Presidente ha borrado a menudo con el codo lo que escribió con la mano. Ya encontrará la manera de resolver legalmente, a través de la consulta popular o de una interpretación arbitraria del artículo 90, los obstáculos de la Constitución que él mismo prohijó, defendió y terminó por sancionar.

La imagen que sin duda ha de atormentarlo es la que está más allá de la presidencia, si es que alguna vez se ha colocado en ese desierto. Lázaro Cárdenas, Betancourt, Perón y hasta Getulio Vargas se vieron a sí mismos al otro lado del poder. Jefes de partido, embajadores itinerantes, líderes en la sombra: siempre trazaban de antemano sus destinos. Para un caudillo como Menem, esa soledad es impensable. En su biografía hay dos atributos que jamás cambiaron: nunca supo estar solo; nunca, tampoco, supo vivir sin un desafío por delante. A la luz de esos datos, una segunda búsqueda de la reelección parece algo cantado.

Giambattista Vico postuló, hace dos siglos y medio, que la historia es una repetición de secuencias. El físico Rudolf Clausius la definió, en 1865, como una degradación del tiempo. Ilya Prigogine sostiene ahora que ninguna de las dos tesis es correcta: la historia está hecha –ha escrito– de rupturas imprevisibles en la continuidad del tiempo, de causalidades que se hacen pedazos. Menem es lo primero y lo último: una idea fija que se repite indefinidamente –la Presidencia como meta–, pero también un temperamento lleno de cimas y caídas, que se acuesta con un humor y puede levantarse con el opuesto. Aunque él mismo haya dicho que todavía falta mucho, 1999 está ahí, casi tan cerca como la elección de este domingo.

Los herederos de la promesa

Mayo, 1998

Se tiende a pensar en la historia como en una sucesión de presentes o en una sucesión de pasados, pero con frecuencia la historia es sólo la transformación del pasado en presente. La historia siempre regresa, aunque los espejos en los cuales se mira nunca son los mismos.

Ramón Bautista Ortega, un ex cantante desafinado que se hizo famoso como *Palito*, acaba de ser elegido por el presidente argentino Carlos Menem como secretario de Acción Social y eventual sucesor en el gobierno. El irresistible ascenso de Palito al cielo del menemismo resuena en mí de dos maneras que quizá no sea inútil evocar. Una tiene que ver con su propio nacimiento como figura pública, hace más de tres décadas. La otra –vaya a saber por qué– con la elección de Juan Carlos de Borbón como sucesor de Francisco Franco. Quizás ambos relatos sean diferentes maneras de contar lo mismo.

Conocí a Ortega en marzo de 1964. El semanario *Primera Plana* investigaba el fenómeno musical que la televisión difundía como "El Club del Clan" y una foto de Ortega había sido elegida para ilustrar la portada. Acudí a entrevistarlo una noche, en un departamento que tal vez estaba (la memoria, en ese punto, me esquiva) cerca de la avenida 9 de Julio.

Me impresionó el relato franco de su vida, en la que abundaban el azar y las desdichas. Era hijo de un electricista de Lules, en Tucumán, y a duras penas había terminado el sexto grado. A los nueve años voceaba el diario *La Gaceta* por las calles del ingenio Mercedes, donde vivía; a los diez, lustraba zapatos frente al cine Plaza, en la capital de la provincia.

Me contó –recuerdo– que hacia 1957 había subido a uno de esos trenes lecheros que tardaban tres días en llegar a Buenos Aires y, ya en "la ciudad dorada" –como él la llamaba– había compartido con tres correntinos, "cabecitas negras", un cuarto de pensión en la calle Billinghurst. Soñaba entonces con llamarse Nery Nelson y con vestir un traje brillante, de seda. Hacia 1960 lo descubrió el letrista Dino Ramos, de cuya mano *Palito* –con su nombre artístico recién estrenado– grabó dos canciones que fueron sendos fracasos: "María" y "Escalofrío". No le importaba ser desafinado y melancólico. "Llegué adonde llegué porque siempre quise ser lo que soy", me dijo, con tanta parquedad como llaneza. Todavía estaba, sin embargo, casi en ninguna parte. Su fama súbita nació al compás de dos canciones, "Déjala, déjala" y "Sabor a nada". Si algo lo hacía diferente de los otros cantantes del Club del Clan era que jamás sonreía.

"Es dócil, talentoso, sabe sacar partido de todas las oportunidades que le pasan por delante", me dijo Leo Vanés, que en esa época le servía como asesor de publicidad. "Pero cada vez que le queremos arrancar una sonrisa, le sale forzada. Preferimos exhibirlo tal como es: con ese gesto de tristeza y desamparo."

En menos de quince años, Ortega ya no necesitaba padrinos: tenía una empresa próspera que hasta se arriesgaba a contratar a Frank Sinatra para que entretuviera, en Buenos Aires, a la Argentina de los dictadores. Hacía películas que eran –con las de Porcel y Olmedo– las niñas mimadas del régimen: una de ellas, *Dos locos en el aire* (la primera que dirigió, en 1976), exaltaba a la Fuerza Aérea; otra, *Brigada en ac-*

ción, de 1977, ponderaba las virtudes de la Policía Federal. Después llegó tan lejos como quiso, siempre o casi siempre a la sombra de Menem: primero como gobernador de Tucumán, ahora como virtual candidato peronista a la presidencia de la República, si acaso fracasan las aspiraciones de su protector.

Ya en 1964 le oí a Ortega una frase que no he olvidado, porque es quizá la que mejor define tanto su carrera de cantante como la de político: "Tengo una sola divisa en la vida: saber lo que quiero y hacia dónde voy. Soy leal a muerte, pero sólo con los que me son leales".

Esa vocación de simpatía y esa lealtad a sí mismo, que jamás lo desvió de sus metas –ni en las democracias ni en las dictaduras– construye una historia en la que no hay golpes de suerte sino lisa y llana ambición.

La historia del otro delfín, Juan Carlos de Borbón, difiere por completo de la de Ortega en sus inicios, pero tal vez apunte hacia el mismo final. En 1969 –cuando *Palito* era ya el autor de "La felicidad" y se había casado con la chica de sus sueños– Francisco Franco, el caudillo de España, concedió que no era inmortal y eligió como sucesor a Juan Carlos, tras una larga batalla entre falangistas, monárquicos y pretendientes carlistas. A la muerte de Franco, en 1975, el heredero juró como rey y jefe del Estado dentro de los términos establecidos por la constitución del dictador. A los ojos del mundo, era un títere domesticado por la férrea mano del amo, que iba a ser pronto derribado por la modernización de España. Le llamaban –todos lo recuerdan– "Juan Carlos el Breve".

El rey también sabía, desde el principio, hacia dónde iba: sus objetivos centrales eran consolidar la monarquía y restablecer la democracia. El segundo de esos proyectos estaba en las antípodas del franquismo. Juan Carlos, por lo tanto, no podía ser "leal a muerte" con los residuos de un pasado que nunca le sería leal. Mientras su país optaba primero por transiciones moderadas y luego por los cambios más drásticos impuestos por el socialismo de Felipe González, el rey se quitaba de encima toda sospecha de deuda con los militares de Franco. En febrero de 1981 jugó hasta las últimas cartas de la monarquía a favor de la democracia, cuando las instituciones fueron amenazadas por el golpe del coronel Antonio Tejero Molina. La derrota definitiva del franquismo fue, de hecho, su mayor victoria.

La suerte de Ortega ahora es, sin embargo, más clara que la de Juan Carlos en 1969: sabe que es sólo una pieza mayor en el juego de ajedrez que otros están jugando; sabe también –como lo sabía el rey español antes de serlo– que si lo mueven de un lado a otro no tiene nada que perder. Todo es pura ganancia. Lo único que no puede medir es la opción de hierro que vendrá después: ser leal a Menem o ser leal a sí mismo. Porque llegará el momento (y en eso la historia es infalible) en que deberá elegir, y en que, cuando elija, ya no tendrá regreso.

6
Evita capitana

El lugar del poder

Setiembre, 1997

Todos los dogmas son falsos, pero tal vez ninguno es más falso que el dogma según el cual las mujeres son más aptas que los hombres para el gobierno de la casa y los hombres son más aptos que las mujeres para el gobierno de la sociedad. Aunque parezca paradójico, ese dogma prosperó sobre todo durante la era victoriana –que lleva el nombre de una mujer de Estado, la reina Victoria– y llegó a su apogeo en los años triunfales de Eva Perón, que se declaraba "sólo la humilde emisaria" de su marido, aunque ejercía un poder tan abrumador como el de él.

¿Qué significa el poder ahora, sin embargo? ¿Es el reflejo de una relación de fuerzas entre dominadores y dominados, como pensaba Michel Foucault? ¿Un recurso que actúa a través de la violencia o de la ideología? ¿O ya no es ninguna de esas cosas sino algo más incierto, más imperceptible, un sistema de valores que las inteligencias femeninas están entendiendo más rápidamente que los hombres?

Cuatro mujeres dominan ahora la escena política en América latina. Una, la nacionalista Nora Gúnera de Melgar, perdió hace un par de semanas la presidencia de Honduras por un margen electoral de diez por ciento. Aguerri-

315

da, tenaz, se ha declarado dispuesta a lanzarse otra vez en 1998 al rescate del poder. Otra, la conservadora Noemí Sanín, libra desde hace meses una batalla campal en Colombia para alcanzar la nominación presidencial de su partido, que desde 1982 ha perdido todas las elecciones. Ambas dan por sentado que la toma del poder tiene que ver, como siempre, con la conquista del Estado. Pero ¿cuál es hoy la naturaleza del Estado? ¿Y cuánto tiene que ver esa naturaleza –de identidad lábil y diseminada– con el verdadero poder?

Las dos restantes mujeres del cuarteto encarnan modelos antípodas y pueden ser vistas como símbolos –opuestos símbolos– del siglo que termina. La venezolana Irene Sáez fue miss Universo a los 19 años, en 1981, ha creado un partido político que se llama Irene (sigla de Integración, Renovación y Nueva Esperanza) y, desde que su candidatura presidencial subió al cielo de las encuestas con un índice de casi 45 por ciento, ha sembrado las cuatro esquinas de Venezuela con unas muñecas Irene idénticas a ella, que lucen su mismo denso maquillaje, su misma cabellera rubia, larga y ondulada.

El martes 9 de diciembre, la blonda Irene declaró a *The New York Times* que la belleza es más una religión que una pasión en Venezuela: "Los concursos de misses son tan importantes para nosotros como los campeonatos de fútbol para Brasil". Su inverosímil popularidad se basa en unos pocos argumentos simples: una ciega, fanática fe católica; el eclipse de los partidos políticos tradicionales; la voluntad de superación de los venezolanos, y las promesas de mano dura contra no se sabe qué o quienes: "Soy una persona equilibrada", se definió a sí misma en la isla Margarita, poco antes de la cumbre de presidentes americanos. "Y aunque lo soy, no me tiembla el pulso a la hora de cortar cabezas. Para hacer eso, no sólo tengo una mano de hierro sino también una guillotina bien afilada."

Graciela Fernández Meijide está en lado opuesto del espectro solar. Nació al combate político hace dos décadas, la aciaga noche de 1976 en que cinco hombres de civil que se identificaron como policías irrumpieron en su departamento del barrio de Belgrano y se llevaron a Pablo, el segundo de sus hijos. Nunca lo volvió a ver. La vida se le dio vuelta desde entonces. Llamó sin fortuna a todas las puertas militares y eclesiásticas que se le cruzaron en el camino, se sumó a los osados peregrinajes de las madres a la Plaza de Mayo, vivió algún tiempo exiliada en Montreal y se alistó en la Asamblea Permanente por los Derechos Humanos. En 1984, el ex presidente Alfonsín la convocó para que integrara la Comisión Nacional sobre la Desaparición de las Personas donde repitió un día y otro –a través de relatos ajenos que se parecían a los de su vida– el ya conocido descenso a los infiernos.

En 1993, después de una rápida experiencia en partidos políticos fugaces, que se desprendían del peronismo, de la democracia cristiana o de la intransigencia, Fernández Meijide alcanzó su primer éxito electoral: una banca de diputada por la Capital Federal, con un cuarto de millón de votos. Su carrera fue desde entonces fulgurante. La eligieron senadora dos años después, con un caudal tres veces más alto. En 1997, su candidatura a diputada por la provincia de Buenos Aires sumó más de tres millones de votos.

A diferencia de Irene, el peso de su imagen política no está basada en la belleza física sino en un atributo más raro: el sentido común. En Nueva York, donde estuvo de paso a fines de noviembre, dijo que siempre había tratado de prepararse lo mejor que pudo y supo para cada cosa que le tocó hacer en la vida. "Yo no soy un fenómeno", declaró. "Pero muchos de los que están conmigo sí lo son."

Graciela e Irene tienen altísimas posibilidades de ser presidentes de sus países en 1999 o en la primera década del

2000.* ¿Eso sería, de algún modo, el poder? ¿O el poder está en otro lugar ahora?

Una de las mujeres más inteligentes que he conocido se llama Rosiska Darcy de Oliveira. Dirige el Consejo para los Derechos de la Mujer en Brasil y es uno de los asesores de confianza del presidente Fernando Henrique Cardoso. A fines de noviembre, en Río de Janeiro, puse ante Rosiska toda la información y las preguntas que aparecen en las líneas previas y esperé su respuesta.

Rosiska tiene una voz grave, que se desliza con facilidad del portugués al español o al inglés. A veces, cuando hay que precisar una idea, la enuncia en un francés impecable. Su mirada tiene tanta energía como su inteligencia. Le pregunto por qué, a diferencia de Honduras, Argentina o Venezuela, las mujeres ocupan tan pocas posiciones de poder en el Brasil de hoy.

"Quien supone eso es porque está pensando en el poder convencional. Pero el poder está cambiando de lugar ahora", dice en su austero despacho del Jardim Botánico. Su tono es tan apacible que pareciera tener lista la respuesta desde hace días. "El poder está en los medios, por ejemplo, o en las corporaciones económicas. La cadena de televisión más poderosa de Brasil, la Rede Globo, está dirigida por una mujer, Marluse Pinto. Y la Compañía Siderúrgica Nacional, que es nuestra empresa más poderosa, tiene una mujer al frente: María Silvia Camargo. ¿Cuál es la diferencia con el poder tradicional? Muy simple: en estos liderazgos, lo que cuenta es el mérito. No hay –como en la política– un tejido imprescin-

---

* Ambas perdieron esa posibilidad a fines de 1998. Irene Sáez fue derribada desde su 45 por ciento en las encuestas del mes de enero a un ínfimo 1,3 por ciento en las elecciones del 6 de diciembre; Graciela Fernández Meijide perdió la candidatura presidencial en las elecciones primarias de la Alianza, a fines de noviembre, pero fue postulada a la gobernación de la provincia de Buenos Aires.

dible de relaciones, contactos, intereses. Sólo tienen cabida los que hacen bien las cosas. Hace algún tiempo hablé con un grupo de jueces mujeres y les propuse un sistema de cuotas, que les permitiera acceder al 25 por ciento de los cargos vacantes. Se negaron rotundamente. ¿Para qué?, me dijeron. Ahora nos eligen por concurso, y siempre ganamos en las pruebas. Si hubiera un régimen de cuotas, los políticos preferirían a sus primas o a sus esposas. Nada les conviene tanto a las mujeres como competir."

Rosiska supone que el lugar del poder está retirándose de sus espacios convencionales. "Los partidos, tal como los conocíamos, están en vías de extinción, la globalización de la economía está tornando inútiles los sindicatos, el poder de la Iglesia Católica es sólo el que le asignan los políticos: ya casi nadie vota en consonancia con su fe religiosa. A todos nos cuesta entender estos cambios. No hay nada más difícil que ser contemporáneo de uno mismo."

En el larguísimo curso de la historia, las religiones y el pensamiento filosófico siempre tuvieron a un hombre como centro. A diferencia de los dogmas, ese dato de la realidad es irrefutable y verdadero. Tal vez lo sea también el hecho de que todas las ideas originales de este fin de milenio son –como las de Rosiska– ideas de mujeres.

LA ARGENTINA IN FRAGANTI

Febrero, 1996

Rara vez somos ante la gente lo que de verdad somos. Lo que hacemos es representarnos, desplegar ante los demás una imagen aceptable de nosotros mismos. Nos representamos, de modo parecido a como las ropas representan nuestro cuerpo. La memoria que dejamos en los otros está siempre vestida, y hay en ella un poco de nuestra secreta carne. Hacia 1951, el poeta inglés W. H. Auden expresó esa idea con una concisión irreemplazable: "Los rostros privados en lugares públicos/ son más sabios y bellos/ que los rostros públicos en lugares privados".

En estos días en que la vida de Eva Perón ha sido sometida a un escrutinio tan implacable como incesante, más de una vez me han preguntado en qué momento Evita fue ella misma. Dos respuestas se me ocurren, y creo que ambas son igualmente verdaderas; Evita fue *siempre* ella misma; es decir, nunca se ocultó, nunca fingió ser otra (por eso no pudo ser una gran actriz: porque toda representación era para ella un esfuerzo que la sobrepasaba). La segunda respuesta supone que Evita sólo pudo ser ella cuando murió, cuando su memoria empezó a llenarse con los innumerables significados que le fue atribuyendo la imaginación de los argentinos.

Ciertos momentos de su biografía siguen siendo confusos

y, por eso, a menudo se llenan con ficción. Una de esas ficciones era recurrente en las declaraciones periodísticas de Borges, quien imaginó –por malicia política o por capricho intelectual– que "la madre de esa mujer" había "regenteado un prostíbulo en Junín". Desde la primera vez que lo dijo, en 1964, lo repitió tantas veces que aún ahora siguen preguntando por eso desde lugares tan distantes entre sí como Río de Janeiro y Oslo. Otra invención, que vaya a saber de dónde sale, imagina que el segundo gobierno de Perón rompió con la Iglesia Católica porque en el Vaticano se negaban a canonizar a Evita. Me lo han preguntado desde Sydney, Australia, y tengo la sospecha de que no conseguí disipar el equívoco.

De otra ficción tengo yo la culpa, en parte. En una novela que publiqué en 1985 conté que Evita le dijo a Perón, cuando lo conoció en el Luna Park: "Coronel, gracias por existir". Aunque la frase es una invención de mi cosecha (como lo advertía el título mismo de mi libro: *novela*), la he visto repetida como verdad en algunos textos periodísticos y hasta en otra fábula que no es mía. Siento ahora el temor de que se convierta en un hecho histórico, y por eso arriesgo esta confesión que jamás había pensado hacer.

Los momentos de epifanía en la vida de Evita –es decir, aquéllos en los que su ser va convirtiéndose en otro– siempre han flotado como un gran signo de pregunta en la imaginación nacional. A todos traté de dar una respuesta en mi última novela: la huida de Junín a Buenos Aires para convertirse en actriz; el eclipse de nueve meses en 1943; el primer encuentro con Perón; la noche terrible de su frustrada proclamación como candidata a la vicepresidencia, en agosto de 1952; la conciencia de la enfermedad; el embalsamamiento; las vejaciones infligidas al cadáver.

El musical de Broadway se detiene sólo en la vida de Evita –no en los episodios que sucedieron a su muerte– y la refiere no desde la intimidad del personaje sino desde fuera: observa la vida como espectáculo, como signo político, como evidencia de autoritarismo, de manipulación o de pasión popular. Construye una Evita *for export*, que la representa no como ella fue sino como se supone, fuera de la Argentina, que ella *debió haber sido*. No es un ultraje a su memoria ni tan siquiera un aporte irreverente, sino –sobre todo por la canción que sirve de estribillo– una multiplicación de su mito. En los años de la resistencia contra las dictaduras de los años 60, el peronismo atribuyó a Evita una profecía que se ha cumplido a sí misma: "Volveré y seré millones". La ópera de Broadway es parte de ese vaticinio.

Invocar blasfemias, señalar insultos, como parecen haber hecho la diputada Rivadenera y el inefable (no infalible) cardenal Quarracino es atribuir a la película de Alan Parker una eficacia mayor que a la figura histórica de Evita. Ninguna obra de arte, ni las mejores, mueven un solo pelo de la realidad: menos aún se lo mueven al pasado.

Si Evita logró ser ella misma sólo desde que murió es porque esa muerte revela tanto su historia como la historia de la Argentina en los últimos cuarenta años. Fuimos, como esa muerte, un país nómade, sin lugar, sin rumbo fijo: alguien que fue desaparecido, vejado, enterrado en el anonimato, sometido, oprimido, negado. La ópera de Broadway no muestra esas cosas, porque el lado funerario de la realidad se ve rara vez en los escenarios. Somos nosotros los que hemos empezado a representarnos a través de ese espejo sellado –el cadáver– del que tanto hablábamos en los años sesenta, sobre el que tanto escribimos en los setenta –cuando el régimen de Lanusse se lo devolvió a Perón en Puerta de Hierro– y sobre el que tanto silencio se hizo desde la última dictadura. Algo hay que agradecerle a la película de Madonna, entonces: que, al generar un debate, haya revuelto nuestro pasado, y que, al revolverlo, nos ayude a enfrentarlo.

Evita ha salido ganando en estas batallas pero nosotros no: la imagen nacional se arrastra malherida en los diarios y en los canales de televisión de Sydney, de Milán, de Londres, de Toronto. Se nos representa como intolerantes, regresivos, algo ridículos. No es un retrato fabricado por la prensa, sino lo que se deduce del modelo que hemos ofrecido. Si era así como queríamos representarnos, pues ahí lo tenemos. Mientras Haití da signos de civilidad cuando –por primera vez en doscientos años– un presidente democrático es relevado por otro, nosotros regresamos a las amenazas cavernarias, a las prepotencias, a las expulsiones furibundas.

Siempre creí que la ópera *Evita* –la de Tim Rice y Lloyd Webber– no se había estrenado en la Argentina por un acto de autocensura. A través de *Il Corriere della Sera*, de Milán, acabo de enterarme que los comandantes de la dictadura, en 1978, encarcelaban a quienes traían el libreto del musical en sus valijas y que, desde entonces, el temor no se ha disipado. Sería útil que el gobierno actual levantara la vergonzosa veda y estimulara la difusión de la obra, para que los diputados y cardenales sepan qué se está discutiendo.

Ni siquiera ante sí mismos los hombres son lo que son. Tienen las profundidades llenas de pensamientos que nunca se atreverán a expresar, de ideas que quisieran llevar adelante pero dejan para otro día, de historias que hubieran querido vivir y no supieron.

Sólo a veces, algo o alguien –Madonna y su película, por ejemplo– desencadena una crisis y, al pescarnos *in fraganti* en una de nuestras secretas agachadas, descubre que en verdad somos como el brazo perdido de la Venus de Milo: lo que se ve no es exactamente lo que somos. Y todavía falta saber qué somos de lo que no se ve.

LO QUE NO SE PERDONA

Febrero, 1996

A Evita le sucedió, entre 1947 y 1951, mucho de lo que a Madonna está pasándole ahora en la Argentina. Evita era la joven esposa del Presidente de la República, pero antes había sido una actriz de segunda fila, que hablaba con defectos de dicción y tenía –como muchas otras actrices de su rango– una reputación dudosa. Cuando Evita explicó que deseaba reparar las injusticias sufridas en carne propia luchando por la causa de los humildes, no le creyeron. La llamaron resentida, trepadora, ávida de poder. Esos prejuicios de hace medio siglo alimentan los primeros cuadros del musical de Broadway y son, en cierto modo, los que se vuelven contra Madonna.

La protagonista de *Evita* arrastra también una imagen satánica. Sus videos, sus presentaciones musicales y algunas de sus películas cultivan una imagen de sexualidad promiscua y desenfadada que tiene más que ver, sin duda, con el *show business* que con sus pasiones personales. En nombre de esa imagen pública, ciertos sectores intolerantes niegan, ahora, que Madonna sea digna de encarnar a Evita, no a la de la historia –ni siquiera a ésa– sino a la de Broadway.

Ambas, la santa y la satánica, sufrieron incomprensión y desprecios. Sus vidas difieren sustancialmente, porque Evi-

324

ta aspiraba a cambiar para siempre la vida de la gente (y en eso radicaba su afán de eternidad), mientras que Madonna sólo pretende modificar un instante: aquel en el cual la gente asiste a sus espectáculos.

Ayer, en cambio, surgió una diferencia mayor: Madonna se presentó en el Hyatt, flanqueada por Alan Parker, por Pryce y por Banderas, y lo que hizo fue justificarse. "Pienso que Evita fue una mujer extraordinaria y siento por ella un respeto profundo", dijo. "La voy a representar como una mujer valiente, una mujer admirable." Por sinceras que sean sus afirmaciones, son innecesarias. Evita jamás pronunció una palabra de autodefensa ni de disculpa. No le importaba que los demás dijeran de ella lo que les diera la gana.

Las explicaciones del Hyatt reflejan con claridad, sin embargo, algo que a muchos argentinos les cuesta entender: el film de Alan Parker es por ahora un trabajo, quizá sea un negocio y en el mejor de los casos será una obra de arte menor. Dentro de ese engranaje, Madonna es una actriz y una cantante profesional, que encarnará a la Evita del musical (no a la de la historia) de la mejor manera que le permita su talento. En *Evita*, Madonna está jugándose sólo parte de su prestigio y, tal vez, de su futuro. Por excepcional que sea lo que haga, la vida no le cambiará demasiado.

Evita, en cambio, se jugaba a sí misma en todo lo que hacía. No sólo estaba cambiando su vida sino también la de mucha gente: los desamparados, los "grasitas", los "pobres de mi patria", a los que defendió con tanto sacrificio y con tanto encono.

Creo que no le hubiera gustado que Alan Parker y sus huestes hayan salido ayer, en el Hyatt, a salvar la cara y a prometer que harán buena letra para zafar de las amenazas fundamentalistas que acosan a la película. No le hubiera gustado porque esas amenazas se alzan en nombre de la argentinidad cuando, en verdad, lo que están haciendo es enlodar el nombre de la Argentina. No le hubiera gustado porque ella, que encarnó en la radio a las mujeres célebres de la historia –lo que le deparó no pocas burlas–, sabía distinguir muy bien los límites entre ficción y realidad, entre la razón artística y la razón política. Pero sobre todo no le hubiera gustado porque estaba segura de sí misma: si nunca se quiso defender de los agravios, menos hubiera tolerado que la defendieran otros.

Su memoria no necesita de muros pintados ni de vestales furibundas. Cuando Evita dijo: "Mi vida es de todos ustedes", lo dijo en serio. Hasta quienes la odiaban –como Borges– encontraron en el relato de su vida una metáfora o un signo ejemplares. Su vida (y su historia) están por encima de las pequeñeces que se están viviendo este verano en Buenos Aires, a falta de cosas más importantes.

Volveré y seré Madonna

Diciembre, 1996

Pocas veces una imagen de Hollywood ha invadido con
tanto ímpetu la realidad como la Evita de Madonna Ciccone. El avasallador embate de los maquillajes, joyas, posters,
peinados y vestidos en los que Madonna trata de reproducir
los lujos y las modas de Eva Perón podría cambiar la historia por completo. Cada vez que algún ser humano piense en
Evita de ahora en adelante, podría representársela con la cara y los gestos de Madonna.

A comienzos de diciembre, Nathan Gardels de *Los Angeles
Times* y un reportero de la revista *Newsweek* me enviaron cues-
tionarios tan agudos y provocadores sobre esa violenta distor-
sión iconográfica que aún ahora siguen haciéndome pensar.
"El imperialismo norteamericano se adueñó de casi toda América latina", señalaba Gardels. "¿No le parece que ahora también está apoderándose de sus mitos?". Otra de sus preguntas
subrayaba que, al entrevistar al presidente Carlos Menem antes de la filmación de la película de Alan Parker, aquél le dijo
que había incontables actrices argentinas en condiciones de
encarnar a Eva Perón con tanta eficacia como Madonna. "Pero la cara de ninguna de esas actrices verá jamás las luces de
la historia", comentó Gardels, con un dejo de sorna.

Es verdad que la estrepitosa avalancha publicitaria desa-

327

tada por la película de Alan Parker podría lograr que la cara de Madonna Ciccone sustituya, en la imaginación de mucha gente, la cara de Evita. Pero para que la sustitución sea eficaz, la película tendría que ser memorable y, según parece, no lo es. Millones de personas siguen creyendo que la *Evita* de Hollywood será completamente diferente de la *Evita* de Broadway. Sin embargo, no es así. Hay más estruendos, más despliegue de masas, más agresiones corales que en el musical de Andrew Lloyd Webber y Tim Rice, pero el espectáculo es casi el mismo. La película está llena de sentimientos pero carece de profundidad. No hay diálogos, nadie se queda pensando después de verla. Y, contra lo que muchos espectadores suponían, Madonna (o Evita) no habla. Canta todo el tiempo.

Con tantas flaquezas, es difícil que el film logre el milagro de transfigurar la historia. Le escribí a Gardels que ese prodigio se dio en 1845, cuando Sarmiento construyó un retrato imaginario de Facundo Quiroga más poderoso que el retrato histórico. Pero para llegar tan lejos es preciso cierto genio. Dudo que el triángulo escaleno formado por Alan Parker, Madonna y Antonio Banderas dé para tanto.

Hollywood aún espera que la más célebre de las profecías atribuidas a Eva Perón, "Volveré y seré millones", se escriba de otra manera: "Volveré y seré Madonna". Durante algunos meses, habrá que resignarse a que así sea. Pero el film de Alan Parker no es un clásico indeleble y, dentro de pocos años, la transfiguración de Madonna se olvidará y dará paso, otra vez, a la Evita real, a la de siempre.

En cuanto a la imposibilidad de las actrices argentinas para alcanzar las luces de la historia, le envié a Gardels una refutación entusiasta. No hay que olvidar –le dije– que Evita fue precisamente una de esas actrices. Cuando encontró a Perón en 1944 era una pobre estrellita sin talento, que pronunciaba mal las palabras. A duras penas había podido llegar a sexto grado. Sus enemigos –Borges, Martínez Estrada, los hermanos Ghioldi– creían eso mismo: que era indigna de pasar a la historia. Después de casarse con Perón pero, sobre todo, durante el viaje a Europa, Eva descubrió que el personaje de su vida era ella misma y lo representó con una convicción magistral. Medio siglo después sigue bajo las luces de la historia con tanta fuerza que Hollywood está invirtiendo casi cien millones de dólares en contar sus desventuras. Para ser una actriz argentina –le dije–, no me parece que le haya ido tan mal.

Tanto a *Newsweek* como a *Los Angeles Times* les preocupaba la idea de que, dadas las tradiciones autoritarias de la Argentina, la exhibición de *Evita* pudiera ser prohibida en Buenos Aires. Gardels me hizo notar, con razón, que la transfiguración de Evita en Madonna podía ofender a los nacionalistas extremos, como ya había sucedido durante la filmación de la película. "¿Usted aprueba que Hollywood se apropie de los mitos argentinos?", me preguntó, apuntándome al pecho.

Hollywood ha tenido una influencia positiva sobre la imaginación y la mitología de nuestros países, le respondí. No veo razón para luchar contra eso. Algunos de los mejores relatos latinoamericanos del último medio siglo son fruto de la inteligencia con que nuestros creadores absorbieron y modificaron las lecciones de Hollywood. Manuel Puig –cité– es un buen ejemplo. Tomó de Hollywood la materia prima de sus ficciones y se las vendió después como productos manufacturados. Ese es el caso de *El beso de la mujer araña*. No me opongo a ninguna apropiación de los mitos. Sólo aspiro a que eso se haga con talento.

En la presentación de sus *Obras Completas*, Borges escribió: "Felizmente, no nos debemos a una sola tradición; podemos aspirar a todas". Que el mundo aspire ahora a recrear a Evita, lejos de empobrecernos, nos enriquece. Somos de todas partes y nuestra cultura se ha alimentado de muchas culturas. Es bueno que también algo de nosotros empiece a formar parte de las tradiciones ajenas.

LAS OTRAS CARAS DE EVITA

Este resumen de la historia y el mito de Eva Perón es un breviario para uso de lectores no argentinos e incluye, por lo tanto, datos que los argentinos juzgarán obvios. Fue publicado por la revista Time *en enero de 1997.*

Tres imágenes negras empañan la historia de Eva Perón, y las tres han reaparecido a fines de diciembre de 1996, arrastradas por la marea que desata la película de Madonna y Alan Parker. Las tres no son del todo inexactas pero, atribuidas al personaje sin ningún matiz, acaban por ser injustas.

La primera imagen supone que Evita era una prostituta ambiciosa que sedujo a Perón por mero afán de poder. La segunda establece que su ideología era nazi –o al menos fascista– *après la lettre*. La tercera la describe distribuyendo a tontas y a locas el dinero ajeno y reteniendo parte de ese dinero para sí.

Eva Perón fue una mujer intolerante, iletrada, fanática y ávida de poder o, al menos, ávida del amor y de la admiración de las multitudes que sólo se pueden alcanzar a través del poder. Pero no fue una prostituta, no fue una fascista –quizás ignoraba el significado de esa ideología– y tampoco fue una mujer codiciosa. Le gustaban las joyas, las pieles, los vestidos de Dior, y podía tener todos los que deseaba sin necesidad de robar arcas ajenas. Cualquiera que haya investigado con seriedad su biografía sabe que no quería el dinero para sí. Lo quería para invertirlo en esa singular forma de beneficencia que ella había inventado y a la que dio un nombre que todavía perdura en Argentina: ayuda social o justicia social.

Cuando Juan Perón fue derrocado por un golpe militar, en setiembre de 1955, el odio entre peronistas y antiperonistas era tan visceral, tan insuperable, que el nuevo gobierno se embarcó en una intensísima campaña de propaganda para desmontar la eficaz estructura de autoglorificación montada por Perón y por su esposa Evita durante los diez años previos. Aunque Eva había muerto tres años antes de un cáncer de matriz, se la veneraba obligatoriamente como a una santa nacional. Parte de la campaña antiperonista consistió en atribuir a la pareja todos los males que la Argentina había sufrido y que se aprestaba a sufrir.

Perón había sido elegido presidente dos veces en comicios limpios y su régimen era formalmente democrático. Tanto él como Eva, sin embargo, habían cerrado el camino a toda voz opositora y gobernaban la Argentina con mano de hierro. Las censuras de esa época, los encarcelamientos y ocasionales torturas de adversarios indujeron a que Perón fuera mencionado como "tirano". Ese epíteto se ha vuelto sin embargo inofensivo y casi patético después de las atrocidades cometidas por las dictaduras militares que lo sucedieron, sobre todo la de 1976-1983.

La dificultad para entender el peronismo y a sus dos protagonistas –Perón y Evita– se cifra, ante todo, en el hecho de que Perón simpatizó con el Eje cuando era coronel y ministro de Guerra, entre 1944 y 1945. Esa torpeza lo hizo inaceptable para los Estados Unidos. A la vez, ha sembrado la idea de que Evita pensaba de la misma manera. En esos años, cuando era la amante más o menos clandestina de Perón, Evita sólo pensaba en retener a su pareja y en sobrevivir. No sólo carecía de toda formación ideológica. También carecía de influencia y de poder, tanto en la casa de Perón como en la vida política de la Argentina.

Cuando llegó a Buenos Aires, a fines de 1934 o comienzos de 1935, Eva Duarte carecía –además– de casi todo: talento de actriz, dinero, padre legítimo, educación. Aquéllos fueron años de extremado machismo en un país que siempre fue machista. Cada vez que Eva quería conseguir un papel en la radio, en el teatro o en el cine, se le exigía que pagara un peaje sexual. A veces lo hacía, a veces no. Para los códigos de la época, esa conducta tiene poco que ver con la prostitución. Era una conducta de lisa y llana supervivencia.

Una vez en el poder, convertida en esposa legítima de Perón y en Primera Dama de la Argentina, Eva encarnó –como actriz, notable al fin– el mejor papel de su vida: se representó a sí misma. Ofreció a los pobres las posesiones y ventajas que ella no había conocido –trabajo, escuelas, vacaciones, certificados de matrimonio, viviendas– y se vengó de sus enemigos de clase y de sexo haciéndoles la vida imposible en una Argentina que manejaba a su antojo.

Jorge Luis Borges dijo, en 1964, que "la madre de esa mujer" [Evita] había "regenteado un prostíbulo en Junín". Repitió la calumnia tantas veces que mucha gente sigue creyendo en ella o, lo que es más frecuente, imagina que la propia Eva –cuya falta de *sex appeal* evocan todos los que la conocieron– fue una de las pupilas de ese ilusorio burdel. Con la misma estrategia, el panfletista Silvano Santander urdió hacia 1955 unas cartas en las que Eva aparecía como cómplice de los nazis. Es verdad que Perón facilitó el ingreso de criminales nazis en la Argentina entre 1947 y 1948 creyendo que así podría apropiarse de algunos avances tecnológicos hechos por los alemanes durante la guerra. Pero Eva nada tuvo que ver con eso. Estaba lejos de ser una santa, aunque millones de argentinos la veneran como tal. Tampoco era una canalla. Los seres humanos son contradictorios y llenos de matices laberínticos. Rara vez se parecen a lo que se dice de ellos en los musicales de Hollywood o de Broadway.

NO SE TE OCURRA VIAJAR A ZIMBABWE

Agosto, 1996

A veces, las obsesiones andan a la caza de los hombres. Otras veces son los hombres los que atraen la luz –quizá la oscuridad– de las obsesiones. A mediados de agosto, después de hablar durante dos horas sobre Eva Perón en el Centro de Convenciones de Montevideo, Uruguay, me senté ante el televisor de mi hotel para ver un programa sobre Zimbabwe en uno de los siete u ocho canales de cable disponibles después de la medianoche.

Pocos temas me parecían tan apropiados como Zimbabwe para alejar a Evita de mis pensamientos. Zimbabwe es el nombre de un país situado al sudeste de África, de colinas templadas y ríos caudalosos, que hasta 1980 se llamaba Rhodesia y era una colonia inglesa con un dominio blanco férreo e intolerante. La gente de Zimbabwe ha heredado de sus antiguos opresores la pasión por el fútbol y la ceremonia del té a las cinco de la tarde.

El programa de aquella medianoche me permitió aprender varias historias que yo desconocía. Vi cómo una intrincada red de guerrillas acabó con la hegemonía blanca, a fines de los años 70, desde frentes que no cesaban de moverse: en Zambia, al norte, y en Botswana, al oeste. Vi las intrigas que permitieron a Robert Mugabe, uno de los

333

jefes independentistas, deshacerse de su competidor Joshua Nkomo y arrebatarle la presidencia de la nueva república. Vi la casa donde Doris Lessing vivió y escribió sus primeros relatos antes de afiliarse al Partido Comunista y huir a Londres. Vi los cines de un centro comercial en Harare, la capital (que antes se llamaba Salisbury), donde una fila de blancos almidonados entraba en silencio a ver *Batman Forever* mientras, a veinte pasos, un enjambre de negros alborotadores esperaba con impaciencia una película de artes marciales.

Uno de los momentos más admirables del documental sobre Zimbabwe fue el concierto de *mbira* que pasaron durante dos minutos y medio: el *mbira* es una especie de xilofón de ocho lenguas resonantes, que se tocan con los pulgares y el índice y que tiene un sonido metálico, obsesivo, armonioso. El ejecutante era un viejo de edad indescifrable y no retuve su nombre: la extraña música que tocó se movía en una dirección siempre inesperada y, por momentos, sonaba como los últimos cuartetos de Beethoven.

Supe (en algún momento el locutor lo dijo) que el noventa y ocho por ciento de los habitantes de Zimbabwe son negros, pero que la segregación persiste en Harare, donde la minoría blanca vive con un lujo que envidian los antiguos amos de Londres. Sobre el inmaculado césped del mercado popular, vi a las esbeltas negras rhodesianas vendiendo unas raras joyas de artesanía –hechas de bronce, madera de jacarandá y colmillos de león tallados–, mientras en el otro extremo de la capital, en el City Bowling Club, tres hieráticas señoras jugaban al cricket. En los alrededores de ese club (dijo el locutor) no se permiten negros.

Hubo una pausa en el documental. Después, un relámpago de sorpresa me golpeó la frente. Apareció la platea de un teatro y se oyó la obertura del musical *Evita*. Algunos caballeros de frac aplaudieron cortésmente desde la primera fila.

¿En Zimbabwe? Desconfié, por un momento, de la salud de mis sentidos. Todos los que estaban en el teatro, actores y espectadores, eran blancos. Una joven de piel lechosa, dura como una estaca, desafinó sin piedad "No llores por mí, Argentina", la canción principal de la obra. Compasivo, el locutor del documental explicó que la muchacha, llamada Rani Klöckner, era una estudiante de abogacía y que actuaba por primera vez. "Estamos en el teatro Mayor de Harare", dijo. "El éxito de la temporada es *Evita*."

En seguida hubo una entrevista a Dawn Parkinson, productora y directora del musical. Advirtió que la obra no le gustaba demasiado pero que había decidido comprarla porque los derechos estaban baratos, a cuarenta mil dólares. "No me fue mal", declaró. "Pude recuperar la inversión en la primera semana." "¿Por qué todos los actores son blancos?", le preguntó el locutor. "Tal vez usted no lo sepa", dijo la señora Parkinson, "pero Evita es un personaje histórico. Tenía el pelo rubio. Estamos tratando de imitar la realidad lo mejor que podemos. Además, no todos los que actúan son blancos. Hay una negra, Angela Mushore".

Un crítico uruguayo, Homero Alsina Thevenet, me contó al día siguiente lo que lo que había leído en algunos diarios europeos: la *Evita* de Zimbabwe es un escándalo.

Según la versión del crítico, Angela Mushore fue la primera elección de la señora Parkinson para el papel principal. Angela es una cantante excepcional, famosa por sus imitaciones de Ella Fitzgerald y Edith Piaf. En 1994 ganó varios premios teatrales por una obra sobre el SIDA y los chicos de la calle. Su padre es un comerciante próspero de la etnia Shona, la más numerosa de Zimbabwe.

Después de un par de pruebas satisfactorias, Angela debió rechazar el papel de Evita porque la señora Parkinson quería que se pintara la cara de blanco. "Se hubieran reído de mí", comentó la actriz. "Al verme la palma de las manos, el público habría notado en seguida que soy negra. Y además, ¿qué importa el parecido físico? En el teatro, lo único que cuenta es que la gente crea en lo que está viendo."

Como Angela está interesada en interpretar a María Magdalena el año que viene, cuando en Harare se estrene *Jesucristo Superstar*, aceptó finalmente actuar en *Evita* encarnando a Piraña, la amante adolescente de Perón en 1944. Su espléndida voz de soprano marca el momento más alto –aunque brevísimo– de la obra. Pero si el público de Zimbabwe llena el teatro no es por eso.

Es porque los espectadores de Harare, en especial los blancos, ven la ópera de Tim Rice y Andrew Lloyd Webber como una variación de su propia historia. La esposa del actual Presidente, Sally Mugabe, murió también, como Evita, en olor de santidad. Ambas crearon una fundación de ayuda social (el mismo nombre en los dos casos), suprimieron la tradicional sociedad de beneficencia de sus países y fueron acusadas de desviar parte del dinero hacia los bancos suizos. En el caso de Evita, la acusación jamás pudo ser probada. En el de Sally Mugabe, es un rumor que no se puede repetir en voz alta, porque su marido es un jefe de Estado intolerante. La ópera, así, se ha convertido en una válvula de escape político, en un foco de resistencia.

Cuando el personaje del Che Guevara canta, en el último acto de la ópera, "¿Dónde en la tierra puede la gente ocultar su pequeño pedazo de cielo? ¡En Suiza, gracias a Dios!", el público de Harare estalla, de pie, en una ovación irrefrenable. Ese y otros fragmentos del musical se repiten en representaciones clandestinas, fuera de la capital de Zimbabwe, con actores negros que usan pelucas rubias.

El personaje de Evita desata obsesiones en los espectadores y, a veces, también provoca enfermedades. Al día siguiente de ver el documental amanecí con fiebre en Montevideo y no pude regresar a Buenos Aires. Algunos amigos me recomendaron ver, como distracción, el documental sobre Tonga –una isla del Pacífico– que hoy domingo pasan en A & E. Me da miedo hacerlo. En Nukualofa, la capital de Tonga, hay dos teatros. Y he oído que, de vez en cuando, representan allí musicales de Broadway.

La nieve que cayó dos veces

Enero, 1996

Fue en el museo Whitney de la avenida Madison donde empezó esta historia, a fines de febrero de 1992. Estaba exhibiéndose una retrospectiva del arte norteamericano y, como otras veces, fui allí en busca de los solitarios domingos pintados por Edward Hopper, de los retratos en friso que Andy Warhol dedicó a Marilyn Monroe y de las historietas banales de Roy Lichstenstein.

Era –recuerdo– poco más de mediodía. En el acceso de mármol de la exposición, treinta o cuarenta personas rodeaban a una vieja desaliñada que se había instalado en una mecedora a leer una carta. El aleteo de la multitud no la conmovía. La vieja estaba inmóvil, con los lentes de metal barato encajados en el puente de la nariz, las piernas varicosas ligeramente abiertas, calzada con chancletas y vestida con una bata de algodón liviano, de la que sobresalían las costuras de un corpiño sucio. La carta que leía estaba fechada en Miami y hablaba del tedio, de las playas vacías y de una vida sin amor.

Tardé tres largos minutos en darme cuenta de que la vieja no era una persona de carne y hueso sino una reproducción perfecta. Creaba una ilusión de verdad tan absoluta que creí ver, a través de la piel escamosa y expresiva, la soledad de un alma que ya no espera nada. El autor de la escultura era un ex granjero del Medio Oeste, Duane Hanson, a quien los críticos desdeñaban por haber llevado el realismo a sus peores extremos fotográficos. Según el catálogo del Whitney, a Hanson se le atribuía el mayor crimen que puede cometer un artista: el de contaminar la realidad con imágenes que ya existen.

Busqué al escultor durante algunos meses hasta que logré dar con su teléfono en Boca Ratón, una de las infinitas ciudades de playa que se desperezan al norte de Miami. En aquellos meses, yo estaba investigando las técnicas para fabricar muñecas y figuras humanas de tamaño natural. Quería hablar de esas técnicas en una novela. Me interesaba saber cómo trabajaba Hanson y le pedí una entrevista.

Aceptó recibirme el 11 de marzo de 1993, en el museo de Fort Lauerdale, otra ciudad de Florida, en cuya entrada hay una ridícula pareja de turistas creada por Hanson. No pude viajar, porque desde el 10 de marzo cayó sobre el área de Nueva York la peor tormenta de hielo de la década y los aeropuertos estuvieron cerrados durante tres días. Cuando los reabrieron, el escultor se había marchado a Nuevo México o Arizona. Seis meses más tarde lo llamé por última vez. Me dijeron que estaba en el hospital, con un linfoma incurable.

Cuando por fin escribí la historia de las copias del cadáver de Evita Perón y de su errancia por Bonn y Hamburgo, lamenté no haber contado con la ayuda de Hanson. Más de una vez sentí que arriesgaba la verosimilitud de mi relato y que me exponía a incurrir en algún anacronismo. Desde entonces tengo un odio invencible por las lluvias de hielo.

Alguna vez evoqué ese odio, describiendo la inútil travesía hacia el aeropuerto Kennedy el 11 de marzo de 1993, entre pesados arcos traslúcidos que amenazaban desplomarse sobre la ruta, bosques espectrales, y adolescentes que pasaban como rayos por las esquinas, en trineos improvisados. El tibio invierno de 1994-95 me ayudó a olvidar esas derrotas.

A fines de 1995, el tiempo volvió a encresparse. Ya el 29 de noviembre sentí los malos presagios del invierno que aún no había empezado. Esa tarde cayeron cuatro centímetros de nieve sobre Central Park, en Manhattan, y el horizonte de los rascacielos desapareció entre ráfagas blancas. Volvió a nevar dos veces en diciembre y, aunque hubo estrellas la noche de Navidad, el punzante aliento del Ártico siguió barriendo las veredas de Nueva York.

Lo peor sucedió el domingo pasado. Desde las nueve de esa mañana hasta la medianoche del lunes 8, el cielo se desplomó sobre toda la costa oriental de los Estados Unidos como si fuera la víspera del Apocalipsis. Copos densos e incansables cayeron a un ritmo tan feroz que, al amanecer del martes, la nieve llegaba a las rodillas de los transeúntes y tres horas después ya no había dónde ponerla. Los techos de los edificios amenazaban con descoyuntarse bajo el peso de la tormenta descomunal. Para salir de mi casa, tuve que abrir un desfiladero: a cada lado hay murallas de dos metros de altura. Eso no es nada. Este fin de semana han caído otros diez centímetros de hielo.

Los camarógrafos que instalaron sus trípodes en las torres de Times Square se hicieron una fiesta histórica. En esa encrucijada de Manhattan donde el tumulto de autos y de caminantes no se da tregua a ninguna hora del día, había gente esquiando. Alrededor de Macy's, en la Séptima Avenida, unos pocos exploradores osados desafiaban la blancura de la tormenta. El lunes a las dos de la tarde, Nueva York estaba desierta. Vista desde las azoteas, la ciudad parecía un paisaje desolado de Brueghel.

Sucedieron toda clase de infortunios: novios que iban a sus casamientos y que se atascaron en las rutas, viajeros obligados a dormir en el suelo de los aeropuertos, ancianos cuyos corazones se detuvieron por el ejercicio hipnótico de palear la nieve, parejas que murieron por hacer el amor en autos no ventilados y con la calefacción a todo trapo. Los únicos que jamás se detuvieron fueron los repartidores de diarios: se los veía pasar casa por casa a las siete en punto de la mañana, bajo el fragor de la ventisca.

Aunque varias oficinas del gobierno estuvieron cerradas desde mediados de diciembre por una pelea entre Clinton y los republicanos, sólo el uno por ciento de la población se dio cuenta. La tormenta del 7 y 8 de enero, en cambio, enloqueció a todo el mundo. No fue la peor de la historia sino la tercera (la superaron las de 1888 y 1947), pero fue la más densa: jamás había caído tanta nieve en tan poco tiempo.

En el fatal aislamiento a que me vi condenado, pensé más de una vez en Duane Hanson, que nació entre los glaciares de Minessota y que hacia 1973 decidió mudarse al verano perpetuo de la Florida. El miércoles 10 de enero, el diario trajo la noticia escueta de su muerte. Tenía setenta años y el cáncer de linfa lo había derribado el domingo, cuando el vendaval empezaba. En *The New York Times*, la necrológica que le dedicaron evoca el desdén de la crítica por el populismo de sus esculturas e informa que deja una viuda y cinco hijos.

En el artículo había un dato casual que me dejó temblando. Hanson –leí– tardó mucho en dar con la mezcla de materiales necesaria para que sus figuras parecieran vivas. Tuvo éxito sólo cuando fundió resinas de poliéster con fibra de vidrio. Le sucedió a fines de mayo de 1957, en Hamburgo, en un laboratorio del barrio de St. Pauli.

Con admiración, con espanto, advertí que su hallazgo había sucedido en el mismo lugar donde el Coronel de mi novela confundió una copia de Evita con la Evita verdadera. También el mes y el año eran los mismos.

Una tormenta de nieve me impidió ver a Hanson en 1994. Otra tormenta peor me revela ahora que no era preciso verlo. Su escultura de la vieja desaliñada en el museo Whitney ya me había dicho todo lo que él me podía decir. Con esas casualidades se teje la realidad. Los hombres perdemos la vida buscando cosas que ya hemos encontrado.

No llores por mí, Argentina

Febrero, 1996

En *El País* de Madrid y en el *Star Ledger* de Trenton leí, la semana pasada, que el gobierno argentino decidió confiar por fin al empresario gastronómico Jeffrey Sachs y a la actriz de telenovelas Andrea de Boca la filmación de una película que "contrarreste el efecto de la *Evita* preparada por Alan Parker y Madonna" –como dice *El País*–, a la vez que "sea muy leal con la memoria de Eva Perón", como supone el *Star Ledger*, citando a un funcionario argentino anónimo.

Que el gobierno postule una versión escolar y canónica de la vida de Evita es condenar de antemano el proyecto a la monotonía y tal vez al fracaso, como ya lo aprendieron en carne propia Mijail Romm (quien filmó, por imposición de Stalin, una historia de Lenin en tres partes) y Leopoldo Torre Nilsson cuando se arriesgó a llevar *El Santo de la Espada* a la pantalla. Se puede objetar la veracidad de una biografía, no la de una película o de una novela. Aquélla está apuntalada por los documentos, por los registros orales y por fuentes de toda índole. Las verdades del arte, en cambio, se miden con varas invisibles, que suelen desconcertar a los gobiernos.

Quien aprendió la lección antes que nadie fue la propia Evita. Quizás este sea el momento de volver a contar lo que le pasó cuando quiso escribir su autobiografía.

La idea le fue insinuada por el periodista valenciano Manuel Penella da Silva, que vivía en Buenos Aires desde mayo de 1947. Había publicado en España un artículo titulado "¿Es la Argentina una monarquía popular?", y después, cuando siguió a Evita en una larga travesía por hospitales y barrios pobres, le dedicó una crónica elocuente que la hizo llorar.

Cuando volvieron a verse en noviembre de 1947, después de la gira triunfal por Europa, Penella sugirió a Evita dar forma a sus ideas en una serie de entrevistas que ella podría corregir y publicar con su nombre. "Usted", le dijo, "actúa. Yo escribo. Vamos a descubrir las palabras que están implícitas en sus actos".

Era un plan seductor, pero necesitaba el consentimiento de Perón. Hasta febrero o marzo de 1948, el General dudó. Un día, de pronto, Evita llamó a Penella: "El General no quiere que sean entrevistas", le dijo. "Tiene que ser un libro, un libro mío."

Trabajaron todos los días, a los saltos, en las oficinas de la Fundación y en el living de la residencia presidencial. Evita hablaba, contaba fragmentos de su historia; a la mañana siguiente, Penella leía en voz alta los tramos del manuscrito. El valenciano deseaba reflejar a la "Evita verdadera": tosca, lúcida, enérgica, emotiva. Ella quería que la idealizaran, que la escritura lavara las manchas de su pasado y encendiera su vida con luces que sólo pertenecían al deseo. Quería que la mostraran victoriosa, indomable, adversaria de todo poder que no fuera el de Perón.

En sus monólogos –contó después Penella, que era católico y franquista–, Evita tronaba contra las jerarquías de la Iglesia y del Ejército. El escriba le recordaba sus deberes con el jefe de un Estado confesional y diluía las violencias de su lenguaje. Cada vez que la historia se volvía sentimental, ella se deshacía en lágrimas y decía, exaltada: "Así fueron las cosas, Penella, así mismo".

La primera versión de lo que después se llamaría *La razón de mi vida* estuvo terminada entre febrero y marzo de 1949. Según dijo Penella casi veinte años después, el libro postulaba la creación de un Senado de mujeres y denunciaba la milenaria opresión masculina, aunque dejaba a Perón a salvo de toda culpa. Cuando el General leyó los primeros capítulos, vaciló en autorizar la publicación. "Un libro firmado por Eva", dijo, "es una cuestión de Estado". E hizo circular el manuscrito entre los ministros y secretarios, para que todos opinaran.

Aunque Penella no era un escritor sino un reportero desaforado, que componía libros por encargo sobre grafología, supersticiones populares y vidas sexuales de hombres famosos (su éxito mayor fue *El número siete*, que evoca el ingreso de Hitler en el partido Nazi), era un hombre orgulloso que cuidaba su posteridad. Tal como la concibió, *La razón de mi vida* era para él una obra de arte y no estaba dispuesto a permitir que nadie modificara una coma. "Usted también es una artista", le dijo a Evita. "Debería entender cómo me siento cuando manosean mis sustantivos".

El manuscrito anduvo más de un año de mano en mano, y casi todos los ministros sintieron el deber de aportar algo. La mayoría de las correcciones, sin embargo, fueron introducidas por Raúl Mendé, secretario de Asuntos Técnicos, y por Armando Méndez San Martín, quien pronto sería ministro de Educación. Mendé reescribió capítulos enteros y fue quien tuvo la idea de injertar, entre las confesiones de Evita, un capítulo firmado por Perón, que tropieza grotescamente con el resto de la obra.

Cuando Peuser publicó por fin *La razón de mi vida*, en setiembre de 1951, Penella descubrió con espanto que el resultado final tenía poco que ver con lo que Evita y él habían soñado. Era un libro en el que todos los miembros del gobierno habían metido la mano y, por lo tanto, carecía de personalidad, de fuerza de seducción. Durante más de tres años fue lectura obligatoria en las escuelas argentinas y vendió, a la fuerza, más de un millón de ejemplares. Ahora no le interesa a casi nadie, y sólo es objeto de curiosidad en los seminarios sobre feminismo.

Una *Evita* cinematográfica bendecida por el gobierno está condenada de antemano a la misma desventura. Tiene que dejar contenta a tanta gente (desde Menem y Andrea del Boca hasta las hermanas de Evita) que carecerá de la libertad indispensable en una obra de arte, por modesta que sea. Ya de entrada, la versión oficial sale perdiendo, porque la Madonna deslenguada, enérgica y sin prejuicios de la versión de Alan Parker se parece mucho más a la "Evita verdadera" que Andrea del Boca, a la cual el diario *El País* define como "una treintañera pepona y nívea, con dientes de perlas y labios de coral", demasiado apagada para encarnar a una mujer en llamas.

Lo que más de un periodista norteamericano me ha preguntado en estos días es por qué Menem insiste en apadrinar una *Evita* oficial y cuál es la razón de su enojo contra la ópera rock de Tim Rice y Andrew Lloyd Webber. Es verdad que la ópera está sembrada de inexactitudes, de anacronismos y de españoladas, pero no es irreverente ni se postula como una verdad histórica. Al revés de lo que piensa el Presidente, creo que la ópera ha reinstalado la imagen de Evita en la imaginación del mundo, y sé que esa imagen es conmovedora.

Tal vez el Presidente quiere convertirse en el cruzado de una causa popular para contrarrestar no ya los efectos de la ópera rock sino los de la desocupación y la pobreza. Tal vez piense que la Eva de Andrea del Boca y Víctor Bo podrá hacer el trabajo de justicia social que no hace su gobierno. Quién sabe. La ópera tiene la ventaja de que ahí la Argentina llora sólo por Evita. En la versión oficial, en cambio, al país no le quedará otro remedio que llorar por todo.

EVITA: LA CONSTRUCCIÓN DE UN MITO

Los autores de novelas no sabemos leer ni explicar nuestros propios textos. Aunque la escritura de una novela es, como toda otra escritura, un acto de la razón, ciertos signos y metáforas se deslizan hacia el texto o *caen* dentro de él por un peso que no es el de la lógica sino el de la necesidad: el autor siente o sabe que deben estar allí, pero nunca descifra del todo los motivos por los que algo está en un lugar del texto y no en otro lugar o en ninguno. Al autor pueden ocurrírsele justificaciones *a posteriori*, pero rara vez en el proceso mismo de la escritura. Si se detuviera a pensar en el por qué de cada línea, quedaría paralizado. Por eso a veces, cuando pasa el tiempo, el texto le parece ajeno. Y ésa es la verdad: el tiempo hace que un texto vaya siendo cada vez menos del autor y cada vez más de quienes lo leen o lo discuten. Para un autor, su propio texto se sitúa en el pasado. El mismo está ya en otra cosa, en la próxima novela. Para el lector que lo examina, en cambio, ese mismo texto es un presente continuo, un código que va abriéndose a medida que se lo descifra.

Yo creía saberlo todo sobre Evita o, al menos, sobre el personaje Evita que aparece en mi último libro, *Santa Evita*, hasta que ciertas lecturas empezaron a distinguir en el texto señales que yo no había visto. Algunas de esas señales eran

346

difíciles de reconocer para mí: se desprendían de frases que yo había escrito (a veces, hasta podía recordar el momento preciso en que las había escrito), pero yo sentía extrañeza al verlas regresar enriquecidas, convertido –yo ahora– en lector de una frase que alguna vez había sido mía pero que regresaba a mí transfigurada por otro. ¿Qué hago con lo que me están diciendo?, me preguntaba entonces. ¿Cómo declarar mi desconcierto ante este lector? ¿Cómo decirle: está seguro de que fui yo quien escribió esto que usted lee de modo tan sorprendente?

Algunas de las mejores lecturas llegaron desde un afuera absoluto de mi campo: es decir, desde fuera de la Argentina y desde fuera de la literatura. Los historiadores, desconcertados por este Atila que les invadía con fábulas locas su territorio de verdades, descubrieron los hilos con los que yo había separado cuidadosamente verdad y verosimilitud y descifraron la trama no tan secreta con que, a partir de un cuerpo ya mítico, el cuerpo de Eva Perón, fui dibujando otro mito, el del cadáver nómade que de algún modo simboliza también la errancia de la Argentina.

En *London Review of Books*, el historiador Michael Wood definió esos bordes (o esas transfiguraciones) de esta manera inteligente:

> *Tomás Eloy –dice– usa la ficción no para derrotar a la historia o para negarla sino para llevarnos a la historia que está entrelazada con el mito. Sus fuentes son de confianza dudosa, él lo dice, pero sólo en el sentido en que también lo son la realidad y el lenguaje. En esa afirmación hay tanto un juego como un argumento interesante: algunas de sus fuentes no deben ser sólo ficcionalizadas sino también completamente ficticias. [...] No se trata entonces de las licencias que se toma el realismo mágico o de las furtivas romantizaciones de las novelas de no ficción. Es el intento de utilizar la imaginación para alcanzar algo que de otra*

manera sería inalcanzable. Y la pregunta que aquí se for-
mula es no sólo qué es verdad sino qué podría ser verdad.
O, más importante, aún, qué cuenta como verdad para no-
sotros, cuáles son los campos en los que nosotros creemos
en las promesas de la realidad o descreemos de ellas.

¿No es ésa, acaso, una definición de lo que es mito? Lo que señala Wood, ¿no tiende acaso a decir que, donde antes había un mito, el de Evita, hay ahora –también, además– una novela que deconstruye el mito y lo reconstruye de otra manera?

Encontré por primera vez a Michael Wood hace un par de semanas, en Princeton. Le comenté que su artículo del *London Review of Books* me había impresionado casi tanto como la noticia, leída hace un par de meses, de un museo del peronismo, en la provincia de Buenos Aires, donde se están inscribiendo en grandes lápidas de mármol algunas de las frases que Perón y Evita acuñaron con la intención de que fueran frases inmortales. Como todas las frases célebres, éstas también son triviales. Una, de Perón, dice: "Mejor que decir es hacer, mejor que prometer es realizar". Otra, de Evita: "No renuncio a la lucha ni al trabajo. Renuncio a los honores". Entre esas sentencias de laurel se introdujo una de origen ilegítimo: "Coronel, gracias por existir". Era la frase que, según *La novela de Perón* –una ficción que publiqué en 1985–, la actriz Eva Duarte susurraba al oído del coronel Juan Perón en enero de 1944, cuando ambos se conocieron en un festival benéfico.

Para conferir verosimilitud a la frase, y amparado en la libertad de mentir o fabular que concede el género *novela*, insinué que la había descubierto leyendo los labios de los personajes, en los documentales que aún se conservan (ese dato sí es cierto) en los Archivos Nacionales de Washington DC. Como algunos biógrafos poco escrupulosos la tomaron al pie de la letra, sin confirmar la fuente, la conté de una manera distinta en *Santa Evita*, insistiendo, como bien apuntó Michael Wood, en que estos hechos sucedían dentro de una novela, dentro de una invención, de algo ante lo cual los lectores tenían la obligación de suspender su credulidad.

Cuando me enteré que de todas maneras la frase estaba siendo grabada en una placa de mármol, decidí poner las cosas en claro y escribí un artículo que se publicó en un diario argentino y se reprodujo en otros dos de América latina. Recuerdo el momento en que imaginé la frase. Nunca pensé que valiera demasiado pero, por una razón u otra acertó en el blanco del mito: se convirtió en la frase que muchos argentinos piensan que Evita debió decir. Por más que he insistido en devolver los hechos a su cauce, ya no hay manera de convencer a los devotos de Evita de que ella no la dijo nunca. Ahora soy yo quien, cada vez que niega a Evita como autora de la frase, parece estar difamándola. El personaje Evita de mis novelas –el mito– se ha entrelazado así con la Evita de la historia y la ha modificado.

Forjamos imágenes, esas imágenes son transformadas por el tiempo, y al final no importa ya si lo que creemos que fue es lo que de veras fue. La tradición no discute si una versión es correcta o no. La acepta o no la acepta. Hay otra frase atribuida a Eva Perón, la más celebrada y repetida de todas: "Volveré y seré millones". Es una frase que ella jamás pronunció, como lo advierte cualquiera que se detenga a pensar sólo un instante en el perfume póstumo que impregna esas palabras. Y, a pesar de que la impostura ha sido denunciada muchas veces, sigue apareciendo al pie de las imágenes de Evita en los posters que conmemoran sus aniversarios y en cada uno de los innumerables discursos de sus devotos. La hipérbole es nítidamente falsa, pero para los argentinos que veneran a Evita hay pocas sentencias más verdaderas.

Recrear un mito de la cultura en la historia para tratar de saber quiénes somos o qué hay en nosotros de Algún Otro no es, por supuesto, nada nuevo. Cuando el lenguaje toca el centro del mito, lo enriquece, ensancha el horizonte de eso que llamamos "el imaginario". A la vez, establecer la verdad en términos absolutos es una empresa casi imposible. La única verdad posible es el relato de la verdad (relativa, parcial) que existe en la conciencia y en las búsquedas del narrador.

La ficción y la historia se escriben para corregir el porvenir, para labrar el cauce de río por el que navegará el porvenir, para situar el porvenir en el lugar de los deseos. Pero tanto la historia como la ficción se construyen con las respiraciones del pasado, reescriben un mundo que ya hemos perdido y, en esas fuentes comunes en las que abrevan, en esos espejos donde ambas se reflejan mutuamente, ya no hay casi fronteras: las diferencias entre ficción e historia se han ido tornando cada vez más lábiles, menos claras. Con frecuencia, cuando se lee al Carlo Ginzburg de *Il formagio e i vermi*, al Simon Schamma de *Citizens* o, en el otro lado de la línea, cuando se lee *The White Hotel* de D. M. Thomas o *A History of the World in Ten and Half Chapters* de Julian Barnes, uno se pregunta qué es qué. Ficción, historia. La ilusión lo envuelve todo y el hielo de los datos va formando un solo nudo con el sol de la narración.

Qué es qué. En las vidas de santos, en los memoriales de milagros, en numerosas crónicas y relaciones de Indias, la historia era una suma de ficciones que no osaban decir su nombre. En la Edad Media no había la menor incongruencia, como se sabe, entre componer un poema devoto y propagar en ese poema un fraude religioso. Y a su vez la ficción, para adquirir respetabilidad y verosimilitud, se presentó en la sociedad de los siglos XIV y XV disfrazada de historia. Recuerdo, por citar sólo un ejemplo, la delirante novela del ciclo artúrico titulada *La Historia de los nobles caballeros Oliveros de Castilla y Artús Dalgarbe*, en uno de cuyos capítulos Oliveros les corta las cabezas por amor a sus dos hijos, y en el capítulo siguiente las devuelve a su lugar por compasión.

¿Qué significa lo histórico? ¿Qué lo ficticio? *Santa Evita*, mi novela, poco tiene que ver con los relatos históricos estudiados por Georg Lukács, en los que un héroe real, moviéndose entre personajes anónimos, reflejaba los deseos y objetivos del pueblo entero: su pueblo. Lo que hice es tejer un relato posible, una ficción, sobre un bastidor en el que hay hechos y personajes reales, algunos de los cuales están vivos. Por eso subrayo el hecho de que *Santa Evita* es una novela. Si da la impresión de un reportaje, es porque invertí deliberadamente la estrategia del llamado "nuevo periodismo" de los años 60. En obras como *In Cold Blood* de Truman Capote, *The Fight* de Norman Mailer o *Relato de un náufrago* de Gabriel García Márquez, se contaba un hecho real con la técnica de las novelas. En *Santa Evita*, el procedimiento narrativo es exactamente el inverso: se cuentan hechos ficticios como si fueran reales, empleando algunas técnicas del periodismo. Donde la novela dice: "Yo vi", "Yo estuve", "Yo revisé tales o cuales fichas", las frases deben entenderse en el mismo sentido en que se entienden las primeras personas, los yo, de novelas como las de Dickens, Proust o Kafka: ese yo es un yo de la imaginación, que aparece como testigo ficticio para conferir verosimilitud a sucesos que a veces son inverosímiles. El texto trata de establecer con el lector un pacto semejante al que uno establece con una película: la realidad se recorta, desaparece, y el espectador se sumerge en otra realidad que sólo desaparece cuando la película termina.

Escribir hoy novelas sobre la historia es una operación que difiere, en más de un matiz, de los ejercicios narrativos de los años 60 y 70. En aquellas décadas de certezas absolutas, de posiciones netas, de cuestionamientos políticos y subversiones contra el poder o sumisiones al poder, la novela y la historia se movían dentro de un campo de tensiones en el cual los conceptos adversarios seguían siendo verdad y mentira, para decirlo en términos muy simples. La novela estaba embargada por un deseo totalizador y se proponía sustituir, con sus verdades de fábula, las falsías elaboradas por la historia oficial. Movida por un viento de justicia, la novela trataba de señalar que la verdad había dejado de ser patrimonio del poder. Ciertos textos latinoamericanos fundamentales escritos en ese período, como *Yo el Supremo* de Roa Bastos y *Terra Nostra* de Carlos Fuentes insistían en la manipulación oficial de la historia. No hay archivos confiables, enfatizaban. Las instituciones pueden construir con sus documentos una realidad servil a sus intereses que es tan falsa como la de las fábulas.

Pero ahora –y este es un ahora impreciso que podría haber empezado hace veinte años– denunciar las imposturas del poder no es ya el punto de mira de las ficciones sobre la historia. Bajo los puentes han pasado las aguas de Foucault y Derrida, los conceptos de narratividad y representación de Hayden White y hasta los ataques de Roland Barthes a la supuesta objetividad del discurso histórico tradicional. Pero sobre todo han pasado (o, más bien, han sucedido, *nos* han sucedido) el fracaso de los sandinistas en Nicaragua, los traspiés de Cuba, las ilusiones desvanecidas del "hombre nuevo", la demolición del Muro de Berlín, el estallido en fragmentos de la Unión Soviética; nos están sucediendo Sarajevo y Albania, *nos* suceden también los delirios de México, donde los novelistas amenazan con tirar sus novelas al mar porque la realidad es más imprevisible y apasionante.

El fin neoliberal de la historia que un académico apresurado predijo en 1988 ha sido puesto en tela de juicio por el descenso en masa de los pobres desde los cerros de Caracas en febrero de 1989 y por el alzamiento de Chiapas a comienzos de 1994. Escribir no es ya oponerse a los absolutos, porque no quedan en pie los absolutos. Nadie cree ahora que el poder es un bastión homogéneo; nadie puede tampoco redescubrir que el poder construye su verdad valiéndose, como observó Foucault, de una red de producciones, discriminaciones, censuras y prohibiciones. Lo que ha sobrevenido es el vacío: un vacío que comienza a ser llenado no ya por una versión que se opone a la oficial, sino por muchas versiones o, más bien, por una versión que va cambiando de color según quién es el que mira. Polaridades, etnocentrismos, márgenes, géneros: la mirada se mueve de lugar.

Ya no es posible seguir hablando de un combate contra el poder político, porque el poder va desplazándose de las manos del ejército, la iglesia y las corporaciones económicas tradicionales, a las de los narcotraficantes, los lavadores de dinero, los vendedores de armas, los políticos que construyen sus fortunas a velocidad de vértigo, para volver luego a las del ejército, la iglesia, etcétera, o a fugaces alianzas entre un sector y otro.

Ya no podemos dialogar con la historia como verdad sino como cultura, como tradición. Es lo que desde el campo inverso está haciendo la historia con la literatura. Lo que ahora se llama "nouvelle histoire" o "intellectual history" ha adoptado las herramientas técnicas y las tradiciones narrativas de la literatura para rehacer, a su modo, la historia tradicional. En Darnton, en Schamma, en Claudio Magris y su formidable historia (¿o novela?) que se llama *Danubio*, la "nouvelle histoire" construye personajes, recuperándolos de entre los residuos dejados por la Historia con mayúsculas, y pone el énfasis en detalles, hábitos y manías que no habían llegado a ser ni siquiera pies de página en los manuales.

Ya no tiene sentido el gesto de oponerse; ya no tiene sentido lo que en 1976 llamé yo "el duelo de las versiones narrativas". A lo que quizás haya que tender ahora es a una reconstrucción. Cuando digo reconstrucción no aludo al lugar donde se situaban los escritores de historias y crónicas del siglo XVIII, como José de Oviedo y Baños o Juan Bautista Muñoz, cuyos memoriales de hazañas trataron de establecer y fundamentar una jerarquía en el linaje de los padres de las nuevas patrias; tampoco pienso en el lugar letrado desde el cual Bartolomé Mitre impuso, a través de su *Galería de celebridades argentinas* (1857), los modelos fijos sobre los que debía basarse la historiografía de su país, exigiendo la condena sin examen del caudillismo, de los brotes anárquicos y de la cultura de las provincias, y estableciendo la imagen de una Argentina ideal que iba a negar obstinadamente, hasta ahora, la existencia de la Argentina real.

Tampoco pienso en el lugar de oposición y hostigamiento al poder autoritario desde el cual se escribieron novelas como *El otoño del patriarca* de García Márquez, *La desesperanza* de Donoso o *El beso de la mujer araña* de Manuel Puig.

Cuando digo que la novela sobre la historia tiende a reconstruir, estoy diciendo también que intenta recuperar el imaginario y las tradiciones culturales de la comunidad y que, luego de apropiárselas, les da vida de otro modo. Mientras la "nouvelle histoire" trabaja sobre lo descartado, sobre lo excluido, sobre lo nimio, integrándolo a la gran corriente de los hechos en un pie de igualdad, la nueva novela sobre la historia también recoge lo marginal, los residuos, pero a la vez recrea íconos del pasado a partir de tradiciones, mitos, símbolos y deseos que ya estaban ahí. En el primer caso hay una acumulación fértil de materiales; en el segundo caso, se trata de una transfiguración.

El autor es, en definitiva, una convención. El autor es un mediador parcial, subjetivo, limitado, que rara vez puede trascender el marco de su experiencia, rara vez puede alzarse por encima de sus carencias personales. Puede convertir esas carencias en una riqueza (como le sucedió a Borges con su mundo, pródigo en libros y parco en amores), pero es inevitable que sus ficciones estén atravesadas por lo que sabe, por lo que conoce. Cuanto más claramente ve un escritor el horizonte de lo que no sabe, tanto mayor intensidad puede poner en lo que sabe.

En *Santa Evita* decidí encarar el desafío de la verdad como un desafío de verosimilitud. Para poder imaginar de manera nueva (y también de una manera verdadera) un episodio que millones de personas habían visto o leído como, por ejemplo, la concentración del 22 de agosto de 1951 en la que Evita debía ser proclamada candidata a la vicepresidencia de la República, antes tenía que conocer todo lo que se había escrito sobre ese acontecimiento, ver todas las películas filmadas ese día, oír todos los discursos y mensajes de propaganda pronunciados durante las siete horas que duró la ceremonia. Traté de repetir los mismos gestos con los que legitiman su trabajo los críticos de la cultura, exponiendo (o, más bien, dejando expuesto, a la intemperie de las miradas) lo que en todo relato hay de subjetivo, la textualidad de las fuentes, y tomar en cuenta las redes sociales, políticas, musicales, visuales, que están tejiendo una trama con el tiempo histórico narrado, para luego mostrar esas redes junto al texto, donde se las pueda ver.

Ambas operaciones, la de escribir y la de reflexionar sobre lo escrito, han sido siempre de una tensión extrema en América latina, donde hasta la historia y la política nacieron como ficciones. ¿De qué modo la crítica podría orientarse en un campo cultural donde todo tiende a ser ficción y donde la realidad es representada a la vez como profecía, como pasado, como verdad inverosímil, como mito, como conspiración o como invocación mágica? Para entender ese magma, la crítica observa cada texto como un universo en el que hay múltiples códigos; en la tradición cultural de América latina, nada es nunca lo que parece. Nada podría ser nunca lo que parece porque la realidad se mueve a ritmo de vértigo: los valores, los discursos, las famas, las fortunas, los mitos. Lo que ayer estaba acá, hoy está en otro lado, o no está.

Mientras escribía *Santa Evita*, pensaba: ya que se ha ido tan lejos, es posible ir aún más allá. Se puede, me dije, ir revelando las fuentes (reales o falsas) de la ficción histórica a medida que esa ficción avanza. Se puede escribir, creo, de dónde fue brotando cada elemento del relato, ir compartiendo con el lector el laboratorio secreto de cada fragmento. El lector es ya un cómplice. ¿Por qué no pasearlo entonces por todas las costuras del tejido? De ese modo, puedo ir al centro del mito, enfrentarme a la historia como cultura, situarme en un espacio no autoritario, no cerrado, en un espacio que expone sus pasos en falso, sus nudos mal hechos, sus tropiezos, los juegos de la palabra y del documento.

Cuando Sarmiento desplazó a Facundo Quiroga de su lugar histórico (primero indeliberadamente, por pobreza, y luego por lisa y llana provocación), hizo con el poder político lo que después haría Borges con la erudición: buscarle otra vuelta a lo que ya se sabe, revivirlo. Liberados de su mármol, los personajes de la historia regresan para contar las cosas de otra manera, para recuperar otro relato del pasado. Es inevitable que ese relato se organice también como una respuesta al presente. A veces, mientras escribía *Santa Evita*, yo mismo incurrí, sin darme casi cuenta, en impugnaciones (por supuesto alusivas, no directas) contra las políticas de ajuste económico preconizadas por el gobierno peronista de mi país, que en aquellos días (1993, 1994) se declaraba "iluminado" por el ejemplo de Eva Perón. A esa clase de fatalidades está condenada la escritura pero no el lector que, por fortuna, accede al texto cuando ya está limpio de esas impurezas del inconsciente.

Ya no se trata de desentrañar las mentiras de la memoria a través de una contramemoria, como hice en *La novela de Perón*. Mi eje, en *Santa Evita*, fue el reconocimiento casi topográfico de un mito nacional. Pero mi eje, sobre todo, fue la búsqueda de un cuerpo: no sólo el cuerpo yacente de Evita Perón, llevado y traído de una orilla a otra de Buenos Aires, sino también el cuerpo de mi pasado o, si se prefiere, el cuerpo de las cosas que llenaban mi imaginación en el pasado.

El punto de inflexión a partir del cual se articula la novela es la muerte de Evita: ese día, ese momento, se abre dentro del texto como las alas de una mariposa. Lo que sucede con ese cuerpo después de la muerte va hacia adelante; lo que ha sucedido con ese cuerpo antes de la muerte va hacia atrás, en retroceso, invirtiendo la respiración natural de la historia. Donde la muerte es un fin, es aquí un comienzo. Si bien el último ruego de Evita fue que nadie viera su cuerpo degradado por la enfermedad, deformado por las medicinas, enrarecido por el dolor, la muerte la privó de toda defensa. El cuerpo fue convertido en trofeo. Dejó de ser cuerpo, de ser persona, para ser sólo el objeto oscuro (o luminoso) de un deseo que estaba en todos, pero que no era, en todos, el mismo deseo. En una orilla estaba el deseo de abominación y destrucción, que se expresa en lo que sobre ese cuerpo muerto escribieron Borges, Cortázar, Onetti, Silvina Ocampo, Ezequiel Martínez Estrada, y que tal vez se condensa en la leyenda de odio que, cuando Evita agonizaba, apareció pintada en un muro, frente a las ventanas de su cuarto: "Viva el cáncer". En la otra orilla está el deseo de beatificación, de veneración, de eternidad, como el que se reflejaba en las flores y velas que aparecían cada amanecer en los lugares donde había sido escondido el cuerpo, sin que nadie supiera cómo.

En ese cuerpo cupieron (y caben aún) muchas de las fantasías argentinas: el delirio de grandeza, las quejas del tango, la nostalgia de haber sido lo que nunca fuimos, el odio de clases, la imagen de la mala actriz, de la bataclana, de la hija bastarda, de la pobre chica de pueblo que se elevó desde la nada, la mujer del látigo, la dama de la esperanza, la Argentina potencia, la novia imposible. Como se sabe, además, hay cierta necrofilia en el imaginario argentino. La historia popular y la oficial están abrumadas de cadáveres que se llevan de un lado a otro, que ganan elecciones, que encienden el ánimo de los ejércitos, que curan enfermedades fatales y cantan el Himno Nacional desde la otra orilla de la muerte. Pero el único cuerpo que ha logrado convertir su muerte en espectáculo es Evita. Es el único cuerpo con el que la literatura se ha permitido todas las libertades. El sueño de Borges –escribir un texto que todos repiten sin saber quién es el autor– se cumple para todos aquellos que han añadido al cuerpo de Evita otros tatuajes escriturarios. Nadie sabe ya qué es de quién.

Eva Perón fue la mujer más oída de la historia argentina y también, probablemente, la más leída. ¿Pero cuánto de lo que Eva escribió y dijo le pertenece de veras? Su confesor, Hernán Benítez, asegura en una película, *El misterio Eva Perón*, que todos los textos atribuidos a ella son apócrifos. Dice que los escribieron Francisco Muñoz Azpiri, Manuel Penella da Silva, Raúl Mendé.

Lilian Lagomarsino de Duarte, que fue la amiga más cercana de Evita desde la campaña presidencial de 1945 hasta el regreso de Europa en agosto de 1947, la recuerda vacilando ante una hoja de papel de carta en el DC4 de Iberia donde volaban rumbo a Madrid: "La pobrecita mordía la madera del lápiz, se enredaba con las piernas en el asiento, y ni aun así le salía una palabra. Toda la elocuencia que tenía para hablar en público se le venía abajo cuando se trataba de escribir".

En setiembre de 1951, cuando se publicó *La razón de mi vida*, un libro firmado por Eva Perón, la prensa norteamericana la definía como "la mujer más poderosa del mundo". El novelista John Dos Passos, que la había entrevistado pocos meses antes en las oficinas del Ministerio de Trabajo, apuntó en la revista *Life* que se comportaba como "una virtual codictadora, la única mujer política que dispone de mando real". Y sin embargo, su voz de entonces era vicaria de la voz de Perón. El Presidente y marido se reservaba la aprobación final de todo lo que Eva hiciera, escribiera o dijera, y ella misma aceptaba esa forma de legalización.

El escritor de sus primeros discursos era el mismo autor de los radioteatros en los que Eva encarnaba a mujeres famosas durante los primeros meses de su relación con Perón

(1944-45). Muñoz Azpiri la acompañó a Europa, y casi todo lo que dijo durante la mitológica gira fue aprobado primero por la Cancillería argentina y luego por el propio Perón. A la "mujer más poderosa del mundo" no se la creía capaz de expresarse con su propio lenguaje.

Los primeros discursos improvisados de Evita son balbuceos que responden a un mismo modelo: ella es –dice– una pobre mujer insignificante a quien el destino ha puesto junto a Perón para servir a los humildes, para ayudarlo a ayudar. Sin Perón, ella es nada. Sin Perón, el mundo es inconcebible. ¿Eva finge? ¿Esas declaraciones de amor enloquecido son una profesión auténtica de fe? Quienes estaban más cerca de Evita en los primeros años de su matrimonio con Perón coinciden en que, para ambos, la relación era más de poder que de amor. O, si se prefiere: una relación basada sobre el amor al poder. Eso no significa que cuando decían que se amaban, el amor fuera un simulacro. Nada de eso. Ambos se necesitaban mutuamente con tal intensidad que no tenían sino la alternativa de amarse. Pero no eran conscientes de eso. Suponían que al amarse estaban eligiéndose cuando, en verdad, no tenían elección posible. Eva sin Perón hubiera sido otra cosa: una actriz de segundo orden. Y Perón sin Eva no hubiera establecido con el pueblo la relación que lo entronizó en la historia.

La certeza de que el amor con Perón es inquebrantable confiere cada vez mayor seguridad a Eva. Cuando habla, ella es Perón. Al principio, se deja impregnar por la devoción del pueblo sintiendo que recibe esa devoción *en nombre de* su marido. Poco a poco se da cuenta de que ella también se ha ganado esa devoción por sí misma. Es entonces cuando cambia su actitud verbal y hasta su nombre. Deja de llamarse Eva Perón y pide que se la nombre únicamente como Evita.

Después del acto del 22 de agosto, después de que Perón le dijo, según el mito establecido por *Santa Evita*: "Tenés cáncer", Eva quedó privada no sólo del decir sino también del hacer. Comenzó entonces una serie de movimientos que tendían a inmovilizarla: Eva renunció formalmente a la candidatura el 31 de agosto. Desde setiembre, se sucedieron casi rítmicamente las operaciones para limpiar su matriz de los signos del cáncer, las misas y peregrinaciones por su salud, los honores: el 18 de octubre fue proclamado popularmente como el día de Santa Evita; en esa misma ocasión se lanzó a la venta *La razón de mi vida* en una edición de medio millón de ejemplares; el libro fue declarado lectura obligatoria en las escuelas y colegios; el 24 de enero de 1952 se cambió el nombre de la provincia de La Pampa por el de Eva Perón; el 7 de mayo, cuando cumplió treinta y tres años, el Parlamento la designó Jefa Espiritual de la Nación.

Por primera vez, Eva trató de contrarrestar la forzosa inacción con opinión. En los intervalos de su enfermedad, entre marzo y junio de 1952, escribió *Mi mensaje*, que acaba de ser traducido al inglés con el título de *In Her Own Words*. El libro tiene treinta capítulos breves, con tres núcleos básicos: el fanatismo como profesión de fe; la condena a las fuerzas armadas por el abuso de sus privilegios; la condena a la jerarquía de la Iglesia Católica por "su indiferencia ante la realidad sufriente de los pueblos".

El texto de *Mi mensaje* fue vetado por Perón y, aunque casi todas las biografías y estudios sobre Eva se referían a su existencia, no hubo acceso al manuscrito hasta 1986, cuando apareció en una casa de remates de la calle Posadas. En setiembre del año siguiente lo publicó en Buenos Aires un sello marginal, Ediciones del Mundo, con repercusión casi nula. Aunque el lenguaje escrito de Eva aparece allí por primera vez sin ningún encubrimiento, los años de retraso tornaron anacrónico y casi ilegible el texto. La única vez que Evita escribió, la única vez que intentó construirse como mito a través de la escritura, fracasó.

Toda novela y todo relato ficticio son un acto de provocación, porque tratan de imponer en el lector una representación de la realidad que le es ajena. A la vez, son también una interrogación. Pueden leerse como profecías y como interpretaciones del pasado, como reconstrucciones del futuro con los restos del presente. A diferencia de la ficción, el discurso de la historia no es una aporía: es una afirmación. Donde hay una incertidumbre, instala (o finge instalar) una verdad; donde hay una conjetura, acumula datos.

Pero la ficción y la historia son también apuestas contra el porvenir. Si bien el gesto de reescribir la historia como novela o el de escribir novelas con los hechos de la historia no son ya sólo la corrección de la versión oficial, ni tampoco un modo de oponerse al discurso del poder, no dejan de seguir siendo ambas cosas: las ficciones sobre la historia reconstruyen versiones, se oponen al poder y, a la vez, apuntan hacia adelante.

Apuntar hacia el porvenir, ¿qué significa? No significa, por supuesto, la intención de crear una sociedad nueva por el imperio transformador de la palabra escrita, como se pretendía mesiánicamente (e incautamente) hace tres décadas; las novelas no mueven un solo pelo de la realidad, ni con su estrépito ni con su silencio. Pueden, sin embargo, recuperar los mitos de una comunidad, no invalidándolos ni idealizándolos, sino reconociéndolos como tradición, como fuerza que ha ido dejando su sedimento sobre el imaginario. Todo mito expresa, al fin de cuentas, el deseo común. Y nada pertenece al porvenir con tanta nitidez como el deseo.

Por más que la comparación no me haga feliz, un novelista se parece a un embalsamador: trata de que los mitos queden detenidos en algún gesto de su eternidad, transfigura los cuerpos de la historia en algo que ya no son, los devuelve a la realidad (a la frágil realidad de las ficciones) convertidos en otro ícono de la cultura, en otro avatar de la tradición. Y, al hacerlo, muestra que ese ícono es apenas una construcción, que las tradiciones son un tejido, un pedazo de tela, cuyos hilos cambian incesantemente la forma y el sentido del dibujo, tornándolo cada vez más fragmentario, más incompleto, más pasajero.

Santa Evita procura ser el inventario de un mito argentino pero a la vez, de manera involuntaria, es también una confirmación y una ampliación de ese mito. Cuando escribí el libro, creía que estaba inventando la existencia de un cadáver con tres copias, porque esas copias me eran necesarias para tejer mi intriga. Cuál no sería mi sorpresa cuando, al presentar la novela en Buenos Aires, un escultor afirmó que él había trabajado, junto a otras dos personas de las que dio el nombre, en la elaboración de esas copias. Las manos que mueven el telar de los mitos son ahora muchas y vienen desde infinitas orillas: tantas orillas, que ya ni siquiera es fácil distinguir dónde está el centro ni qué pertenece a quién. Así son las imágenes con las que el pasado reescribe, en las novelas, la historia del porvenir.

ÍNDICE

Esta edición
se terminó de imprimir en
Grafinor S.A.
Lamadrid 1576, Villa Ballester,
en el mes de abril de 1999.